INFÂNCIA
A IDADE SAGRADA

EVÂNIA REICHERT

INFÂNCIA
A IDADE SAGRADA

Anos sensíveis em que nascem as virtudes e os vícios humanos

5ª edição
3ª reimpressão
Evânia Astér Reichert
Porto Alegre - RS
2023

2008, maio: 1ª edição
2009, janeiro: 2ª edição
2011, setembro: 3ª edição - revista e ampliada
2013, junho: 4ª edição - revista e ampliada
2016, julho: 5ª edição - revista e ampliada
2018, outubro: 5ª edição - revista e ampliada - 2ª reimpressão
2023, setembro: 5ª edição - 3ª reimpressão
Direitos reservados à autora

Pesquisa, texto e edição
EVÂNIA ASTÉR REICHERT

Revisão
MARIA ELYSE BERND

Projeto e realização gráfica
ANA ADAMS

Diagramação e editoração eletrônica
FERNANDA BARROSO

Colaboração
BELÉM ADAMS

Fotografia
JOÃO RICARDO DA SILVA

Imagens
Asif Akbar (p.32); Ismael Decker (p.53);
Evânia Reichert (p.145 e p.251); Aurélio Decker (p.183 e p.211)

Crianças das fotos
Ismael Decker (p.145 e p.211); Alencar Decker (p.183);
Francisco Decker (p.251); Caiano Veleda (p.282)

Escultura em argila
Gestando o Desejo. Evânia Reichert, 2004. (p.97)

Ilustração do Colofão
Leonardo DaVinci – estudo de feto. In *Leonard de Vinci*. Taschen, 2003. (p.336)

Catalogação no Departamento Nacional do Livro

R351i   Reichert, Evânia
       Infância a idade sagrada : anos sensíveis em que nascem
    as virtudes e os vícios humanos. / Evânia Reichert. - 5. ed. -
    Porto Alegre : Vale do Ser, 2016.
       344 p. : il.

    ISBN 978-85-908109-2-6

       1. Psicologia infantil 2. Crianças – Desenvolvimento
    psicológico 3. Educação – Crianças 4. Psicoterapia
    corporal 5. Reich, Wilhelm I.Título
                    CDU 159.922.7

Bibliotecária responsável: Maria Denise Mazzali Konarzewski
CRB 10/843

Aos meus filhos Ismael, Alencar e Francisco Decker,
por tanta inspiração, bondade e alegria no dia a dia de nossas vidas.

E, também, ao Caiano Veleda e à Silvana Mariani, meus filhos-metade.

Para Gabriela Monastério, Eduardo Sperb,
Lorenzo Telles da Silva, Naiana Ludwig Streck,
Luísa D´Ávila, Taiana Oliveira, Luis Fernando Reichert,
Luciana Reichert e às crianças do Teatrinho Popi.

AGRADECIMENTOS

Ao professor, psicólogo e analista reichiano José Henrique Volpi, que, entre tantas atribuições, destinou seu tempo para avaliar minhas várias versões. Não foi meu orientador e nem tem responsabilidades sobre este livro, porém sua disposição, paciência, firmeza e generosidade no momento mais crítico do meu processo de pesquisa e escrita foram decisivas e inesquecíveis.

Agradeço, com reverência, a Cláudio Naranjo e a Simon Luna (in memorian), por terem me reconhecido já no primeiro olhar. Ao Alaor Passos, minha gratidão pelas portas sempre abertas e por sua solidariedade.

Ao obstetra Ricardo Jones, pelo entusiasmo e disponibilidade em orientar meus escritos sobre a humanização do nascimento.

A Paulo Sérgio Gusmão e a Ernest Sarlet, com quem realizei inspiradores projetos de proteção à Infância e de quem recebi as primeiras lições de cidadania.

A Ana Adams, com seu genuíno desejo de fazer o melhor na criação e na produção gráfica desta edição. Também a Fernanda Barroso, por sua atenção e competência.

Ao fotógrafo João Ricardo da Silva e sua equipe, pela parceria, talento e dedicação na produção das fotos.

A Jurema Brites, por suas orientações e pela rica interlocução no campo da Antropologia.

A Maria Elyse Bernd, por seu importante apoio na revisão do texto.

A Nestor Monastério e a Heloisa Palaoro, pela parceria inesquecível neste projeto.

Aos parceiros de trabalho, Maria Helena Nozari, Ligia Brock, Inês Berti, Zeca Berti, Eduardo Krug, Seda Moraes e Glair Brentano (in memorian), pela grata presença em minha vida.

Aos amigos especiais que, ao longo da vida, desde a Infância, me presentearam com uma amizade genuína: Vani Schnidger, Vera Moraes, Maria da Graça Steigleder e sua mãe Celita, Gladis Sarquiz, Marilice Riboldi, Germano Hauschild Neto, Aurélio Decker, Alceu Feijó, Silvana Mariani, Luis Holzbach, Dejair Krumenan, Wado Barcellos, Cláudio Garcia, Otacílio Meirelles, Rejane Zilles, Néstor Monastério, Ariane Brusius, Hans Hueblin, João Ricardo da Silva, Flora Zeltzer, Cláudia Sperb, Rosana Orlandi, Heloisa Palaoro e Ernesto Naishat.

A Sérgio Veleda e a Nando D'Ávila (in memorian), pela poesia, magia e profunda cumplicidade existencial.

A Arlindo e a Lúcia Reichert (in memorian), por terem sido suficientemente bons.

Talvez, quem sabe, um dia
Por uma alameda do zoológico
Ela também chegará
Ela que também amava os animais
Entrará sorridente assim como está
Na foto sobre a mesa
Ela é tão bonita
Ela é tão bonita que na certa
eles a ressuscitarão (...)
Vladimir Maiakóvski

SUMÁRIO

Introdução 17

I Sem Afeto, Sem Sinapses 35
Neurocientistas comprovam que a falta de afetos compromete
o desenvolvimento inicial do cérebro. Movimento mundial pela
revisão do processo educativo na Primeira Infância.

II O Cuidador Suficientemente Bom 55
Autorregulação e as coisas as quais não se educa.
A compulsão a educar e o caráter do cuidador.
Os padrões educativos e o resgate da sabedoria dos pais.

III As Idades Preciosas e Sensíveis da Infância ... 83
Em cada idade amadurecem certas aptidões humanas.
Esse é o momento de maior risco ao seu desenvolvimento.
Fases – Orgone – temperamento – caráter – personalidade

- 1. Período de Sustentação 103
  Gestação, parto e dez primeiros dias de vida.
  Eu biológico e temperamento.
  O processo emocional da mãe e do pai – Nascimento humanizado.

- 2. Período de Incorporação 147
  Do nascimento aos dezoito meses.
  Afetividade e confiança Básica.
  Maternagem e paternagem suficientemente boas – Rêverie.

- 3. Período de Produção 189
  Dos dezoito meses aos três anos.
  Autonomia e vontade própria.
  O significado do período de negação do bebê.

- 4. Período de Identificação —————————— **217**
  Dos três aos cinco/seis anos.
  Iniciativa e curiosidade sexual.
  O campo familiar e a naturalidade na descoberta
  do corpo e da sexualidade.

- 5. Período de Estruturação —————————— **257**
  Dos seis aos doze anos.
  Engenhosidade e impulso intelectual.
  A estima operacional e o gosto por trabalhar e aprender.

IV Ingresso na Adolescência —————————— 291
A Infância passada a limpo.
Revisão das pendências das fases
de desenvolvimento anteriores dentro da família.
Os estados emocionais da *crise de identidade*.

V A Pessoa de Bem com a Vida —————————— 321
O caráter autorregulado e a fase adulta.
Ego e superego harmônicos – Humanidade ativa.
Fluidez e liberdade para Ser.

Conclusão —————————— 325
Fazer o Possível Dentro do Impossível

Glossário —————————— 333

Bibliografia —————————— 339

APRESENTAÇÃO

Apresentar este livro é, antes de tudo, fazer um convite a uma profunda reflexão sobre os tempos atuais, focalizando a educação que recebemos no passado, de pais e escolas, e aquela que oferecemos aos nossos filhos. Na realidade, estamos submetidos a um modelo educacional carente de fundamentos biológicos e humanitários. Reforçamos, na atualidade, a *Educação para Ter*, que incrementa um mercado de trabalho cada vez mais competitivo e sugador.

É lamentável o quanto descuidamos da educação voltada aos valores humanos e que respeita a autorregulação organísmica das crianças. O resultado desse grave descuido pode ser visto diariamente, dentro das escolas e nas manchetes dos jornais, em que se constatam os sinais negativos de nosso tempo. É preocupante o aumento dramático do nível de violência, o desinteresse das crianças em aprender, a falta de limites e de espírito de colaboração. É triste ver o aumento dos quadros de depressão na Infância.

Evânia, com sua maestria como educadora, jornalista e terapeuta, nos apresenta uma brilhante referência de como estamos profanando a *Infância, a Idade Sagrada*, esses anos sensíveis em que nascem as virtudes e os vícios humanos. Fazendo a diferença, ela nos oferece caminhos de reflexão, resolução e atuação.

É urgente que tomemos consciência, como pais, cuidadores, professores e cidadãos que, no sentido prático da vida, somos educadores. E, nessa condição, temos o compromisso de *Educar para Ser*, para que possam se formar seres humanos e não apenas seres informados.

Para o desenvolvimento de valores humanos, precisamos saber quais são os instrumentos efetivos que podem nos ajudar. Não cabe mais que as pessoas vivam privadas dos conhecimentos acumulados dentro das instituições. É direito de todos saber como formamos nossos afetos, nosso caráter, enfim nossa humanidade. Essas informações são patrimônio de todos e devem chegar a todos.

Por isso, projetos e iniciativas como esta são tão bem-vindas. Tecendo com destreza uma colcha de retalhos, com os fios das ideias educacionais de Wilhelm Reich, Cláudio Naranjo, Piaget, Erik Erikson, Lev Vygotsky e outros pensadores, além de suas próprias ideias e experiências, a autora nos fornece um tecido fino, envolvente e rico, trançado de tal maneira que atende a todos os que convivem com crianças, desde profissionais, cuidadores e pais.

São informações fundamentais sobre o desenvolvimento emocional e psicossocial da criança, mas também sobre o comportamento dos educadores, com sua compulsão a educar. A arte final desta obra inova com parâmetros claros, ensinando instrumentos simples de respeito e atitudes corretas frente às diversas fases do desenvolvimento, desde a gestação até a puberdade. Elas influirão decisivamente na formação do caráter de cada um.

Apresentar-lhe este livro sobre a Infância é oferecer-lhe a possibilidade de refletir sobre o que aconteceu com seu próprio desenvolvimento infantil e as cicatrizes de sua própria formação pessoal. E, quem sabe, despertar em você o desejo de mais preparo para zelar por nossas crianças e pela possível criança ferida que existe dentro de cada um.

Fátima Caldas
Médica neurologista, terapeuta e diretora do Instituto
SATeduc para o Aprimoramento Humano
São Paulo

PREFÁCIO

Desde a época em que Reich fazia parte do seleto grupo de psicanalistas seguidores de Freud, percebeu que não apenas o tratamento da neurose era importante, como também o era a sua prevenção para que dessa forma pudéssemos ter uma sociedade mais saudável. E foi em tal direção, da prevenção, que Reich enveredou seus estudos e pesquisas chegando até mesmo a apontar caminhos para uma educação mais saudável que poderia desembocar no que ele chamou de caráter genital, o mais equilibrado e saudável de todos.

Lamentavelmente as ideias de Reich não foram aceitas pelos psicanalistas da época, pois não condiziam com o pensamento mecanicista impetrado pela ciência. Seria mais cômodo deixar o ser humano sucumbir em sua própria ignorância e doença, do que alertá--lo para a saúde emocional por meio da prevenção. Mas esse tipo de pensamento é o que ainda se vislumbra na atualidade, cinquenta anos após a morte de Reich, ocorrida em 1957. Em se tratando das doenças emocionais, os recursos ainda são escassos, e a valorização desse tipo de trabalho ainda é pequena. Há uma série de questões que precisam urgentemente ser modificadas no âmbito da educação e da saúde emocional, se ainda pretendermos um dia ter um mundo mais saudável.

Antigamente pouco se sabia a respeito dos fatores que provocavam ou desencadeavam as doenças emocionais. Hoje em dia sabe-se que é possível que o estresse sofrido pela mãe durante a gestação já interfira no estado emocional e energético do bebê. Sabe-se também da importância da ligação afetiva e energética que a mãe precisa ter com seu bebê, mesmo que ainda no útero, para formar o que Reich chamou de campos energéticos. Esses campos se estendem para o resto da vida do novo ser e irão determinar as formas como se estabelecerão as relações futuras, que poderão ser com base no afeto, no carinho, no respeito, ou, então, na raiva, no descaso, na agressividade, ou de outra forma qualquer. Disso também faz parte o temperamento, que é herdado, a personalidade e o caráter, que são adquiridos. Portanto, as relações afetivas estabelecidas entre o novo bebê e as demais pessoas à sua volta serão dadas de acordo com o seu temperamento, a sua personalidade e o seu caráter, sendo esses últimos formados a partir daquilo que o bebê recebeu, sentiu e aprendeu no decorrer de sua maturidade física e emocional.

Mas temos falhado consideravelmente como pais e educadores. Muitas vezes, nossas atitudes neuróticas causam sérios prejuízos emocionais às nossas crianças, impedindo-as de serem naturais e espontâneas. Como resultado, encontraremos futuros adultos envolvidos por um deserto emocional de ampla escala, cujo caráter se coloca cada vez mais fora da natureza, acreditando ser o senhor desta e, portanto, sentindo-se no direito até mesmo de dominá-la e destruí-la. Mas então, qual será o futuro da Humanidade?

Reich sempre foi muito esperançoso e acreditava que era possível mudar a Humanidade, desde que nos preparássemos e nos investíssemos de coragem e determinação para encarar nosso miserável fracasso. Dizia que não podemos dizer às crianças o tipo de mundo que devem construir, mas equipá-las de uma estrutura de caráter saudável, cujo vigor biológico as tornaria capacitadas a tomar suas próprias decisões, encontrar seus próprios caminhos, dirigir seu próprio futuro, contribuindo dessa forma para a criação de um mundo mais saudável.

Durante vários anos Reich se dedicou ao estudo do que poderia ser uma criança saudável. Reuniu à sua volta os profissionais interessados nessa questão, preparando-os para a tarefa de que a saúde infantil era um problema da educação. Criou assim o chamado *Centro Orgonômico para a Pesquisa sobre a Infância (OIRC)*, uma organização exclusivamente de pesquisa para esse fim, cuja premissa básica se dá no crescimento infantil tanto no aspecto físico quanto emocional, de modo saudável e autorregulado, sem obstáculos e imposições que vão contra seus desejos. Criar crianças saudáveis não é uma tarefa simples, nem fácil; porém, não é de todo impossível.

Ainda pouco se sabe sobre o que é ou poderia vir a ser uma criança saudável, mas uma coisa é certa: não podemos continuar perpetuando o peso de uma educação neurótica e vivendo na completa ignorância sobre o desenvolvimento afetivo e os comprometimentos que podemos causar. Não devemos continuar cometendo os mesmos erros como pais e educadores e assim impedir o desenvolvimento natural e saudável de nossas crianças.

Toda criança nasce com um maleável sistema bioenergético pronto para adquirir qualquer coisa que o meio ambiente imprima em seu organismo e em seu psiquismo, com certo grau de persistência. Portanto, não devemos lutar para criar crianças que não tenham problema algum, mas para livrá-las de encouraçamentos patogênicos, de modo que nenhum sintoma possa criar raízes e persistir. Assim, precisamos estar sempre atentos aos danos emocionais que nós adultos, com nossas regras, moralismos e neuroses, causamos na vida dos pequenos.

Por isso, é importante reconhecer a tempo erros e ideias equivocadas sobre a educação infantil e considerar que a cada nova geração é necessário um ajustamento das medidas educacionais, de modo que sejam mais condizentes com os ideais políticos, religiosos, morais e outros da época em que se vive, mas sempre levando em conta as necessidades das crianças.

As crianças nascem sem couraças, mas se tornam emocionalmente bloqueadas em sua bioenergia e em suas emoções porque são podadas por pais e educadores encouraçados que desenvolvem ideias errôneas sobre como a criança deveria ser ou fazer. Reich sempre afirmou que quase toda mãe sabe profundamente o que a criança é e do que ela precisa, mas a maioria das mães segue teorias falsas e perigosas, de teóricos superficiais, em vez de ouvir seus próprios instintos naturais.

Muitos são os que se aventuram a escrever sobre o desenvolvimento psicoafetivo ou a importância das relações afetivas durante a gestação e a Infância, mas poucos são os que captam as ideias que Reich nos brindou a respeito da importância da prevenção da saúde emocional. Por esse motivo é que, quando li o livro de Evânia Reichert e fui convidado a escrever o prefácio do mesmo, fiquei lisonjeado com o convite e admirado com a bravura e a articulação que a autora fez, abordando a questão da Infância de uma forma múltipla, comparando autores e teorias com outras teorias que também podem se somar aos pensamentos postulados por Reich.

Assim, acredito que esse livro é de muita utilidade não apenas a terapeutas e psicoterapeutas, de qual abordagem forem, como também a pais e educadores que cada vez mais precisam estar cientes dessas questões para ao menos minimizar o efeito da formação das possíveis couraças que possam provocar em seus filhos, mesmo sem qualquer intenção.

José Henrique Volpi
Psicólogo, Psicodramatista e Analista Reichiano,
Mestre em Psicologia da Saúde e Doutor em Meio Ambiente
e Desenvolvimento. Diretor do Centro Reichiano.
Curitiba – Paraná

INTRODUÇÃO

"Eu ainda sinto a esperança como minha concepção de futuro."
Jean Paul Sartre

O século XX foi mesmo revolucionário e tirou muitas coisas de seus antigos lugares, pelo menos no mundo Ocidental. O pai hegemônico, enfim, parece ter perdido seu trono de mandante supremo dentro do lar e do grupo social. Se ele ainda ocupa essa posição em determinadas famílias e instituições, não conseguirá permanecer aí por muito tempo. O medo como conduta educativa foi-se tornando estéril, fadada ao fracasso. Mesmo assim, a educação hierárquica – que parecia ter sucumbido no século passado – vez por outra ressurge, colocando-se como uma tentativa de solução à *falta de ordem e limite* das novas gerações.

Entretanto, depois das tantas mudanças culturais que ocorreram nas últimas décadas e do fim da estrutura familiar tradicional (chefe da família, mulher e filhos), já não se respeita mais quem cultiva condutas de autoritarismo e desrespeito biopsicológico entre as pessoas ou relações de abuso com a Natureza. As novas gerações simplesmente passaram a deixar de obedecer a autoridades paternas ou maternas com perfil patriarcal. Até parece que leram Henri Thoreau, em seu livro sobre desobediência civil.

Uma mudança profunda vem acontecendo nos modos de relação entre adultos, crianças e adolescentes, desestabilizando pais e educadores, que seguidamente confundem respeito com medo e buscam reconquistar sua autoridade, à moda antiga, na base do *custe o que custar*. Se antes temíamos e amávamos o patriarca ou seu representante, hoje já não se admira mais esse poder e nem se respeita sua dominação. Essa mudança já aconteceu e poderia ser motivo de uma grande celebração, aos moldes daquelas festas da subterrânea Sião, do filme *Matrix*.

Afinal de contas, a maioria das gerações do século XX empenhou parte de suas vidas na luta pela quebra desse paradigma, tanto no âmbito das relações pessoais quanto nos sistemas sociais, educacionais, trabalhistas e políticos. Ainda hoje, tais movimentos repercutem ideias que mudaram o mundo do século XX por meio da Psicanálise, do Humanismo, do Modernismo, do Feminismo, da Nova Escola, da Democracia, do Socialismo, do Movimento Ecológico, do Movimento pelos Direitos Humanos, além da libertária Revolução Cultural e Sexual dos Anos 60.

Porém não conseguimos festejar a mudança mais profunda, talvez porque ela ainda não esteja clara, e a confusão ao redor nos assuste. Ao mesmo tempo, a onda de negatividade inunda os dias atuais enquanto permanecemos confusos entre a forma antiga – que está-se desfazendo – e a nova, que ainda não se configurou. Na atualidade, as novas famílias têm-se constituído de modos inéditos, que seriam inaceitáveis anos atrás. Os antigos papéis de pai e mãe e seus modelos familiares, assim como as relações hierarquizadas, encontram-se em total transformação.

Atualmente, as crianças apresentam comportamentos antes nunca vistos, com posturas de confronto e desacato a pais e a professores. A agressividade e o desrespeito são crescentes, assim como a drogadição e a falta de regulação das emoções. Também se tornou comum, especialmente nos centros urbanos, que as crianças se mostrem sérias e fechadas na maior parte do tempo. São habituais os diagnósticos de hiperatividade, déficit de atenção, fobias, ansiedade generalizada e depressão. A confusão é grande e corremos o risco de nos alongarmos nesse emaranhado – que causa grande sofrimento psíquico e social – caso não se vislumbrem novos caminhos.

Entretanto, apesar do caos, continuamos avançando. O impasse do momento faz parte do processo de mudança: voltar atrás, para o que já conhecemos, ou, então, seguir em frente, onde existe o novo, o desconhecido. O ponto mais crítico é exatamente esse, quando nos percebemos vagando pela desconcertante *terra de ninguém*. Nela nada é estável, nem evidente, já que sofre contínua transformação. Embora estejamos frente a frente com novas possibilidades, a perda das antigas referências produz uma bruma de angústia e temor do futuro, o que dificulta a percepção do caminho a seguir.

Mesmo sendo um tempo difícil – até mesmo horrível – como disse Jean Paul Sartre, em 1963, é apenas mais um momento do nosso longo desenvolvimento histórico. Antes da Renascença, o caos era proporcionalmente similar, com acentuada rebeldia estudantil, perda dos referenciais e desestabilização dos valores vigentes. Assim como ocorre hoje, alguns professores da época também deixaram de ensinar devido à inquietude, ao desinteresse e à impetuosidade dos jovens de então.

O psiquiatra e educador Cláudio Naranjo, autor de *Mudar a Educação para Mudar o Mundo,* ressalta que, assim como o Renascimento Italiano se centrou em torno da arte, o renascimento da nossa época se dará em torno do psicológico. Parece certo que as crises mais profundas que presenciaremos a partir de agora serão de cunho psicológico. Exemplo disso são os muitos casos de desequilíbrio emocional, depressão e suicídios de crianças e adolescentes de famílias abastadas, que têm recursos financeiros para oferecer o melhor às suas crianças, mas vivem as dores da miséria afetiva e de sua assustadora escuridão.

Em 2009, a Organização Mundial da Saúde (OMS) apresentou novos dados sobre a saúde no mundo. A publicação revelou o crescimento avassalador da depressão e indicou que em apenas vinte anos esta será a enfermidade com maior incidência na maioria dos países, superando o câncer e as doenças cardiovasculares. A perspectiva para 2030, segundo a OMS, é de que os custos sociais e econômicos da depressão sejam elevadíssimos, derrubando o predomínio de outros tipos de doenças que encabeçam a lista na atualidade. Nas próximas décadas, alerta a OMS, a depressão será hegemônica.

Uma mostra disso é o número de suicídios de adolescentes e também de crianças, entre nove e doze anos, que cresceu de modo vertiginoso em diferentes países. Mesmo que esse ainda seja um tema-tabu, evitado historicamente até mesmo pela Imprensa, o suicídio está entre as cinco maiores causas de morte no mundo, com números especialmente alarmantes na faixa etária de quinze a dezenove anos, segundo publicação da Organização Mundial da Saúde. Esses dados foram apresentados em 1999, acompanhando o lançamento do Programa Mundial de Prevenção do Suicídio, que propõe a quebra do silêncio em torno do tema como medida de prevenção e orientação para pais e educadores.

Foi justamente o suicídio de um menino de dez anos, no inverno de 2005, na cidade de Porto Alegre (RS) que desencadeou a feitura deste livro. O pré-adolescente deixou uma cartinha, alegando não suportar mais viver a solidão de sua casa e a depressão de seus pais. É sempre doloroso quando alguém desiste da vida, seja jovem ou adulto, mas é possível levantarmos hipóteses sobre as frequentes crises de identidade, os surtos e as depressões agudas. Porém, quando uma criança se suicida, resta-nos apenas o espanto. O suicídio não é uma hipótese da Infância. Nessa idade, ele se torna ainda mais violento, desconcertante, inverossímil e infinitamente triste.

Dados igualmente alarmantes foram apresentados em uma pesquisa da Fundação Osvaldo Cruz sobre o índice de suicídios de adolescentes e de jovens de até vinte e cinco anos no Brasil: a capital do Rio Grande do Sul tem a mais alta taxa de suicídios do País, com a média de 7,63 por grupo de 100 mil habitantes, maior que países como a Holanda e a Inglaterra. Depois de Porto Alegre, estão Curitiba (7,3), Belém (6,7), Recife (6,3), São Paulo (5,8) e Fortaleza (4,8). O crescimento anual de casos de suicídio de adolescentes e de adultos com até vinte e cinco anos cresce 4% ao ano, em média.

É claro que a realidade não é feita apenas desses destemperos. Um movimento ascendente de humanização nas relações começa a fazer a diferença. Entretanto, fechar olhos, bocas e ouvidos não parece ser uma boa medida, até porque nunca tivemos tantos recursos e meios para informar e prevenir. Nunca, na História da Humanidade, soubemos tanto sobre desenvolvimento infantil quanto hoje. E, ao mesmo tempo, a falência dos modelos anteriores, nitidamente patriarcais, desencadeou esta crise, inaugurando um novo paradigma educacional, familiar e social.

Estamos diante de uma possibilidade que nunca se deu ao longo da História, observa Naranjo, em *Agonia do Patriarcado* (1992) e em *A Mente Patriarcal* (2010). Não se trata mais de sistemas patriarcais, matriarcais ou filiarcais, que já tiveram seu tempo áureo e sua queda. Segundo o psiquiatra, este é um momento inédito, raro, em que o resgate do sentido genuíno da educação poderá apressar a transposição desse tempo. O novo não será traduzido pela língua patriarcal nem mesmo pelo nostálgico idioma matriarcal ou matrilinear, já que seus códigos são distintos.

O processo de transcendência do patriarcado, segundo Naranjo, poderá ser agilizado por meio da harmonização das energias do pai, da mãe e do filho, substituindo a educação hierárquica pela heterárquica, na qual todos participam das decisões. Segundo o psiquiatra, essas três partes formam nossa interioridade, e o equilíbrio entre elas constituirá um recurso para aprendermos a conviver melhor com as pessoas, enquanto regulamos nossa tendência hegemônica de sermos patriarcais, matriarcais ou filiarcais em nossas relações.

A falta de respeito é o resultado da predominância de uma dessas partes sobre as outras. Sempre que há hegemonia, há falta de respeito e abuso. Nesse sentido, mesmo a anarquia pode impor-se sobre os demais, com seu individualismo filiarcal. O respeito genuíno é um princípio ético e básico da condição humana, e sua ausência é a mais sentida na sociedade atual. Não podemos querer que as pessoas nos amem, mas é possível desejar que elas nos respeitem.

O cultivo deliberado de *respeito biopsicológico, autorregulação e de bons vínculos* poderá ser um recurso para que a criação de crianças se volte mais ao desenvolvimento pleno do que à manutenção das máscaras sociais. É claro que isso exigirá transformações pessoais em nossos modos de relação e de atuação. Na atualidade, dificilmente vamos promover mudanças externas sem o interativo interno, psicológico. O cultivo de respeito psíquico e físico dos adultos com os pequenos – sejam eles nossos filhos ou não – e dos adultos entre si é o grande desafio de hoje. O resto virá como consequência.

O projeto deste livro, assim como a realização do curso *Vínculos Vitais - Educação e Prevenção*, nasceu dessas reflexões. Inicialmente foi inspirado no trabalho apaixonado de Wilhelm Reich, psiquiatra, cientista e humanista, que criou o primeiro projeto de prevenção das neuroses, dirigido a pais e educadores, ainda nos anos 20 do século passado, em Viena, na Áustria. Posteriormente, recebeu o reforço sábio de Naranjo, cujo projeto de *Educação para Ser* está igualmente apoiado em ideias libertárias e preventivas, e – o mais importante – esperançosas e humanizadas.

É importante distinguirmos a raiz da proposta reichiana na educação, cujos conceitos norteiam nosso estudo sobre a Infância. Considerado o pai das psicoterapias corporais, Reich compreendeu que o ser humano nasce emocionalmente saudável, com suas potencialidades latentes para posterior desenvolvimento. Porém, já no início da vida, sofre a ação neurótica do meio familiar e social, que interfere sobre a estrutura em formação, constituindo assim as estruturas de caráter e os modos defensivos e programados de pensar, sentir e agir.

A educação repressiva e autoritária – ou ainda a conduta negligente e pouco afetiva de pais, educadores e cuidadores – segundo Reich, revela as marcas da Infância do próprio adulto, que se refletem em seus modos de educar, tonalizando suas ações e reações diante dos pequenos. Na abordagem reichiana, a neurose não é apenas uma estrutura psicológica como entende a Psicanálise (psicose, neurose, perversão). Trata-se de uma doença de massa, produzida pelo contexto social, que, além de ser tratada, deve ser prevenida.

A neurose social agrava os padrões patológicos do caráter dos adultos e compromete o desenvolvimento saudável e autorregulado das crianças. Reich passou a enfatizar a prevenção em projetos voltados a *educar o educador*. O conceito de autorregulação, que contempla o respeito ao tempo, aos ritmos e às características da criança, tornou-se central nessa abordagem, desde as etapas primitivas do desenvolvimento infantil.

O *pensamento funcional*, próprio do olhar reichiano, entende que os seres vivos manifestam um impulso vital criador, sensível e profundo, plenamente identificado com a positivação da vida. Quando esse fluxo energético sofre rupturas graves, geralmente causadas por uma educação neurotizada, começamos a adoecer a unidade corpo/psique. Essa é a compreensão central sobre os caminhos a transitar na prevenção das neuroses, cujo princípio básico é o cultivo de autorregulação na relação adulto-criança.

O trabalho de Reich e dos médicos de sua equipe iniciava junto às gestantes, buscando a prevenção possível das psicoses, das anomalias físicas e das doenças psicossomáticas geradas no início da vida. O foco sempre foi conscientizar pais e cuidadores sobre a delicadeza do desenvolvimento inicial, em que tanto a herança genética quanto o ambiente podem interferir no desenvolvimento pleno do bebê. Também ocorria uma revisão da própria Infância de pais e educadores, identificando os padrões reativos de seu caráter que apareciam em seu modo de educar.

Recentemente, a Neurociência também comprovou, com sofisticados exames de imagem, o que a Psicologia já dizia há cerca de um século: após o parto, necessitamos de um útero psicológico, pois nascemos com o cérebro incrivelmente inacabado. Cerca de ¾ do neocórtex (a camada pensante do cérebro, que nos distingue dos outros animais) necessita dos anos da Infância para completar sua formação. Outro dado novo, revelado por neurocientistas, é que a afetividade libera neurotransmissores que estimulam as conexões neurais, fundamentais ao desenvolvimento inicial do cérebro e ao amadurecimento da estrutura infantil.

As descobertas da Neurociência ratificam antigas revelações da Psicanálise: o desenvolvimento infantil se dá por etapas, o que significa que determinadas idades são especialmente favoráveis para a consolidação de pontuais aptidões emocionais, cognitivas e físicas. São momentos especiais, em que certas áreas do cérebro estão em maturação, facilitando a brotação de habilidades, desde que o meio seja suficientemente bom. Por isso, as fases são chamadas de *períodos preciosos e sensíveis* e tanto se fala de bons vínculos e condutas educacionais conscientes na Infância.

A compreensão de que a criança não nasce emocionalmente pronta veio com Freud, que revelou o inconsciente, a sexualidade infantil e a relação direta entre vínculos familiares e doenças mentais. Não faz tanto tempo assim – cerca de um século – que a criança ainda era vista com um adulto em miniatura, que precisava apenas receber alimento e treinamento físico para se tornar forte e, então, trabalhar e procriar. Aos sete anos, os meninos eram enviados ao trabalho duro e às guerras. E as meninas, aos doze anos, passavam a ser mulheres destinadas ao sexo ou ao casamento. Na verdade, ainda é assim na maior parte dos países do mundo, onde o trabalho infantil e o desrespeito à sacralidade da Infância é uma dura realidade.

Em 2001, marcando a chegada ao Terceiro Milênio, a Organização Mundial da Saúde lançou um importante alerta em seu *Relatório Sobre a Saúde no Mundo,* em que destacava as consequências dos problemas emocionais da Infância na formação do cérebro, ratificando a relação da depressão e da pseudodebilidade com a ausência de bons vínculos entre crianças e cuidadores durante a Infância Inicial.

Essa realidade vem-se agravando nas últimas décadas, devido à presença efetiva da mulher no mercado de trabalho e à terceirização da educação dos filhos. Segundo a antropóloga Jurema Brites (2008), a família nuclear moderna cortou os laços de solidariedade, comuns nas famílias extensas do passado rural ou nas sociedades tribais, nas quais outros parentes, amigos e vizinhos incumbiam-se coletivamente do bem-estar dos pequenos.

> *Exemplo típico desse tipo de sociedade são os povos de língua Arapesh, descritos por Margareth Mead em* Sexo e Temperamento. *Remarco essa diferença porque muitos povos – assim como as mulheres pobres – desde sempre estiveram atrelados ao mundo do trabalho. No entanto, em nem todas as sociedades suas crianças foram delegadas ao cuidado pragmático e frio das instituições, responsáveis pela formatação do homem moderno e racional.* (Brites, entrevista à autora, 2008).

Realmente, na atualidade, a criação de filhos necessita passar por uma revisão profunda, em especial, no modo como se estabelecem os vínculos psicoafetivos entre adultos e crianças durante a Infância Inicial. A Organização Mundial da Saúde vem enfatizando a qualidade dessa relação como essencial à prevenção de danos cerebrais no início da vida, assim como alertava Reich, ainda em 1920. Há cerca de cinquenta anos, quando essas ideias estavam em expansão, ele foi preso, acusado de impostor. Suas descobertas sobre o funcionamento da energia vital (Orgônio ou Orgone), as revelações sobre a passagem da matéria inanimada à animada, assim como sua participação no movimento de prevenção das neuroses, foram motivos de perseguição e prisão, na época.

A abordagem reichiana focaliza a leitura e o trabalho sobre o corpo, considerando a relação entre pulsação vital e estrutura corporal do caráter. Por isso, *saúde e educação* formam um conceito integrado e inseparável na prevenção das neuroses. Condutas educativas repressivas ou geradoras de tensão com frequência podem vir a comprometer a saúde física e psicológica das crianças, mesmo quando os adultos não têm essa intenção e desconhecem o alcance de suas ações e reações.

Durante 15 anos Reich atuou como médico-psicanalista e dedicado aluno de Freud. Como cientista, inicialmente voltou-se à comprovação biofísica da *Teoria da Libido* de seu mestre e aos estudos sobre o caráter, produzindo a primeira grande obra sobre o tema, chamada *Análise do Caráter*, lançada em 1933. A mais importante descoberta de Reich, entretanto, foi a energia vital (*Orgone*). Ao aprofundar suas pesquisas sobre a *Libido* – a energia dos instintos descoberta por Freud – ele desvendou que essa não se tratava apenas de uma energia sexual, mas a própria energia expressiva da vida, que pulsa em todos os seres vivos.

Na mesma época, o antropólogo Bronislaw Malinowski realizava pesquisas revolucionárias com os nativos das ilhas Trobriand, que ainda hoje são referenciais da Antropologia Social. A pesquisa sobre essa sociedade matrilinear revelou que as crianças viviam o seu desenvolvimento sexual em total liberdade e que os adultos não revelavam perversões sexuais, tão comuns em nossa cultura.

No grupo social pesquisado por Malinowski, o pai não ocupa o papel hegemônico como se dá nas sociedades patrilineares, e as dinâmicas emocionais entre adultos e crianças são completamente diferentes da cultura branca ocidental globalizada. A ideia de matriarcado geralmente nos remete ao conceito de mando feminino, ao *governo de mulheres.* Entretanto, a História e a Antropologia Social apontam que tais sociedades, na verdade, são matrilineares. Dentro delas, a transmissão de bens, direitos políticos e religiosos são transmitidos pela linhagem materna. Porém o poder da mãe raras vezes foi o de chefia, mas se traduzia na forma indireta, e nem por isso menos forte, de *a grande mãe do chefe.*

Na mesma época, o aspecto universal e biológico do Complexo de Édipo, basilar e estrutural na Psicanálise freudiana, passou a ser questionado. Se o pai não era importante em Trobriand, se não ocorria competição biológica entre pai e filho, se a sexualidade infantil era livre e não existiam perversões sexuais naquele grupo social, será que o conceito de complexo edípico se aplicaria a todos os grupos sociais? Seria esse complexo universal e biológico, como dizia Freud?

O pai freudiano, símbolo da ordem e do limite, poderia ser apenas um reflexo da arraigada sociedade patriarcal e altamente moralista da época, quando Marx e Freud lançaram suas ideias revolucionárias. Foi o que defenderam, ainda nos anos 70, o sociólogo Giles Deleuze e o psicanalista Félix Guatarri, ao lançarem o livro *Antiédipo,* como veremos na parte

4 do capítulo III desta edição.

Reich começou a opor-se frontalmente a Freud, ao descobrir o núcleo sadio da estrutura humana e a importância da autorregulação como caminho saudável no desenvolvimento psicofísico das crianças. Nesse sentido, as pesquisas de Malinowski foram da maior importância, fortalecendo sua posição de que a repressão da sexualidade natural era causa das neuroses. Reich contestou seu mestre em pelo menos três pontos centrais.

a) Refutou o conceito de *pulsão de morte* de Freud e sua afirmação de que as pulsões destrutivas são inerentes ao ser humano. Para Reich, os impulsos de destruição surgem como reação, tratando-se de um processo secundário. Ou seja: a natureza humana é saudável e adoece por meio do contato com a neurose social. Para Freud, o ser humano já nasce com pulsões destrutivas (antivida) e pulsões de prazer (pró-vida), que vão lutar entre si (Eros & Tanatos).

b) Contestou a efetividade da sublimação das pulsões sexuais por repressão e recalcamento, enfatizando que a sublimação por autorregulação é o caminho saudável na formação infantil. Para Reich, a etapa de Latência (dos seis aos doze anos), identificada por Freud, ocorre somente quando há repressão ou abuso diante da natural sexualidade infantil.

c) Reich enfatizou que a Psicanálise da época estava-se tornando retórica e que tinha se afastado de suas origens biológicas e de seu papel social e libertador.

Durante a década de 30, os movimentos de prevenção da neurose ganharam grande popularidade, com rápida adesão de milhares de jovens trabalhadores e estudantes. Devido à aceitação massiva de suas ideias inovadoras – o que acabou incrementando a revolução sexual dos anos 60 – o psiquiatra se tornou foco de muita polêmica e, diante de seu perfil enfático e confrontador, foi expulso tanto do Partido Comunista quanto da Sociedade Psicanalítica.

O processo de oposição ao autor se deu durante a ascensão do Nazismo na Alemanha. Na época, os dirigentes do Partido Comunista passaram a criticar Reich porque ele defendia que a teoria marxista precisaria de um interativo psicológico. O PC temia a adesão massiva dos jovens socialistas às ideias de Reich e o afastamento dos mesmos do aspecto puramente econômico do Socialismo.

Do outro lado, a Associação Psicanalítica Alemã temia as reações sociais e políticas às pesquisas psicológicas de Reich, alegando que estas poderiam trazer prejuízos à sua atividade dentro da Alemanha, assim como gerar perseguição aos psicanalistas da época. Segundo Ola Raknes, aluno de Reich, depois de muitos embates e reuniões, a Associação Internacional para a Psicanálise concordou em expulsar o criador da psicoterapia corporal, sob protesto do grupo dinamarco-norueguês, que defendia a liberdade de pesquisa do psicanalista.

Ele também foi intensamente criticado por insistir que a repressão e as inibições sexuais eram causadoras das neuroses, e por se envolver pessoalmente em lutas por mudanças sociais. Na época, foi acusado de estar fazendo uso impróprio das pesquisas de Malinowski e de propagar que crianças e adolescentes deveriam viver sua sexualidade infantil de forma livre e natural, como nas ilhas Trobriand. Então, o próprio Malinowski refutou as acusações feitas a Reich, por meio de cartas de apoio ao cientista.

Em 1957, por causa de um suspeito quadro de infarto, Reich faleceu, um dia antes de que sairia da prisão. Prevendo sua morte, destinou seus bens à *Fundação Wilhem Reich de Proteção à Infância,* atuante até os dias de hoje. Deixou em testamento um pedido marcante: que todos os seus escritos – os que ainda não tinham sido queimados pelas autoridades da época – fossem lacrados e ficassem guardados por 50 cinquenta anos, na Countway Library of Medicine, em Boston, Estados Unidos. Ele acreditava que as crianças e os cientistas do futuro poderiam compreender suas descobertas.

Cerca de três décadas depois de sua morte, em 1982, o hoje renomado físico Fritoj Capra lança o livro *O Ponto de Mutação.* Nessa obra, que revolucionou as concepções de mundo de então, Capra confere a Reich o pioneirismo conceitual da *Teoria de Sistemas,* que veio a ser o novo paradigma, a partir da Física Quântica. Capra destaca a concepção inédita de *pensamento funcional,* apresentado por Reich na primeira metade do século passado, quando ele já afirmava que a natureza é funcional em todas as suas áreas e que não tolera quaisquer condições estáticas. Um dos motivos da prisão de Reich foi sua descoberta sobre a passagem da matéria inanimada à animada.

> *O conceito de orgônio é, sem dúvida, a parte mais controvertida do pensamento de Reich e foi o que motivou seu isolamento da comunidade científica, a perseguição e a morte trágica. Do ponto de vista da década de 80, Wilhelm Reich foi um pioneiro no que se refere à mudança de paradigma. Teve ideias brilhantes, uma perspectiva cósmica e uma visão holística e dinâmica do mundo que superou largamente a ciência de seu tempo e não foi apreciada por seus contemporâneos. O modo de pensar de Reich, a que chamou de funcionalismo orgonômico, está em perfeito acordo com o pensamento da nossa moderna teoria de sistemas. (Capra, 1982, p. 337)*

No campo da sexualidade e da liberdade expressiva, menos de uma década foi necessária para que as ideias de Reich tivessem se tornado um dos motores da Revolução Sexual dos anos 60 e 70, ao lado de outros pensadores libertários da época. Foram milhares de jovens que, cansados das guerras frequentes, levantaram a bandeira branca, dizendo *Paz e Amor.* Nesse momento, o jovem médico psiquiatra chileno Cláudio Naranjo estava chegando aos Estados Unidos, na Califórnia, berço de uma revolucionária transformação de costumes. Como lembra Naranjo, era tão impressionante o que estava acontecendo e em tão grandes proporções, que parecia certo que o mundo enfim estava mudando.

Posteriormente, nos anos 80 e 90, era inconcebível que um refluxo tão drástico pudesse estar ocorrendo, quando nada de novo surgia, e o pessimismo marcava sua forte presença. Mesmo assim, nada mais era como antes dos anos 60. As ideias patriarcais tentavam reconquistar credibilidade, mas não tinham mais o vigor de antes, embora a esperança também estivesse em baixa. Foram anos estranhos, patéticos, de disfarçada espera, que remetiam ao enredo do memorável texto *Esperando Godot*, de Samuel Becket.

Enfim, chegamos ao século XXI, em meio ao caos, mas com novos ares oxigenando o mundo. São inúmeros projetos, escolas, grupos, empresas, livros, discos, filmes, peças de teatro, obras de arte, além de iniciativas comunitárias, cooperativas, ecológicas e de desenvolvimento humano, que vislumbram a prevenção e a educação como um caminho efetivo para um novo tempo.

Neste livro sobre a Infância, trataremos da dinâmica nas relações entre adultos e crianças ao longo das fases de desenvolvimento e da proposta de prevenção na educação e na criação de crianças. Aprofundaremos o estudo sobre cada etapa, da gestação à puberdade, procurando contemplar linguagem acessível com informações consistentes, na busca de mobilizar esperança, inspiração e compromisso com a Infância.

A proposta central deste trabalho é promover o cultivo deliberado de *autorregulação, respeito biopsicológico e bons vínculos* como norteadores educativos na relação adulto-criança. Essa tríade contempla a prevenção e, ao mesmo tempo, cria caminhos a fim de que ocorra uma transformação do modelo de educação hierárquica para uma prática educativa mais democrática e respeitosa. A relação entre mãe, pai e filho, sem hegemonia de um sobre os outros, poderá tornar-se profundamente amorosa, como observa Naranjo.

A pedagogia inspirada em Wilhelm Reich entende a autorregulação como fundamental na criação de crianças. O seu cultivo respeita os ritmos naturais de cada criança e leva os adultos a considerarem os efeitos de suas condutas sobre a saúde psíquica e física dos pequenos. É um princípio sistêmico e altamente transformador, porque o adulto que cultiva autorregulação precisará aprender a se autorregular, o que mexerá em todo o sistema familiar e educacional.

Você encontrará nos capítulos I e II, assim como na introdução do III, os conceitos centrais dessas propostas educativas, preventivas e libertárias. Nas cinco partes que compõem o capítulo III e no capítulo IV, poderá ver como se dão as etapas do desenvolvimento emocional e psicossocial (da gestação à puberdade) e as crises normativas, apresentadas a partir de estudos comparados entre diversos autores e teorias.

Além de Reich e seguidores (Federico Navarro, David Boadella, Alexander Lowen, Elsworth Baker e seus alunos), teremos a contribuição fundamental do pediatra e psicanalista Donald Winnicott, cujos conceitos se afinam com as ideias reichianas, além de seu profundo aporte sobre os cuidados suficientemente bons na Infância.

Erik Erikson é outro autor importante neste estudo, por suas pesquisas psicossociais sobre as fases de desenvolvimento, que são elucidativas, didáticas e muito úteis para pais e cuidadores. Seus estudos sobre a Adolescência, que receberam acréscimos do canadense James Márcia, esclarecem como as pendências das fases precursoras são reeditadas a partir da puberdade e podem ser integradas antes da idade adulta.

Em cada fase focalizada, citaremos pontualmente os estudos da área cognitiva de Jean Piaget e Lev Vygotsky. Também teremos a contribuição do médico Ricardo Herbert Jones, sobre a humanização do nascimento, além de referências aos estudos do psicanalista Wilfred Bion sobre impulso epistemofílico e às revelações recentes da Neurociência, com relação ao desenvolvimento inicial do cérebro. O capítulo V descreve brevemente o caráter autorregulado, chamado de *estrutura genital* na abordagem reichiana, seguido de um texto de conclusão.

O estudo sobre cada estágio é encerrado com as características que surgem na formação do caráter, quando ocorre interrupção branda ou grave no fluxo de desenvolvimento. Trata-se de uma breve descrição dos tipos caracterológicos e das biopatias (psicopatologias e doenças psicossomáticas derivadas dos bloqueios energéticos de cada fase).

As ideias educacionais para o nosso tempo, originárias da *Educação*

Trinitária (heterárquica) proposta por Naranjo, permearão diversos temas e capítulos desta edição. No encerramento de cada parte há uma página de reflexão, destinada aos que desejam verificar o conteúdo assimilado, o que poderá aprofundar a compreensão do assunto.

Para nós, cidadãos de um tempo que revela graves e crescentes problemas no desenvolvimento emocional e psicossocial, as ideias preventivas de Reich e a compreensão esperançosa de Naranjo parecem ser uma escolha cada vez mais atual, real e ética: *fazer o possível dentro do impossível,* como pensava Reich, em busca de *mais saúde e humanização,* como diz Naranjo.

Evânia Reichert

"A prevenção da neurose no mundo somente será possível quando aprendermos a cuidar de quem ainda é saudável, de quem ainda não foi afetado: as nossas crianças"
Wilhelm Reich

I

SEM AFETO, SEM SINAPSES

A falta de vínculos afetivos compromete
a formação inicial do cérebro.
Campanha da OMS alerta pais e educadores

Nascemos incrivelmente inacabados. O desenvolvimento inicial do cérebro humano demora vários anos para se completar e depende de bons vínculos afetivos para preservar as suas sinapses e estabilizar as redes neurais. Essa é a condição humana, comprovada recentemente pela Neurociência por meio de exames com tecnologias de ponta.

Ao estudar o desenvolvimento inicial do cérebro, a Neurociência descobriu que durante os três primeiros anos de vida ocorre um extraordinário aumento na produção de sinapses – as conexões entre os neurônios. Em consequência disso, o cérebro infantil se torna superdenso, com o dobro de sinapses de que vai precisar no futuro. É um período especialmente importante devido a essa produção intensa.

Já se sabia que os estímulos motores são importantes para o desenvolvimento do cérebro, mas agora ficou comprovado que a química cerebral é estimulada pelos afetos. Então, os neurônios fazem novas conexões entre si, formando as redes neurais. Quando as sinapses são reforçadas nessa idade, elas se estabilizam e perduram. Porém, quando não são usadas repetidamente, são eliminadas.

O alarmante é que o período mais rico e sensível do desenvolvimento cerebral humano muitas vezes não recebe das famílias e dos cuidadores a atenção necessária para um saudável desenvolvimento psicológico. Há uma forte preocupação com a alimentação e com a saúde física dos pequenos, mas pouca consciência dos danos emocionais e físicos que são gerados pela falta de qualidade no contato afetivo.

Nos Estados Unidos, segundo pesquisa do Instituto da Família e do Trabalho, a educação inicial é a área em que os cuidadores ou professores recebem a menor remuneração. Dentro dos lares – segundo a pesquisa – as crianças são cuidadas por rotativos auxiliares (babás, empregadas domésticas ou familiares), recebendo um atendimento frequentemente inadequado ou relapso. O quadro é similar em outros países, inclusive no Brasil.

Essas descobertas alteraram as referências para a análise sobre a saúde no mundo e oficializaram um movimento de proteção à Infância, ativo em diversos países, que propõe a revisão educacional da Infância Inicial, a orientação das famílias sobre tais descobertas e até mesmo uma nova legislação de amparo à maternidade.

Útero Psicológico

Embora sejamos a mais racional das espécies, aquela que se diferencia das demais por ter desenvolvido o neocórtex, somos a que nasce com o cérebro mais inacabado entre os primatas. No nascimento, ele tem apenas 25% do seu peso final, enquanto os macacos, por exemplo, nascem com 60% do seu cérebro formado.

A maturação atrasada do sistema nervoso humano explica a morosidade no desenvolvimento da criança. Essa combinação significa que três quartos do nosso cérebro se desenvolvem fora do ventre materno e estão expostos diretamente ao ambiente externo.

O pesquisador americano Bradd Shore (2000) fala da suscetibilidade dessa exposição que o bebê experimenta. Ele destaca que o ser humano tem um *cérebro ecológico*, que se desenvolve em índices fetais durante os primeiros anos de vida, até começar a mostrar sinais de abatimento.

A bainha grossa de mielina, que cresce ao redor dos axônios e permite uma conexão eficiente de impulsos elétricos, não está completamente formada antes do sexto ano de idade. E a maturação física do cérebro humano vai-se completar somente na puberdade. As descobertas apontam que a falta de estímulos pode afetar seriamente o desenvolvimento cerebral de uma criança.

Após o nascimento, necessitamos de um útero psicológico para proteger a nossa suscetibilidade biopsicológica, até que sejam gestadas nossas outras partes em formação. Passarão seis anos, em média, até que nosso cérebro tenha completado suas bases gerais de funcionamento. Nesse período, de tempos em tempos amadurecem determinadas aptidões humanas, que poderão ser afetadas por experiências de abandono, descuido, interferências estressantes, falta de afeto e de respeito.

Os *períodos preciosos e sensíveis* do nosso desenvolvimento são as épocas em que o cérebro é particularmente eficiente para tipos específicos de aprendizagens. Rima Shore (2000), em suas pesquisas sobre desenvolvimento inicial do cérebro, observa que cada um dos lobos cerebrais apresenta numerosas dobras (giros) e que nem todas amadurecem ao mesmo tempo.

Os elementos químicos que promovem o desenvolvimento cerebral são liberados em ondas, quando diferentes áreas do cérebro entram em evolução, numa sequência previsível, em distintas épocas. Esse processo explica, em parte, por que existem *períodos preciosos* para determinados tipos de aprendizado e desenvolvimento.

Como em qualquer nascimento, cuidados são necessários. Por isso, os *períodos preciosos* também são chamados de *períodos sensíveis* ou *críticos*. Se não existir um útero psicológico acolhedor no nascimento e nos primeiros anos pós-parto, os novos desenvolvimentos poderão ser perturbados, e algumas aptidões humanas nascerão com defeitos ou até mesmo serão abortadas.

A maturação se dá por etapas, que se sucedem e são cumulativas, e são chamadas de fases, estágios ou períodos de desenvolvimento. Algumas estão associadas ao aspecto organísmico, biológico, libidinal e são designadas psicossexuais. Outras são vistas como psicossociais e culturais, de ordem eminentemente relacional. Há ainda variados aspectos do desenvolvimento que são pesquisados: cognitivo, motor, aprendizagem, linguagem, moral, entre outros.

Em termos de estágios, há certa previsibilidade do que vai amadurecer primeiro, embora o momento da maturação possa variar um pouco, de acordo com o espectro de experiências de cada um, que difere em cada indivíduo e cultura. A nossa viagem pelas etapas da vida é diferente para cada pessoa, mas o roteiro é previsível, diretamente relacionado à maturação biológica.

Ken Wilber, fundador da Psicologia Integral, é um arrojado pensador e pesquisador sobre o desenvolvimento humano. Diferente da maioria dos autores ocidentais, que se dedicam basicamente às culturas europeia e americana, Wilber (1986) fez as pontes entre as diversas abordagens sobre as fases nas culturas ocidental e oriental.

Segundo ele, os estágios, quando analisados em uma única teoria, tendem a ser reducionistas. Assim, é importante abrir horizontes e ampliar o espectro de visões. Seus estudos comparam as culturas do Ocidente e Oriente, identificando diferenças significativas na leitura das fases de desenvolvimento, notadamente nas idades jovem e adulta.

Nas pesquisas de Wilber, as fases iniciais da Infância apresentam significativa correspondência entre os diversificados olhares, tanto no Ocidente quanto no Oriente. Porém nas demais etapas a diferença é marcante. Para ele (1986), o espectro é vasto e vai do físico ao espiritual. Também é mais amplo e diverso no que tange às psicopatologias relacionadas, muitas ainda não contempladas pelo olhar psicológico ocidental. As fases são estruturas de transição, degraus da evolução, uma espécie de escada por onde o "self vence as etapas da vida" (p.26), observa Wilber.

> *...A cada degrau dessa subida, o self tem uma visão ou perspectiva diferente da realidade, uma sensação diferente de identidade, um tipo diferente de moralidade, um conjunto diferente de necessidades, e assim por diante... (Wilber, 1986, p. 26)*

O Papel Decisivo do Adulto

Este estudo sobre os *períodos preciosos e sensíveis* do desenvolvimento infantil tem a intenção de auxiliar no reconhecimento do que acontece com as crianças em cada etapa ou estrutura de transição, sob o ponto de vista emocional e relacional.

Os modos de interação dos pequenos com o ambiente, e vice-versa, marcam positiva ou negativamente cada fase, com comprometimentos que podem atingir a formação do caráter, a saúde física e psíquica. Em cada etapa, desde a gestação, os desafios de integração são diferentes. Para vencer esses momentos delicados, a criança necessitará do entendimento e do acolhimento de seus cuidadores.

Quando as dificuldades em determinada fase são acentuadas, surgem as fixações naquele estágio, o que irá tonalizar a formação do caráter das pessoas. Quando se configuram psicopatologias, as cores ficam carregadas, adensadas, e o sofrimento passa a torturar a alma humana.

É importante que os adultos busquem recursos informativos para compreender cada etapa, pois a criança pequena ainda está incrivelmente inacabada em vários aspectos de seu desenvolvimento. Muitas vezes ela não compreende ou não guarda o que é dito, apenas porque as conexões neurais do seu cérebro ainda não se encontram completamente formadas.

É lamentável – e às vezes chega a ser cruel – punir crianças pequenas por esquecimento ou por fazerem algo que os pais não querem, acusando-as de desobediência, desqualificando-as por incapacidade cognitiva ou motora, quando tais habilidades ainda não estão totalmente formadas. As punições podem afetar sua estima para o resto de suas vidas, de diversas formas.

Mesmo sendo um fruto aleijado da ignorância adulta, a realidade que nos cerca é pontilhada por punições marcadas pelo abuso da posição adulta sobre a infantil. Na maioria dos casos, é por total desconhecimento que pais, cuidadores e educadores cometem erros graves com filhos e alunos.

É comum, por exemplo, que no período precioso e sensível *de produção*, quando nasce o ímpeto de autonomia, que se dá entre os dezoito e trinta e seis meses, os pais se irritem e reajam agressivamente às manifestações de negação e vontade própria da criança, bloqueando aspectos essenciais de seu desenvolvimento.

Curiosamente, na década seguinte, quando esses bebês se tornam adolescentes, os mesmos pais os criticam e outra vez se irritam, agora pela falta de autonomia dos filhos. Em outros casos, os genitores manipulam seus filhos durante toda a Infância e mais tarde não entendem como suas crianças se transformaram em adolescentes mentirosos e manipuladores.

Embora os pais tenham um impacto decisivo no desenvolvimento e no aprendizado das crianças, eles não são os únicos responsáveis pelos obstáculos que seus filhos possam encontrar em sua vida futura. Vários fatores podem interferir, inclusive questões de força maior como violência, pobreza, poluição e guerras.

Mesmo que as relações carinhosas e responsivas sejam chaves no desenvolvimento positivo dos pequenos, elas não se limitam apenas aos pais, mas ao ambiente social próximo e a todos que convivem com crianças, direta e indiretamente. A proteção da Infância é uma questão de cidadania, ou seja, de preservação da humanidade em nossa espécie.

Neurociência e Reforço

O mapeamento das fases de desenvolvimento psicossexual surgiu com Freud, a partir da Teoria da Libido e da identificação das fases oral, anal, fálica, genital e latência. Foi ele quem relacionou as zonas erógenas (boca, ânus, genitais) com os conteúdos psíquicos de busca de prazer e vinculação. Depois dele, Karl Abraham fez acréscimos importantes, assim como tantos outros pesquisadores – tão obstinados quanto Freud – que se dedicaram a desvendar novos conteúdos sobre desenvolvimento infantil e saúde mental.

Assim como a Neurociência vive hoje uma espécie de apogeu de descobertas, a Psicanálise revolucionou o mundo na primeira metade do século passado, com descobertas polêmicas como o inconsciente e a sexualidade infantil. Naquela época, a profusão de pesquisas e autores foi intensa, revelando novas fases de desenvolvimento, subfases e abordagens tão diferenciadas que deram origem a muitas escolas psicológicas.

A Escola Reichiana trouxe um acréscimo importante nessa área: o estudo do psiquismo pré-natal, com a identificação da fase uterina/ocular, cuja zona erógena corresponde ao segmento ocular, relacionado à audição, olfação, sistema nervoso, pele e olhos.

Para os reichianos, antes da fase oral (boca), estabelecida pela Psicanálise, existe a ocular, que corresponde ao período de gestação, parto e dez primeiros dias de vida. A partir da amamentação, as duas fases se desenvolvem em paralelo. A ocular segue em sensível maturação até os nove meses de idade, em média, quando se equaciona a lateralização do olhar.

Outro aspecto importante que a Escola Reichiana defende é que não haveria latência se as crianças tivessem uma Infância saudável, como veremos, em detalhes, na fase genital infantil (capítulo III, partes 4 e 5). Para Reich, a latência não é uma característica saudável no desenvolvimento psicossexual, mas o fruto de uma educação cerceadora ou abusiva.

Neste capítulo, entretanto, não nos dedicaremos aos grandes autores e suas diferentes teorias. Nem vamos falar da genialidade dessas figuras que revolucionaram o século passado com suas descobertas, tendo apenas os próprios olhos como única ferramenta de verificação.

Muitos deles foram contestados e rejeitados pela sociedade (inclusive pelo meio científico), quando afirmaram a relação direta entre as doenças psíquicas e a falta de bons vínculos afetivos. Já no início do século XX, tais pesquisadores afirmavam os danos emocionais da educação repressiva e moralizante, a existência do inconsciente, da sexualidade infantil e da energia vital como elemento expressivo da unidade corpo-mente.

O nosso foco agora é pontuar algumas descobertas da Neurociência, que ratificam revelações antigas da Psicologia. Segundo Shore (2000), na atualidade, os neurocientistas reforçam a importância do aspecto psicoafetivo no desenvolvimento inicial do cérebro.

Na época em que começaram a ser publicadas as primeiras teorias sobre a natureza crítica do desenvolvimento, existiam poucas evidências neurobiológicas que comprovassem as teses da maioria dos pesquisadores, afirma o autor.

> *No entanto, na última década ocorreram avanços incríveis no conhecimento e na tecnologia para os neurocientistas. Isso permitiu que eles documentassem a proliferação imensa de neurônios no período pré-natal. Os avanços também possibilitaram aos pesquisadores documentar os processos pelos quais os cérebros infantis, incluindo os de bebês, formam uma grande quantidade de conexões entre os neurônios. (Shore, 2000, p.23)*

Com sofisticados exames de neuroimagem, incluindo Ressonância Magnética da Imagem Funcional (FMRI) e Tomografia de Emissão Positron (PET), juntamente com a Simulação Magnética Transcraniana (TMS) e a Estretroscopia Infravermelha Próxima (NIRS), a Neurociência ratifica antigas revelações da Psicologia.

Outro exemplo interessante e similar, que está recebendo a atenção de neurocientistas, é a pesquisa sobre o efeito da meditação no cérebro humano. Na Universidade da Pensilvânia, o cientista Andrew Newberg está realizando experimentos com monges budistas tibetanos, usando como tecnologia a tomografia computadorizada por emissão de fóton único.

Em entrevista dada à revista Galileu, Newberg (2006) fala das pesquisas que evidenciam como a prática da meditação age diretamente sobre o cérebro, produzindo alterações em seus estados mentais. Para os orientais, que meditam há milênios, essas comprovações não são relevantes. Para o Ocidente, entretanto, que cultiva outro paradigma científico, são informações importantes.

Os exames feitos com os monges meditadores revelaram um decréscimo da atividade do lobo parietal, área ligada à orientação temporal e espacial do cérebro, durante a meditação. Ao mesmo tempo, a parte frontal, responsável pela atenção, se revelou mais ativa. Segundo Newberg (p.42), "a complexa tarefa mental da meditação é uma das áreas promissoras da Ciência na próxima década".

A Poda no Cérebro

Já sabemos que o nosso funcionamento cerebral depende das conexões estabelecidas entre os neurônios, chamadas de sinapses, ligações que formam as redes neurais, uma espécie de caminho por onde transitam os sinais do sistema nervoso. Shore (2000) explica que, no momento do nascimento, a maioria dos 100 bilhões de neurônios do cérebro humano ainda não está ligada em rede. A formação e o reforço dessas ligações é a tarefa-chave do desenvolvimento inicial.

O desenvolvimento cerebral saudável dos bebês e das crianças que estão aprendendo a andar segue em ritmo acelerado e crescente, fazendo as ligações entre os milhões de neurônios disponíveis. Aos dois anos, elas já terão o número de sinapses de um adulto e, aos três anos, o dobro das sinapses de suas mães.

Na primeira década da vida produzimos trilhões de conexões. Durante os primeiros três anos, o cérebro infantil vive uma fase áurea de produção de sinapses, com reduzida eliminação. Porém, entre os três e dez anos, a produção e a eliminação já ficam balanceadas. Com a Adolescência se inicia o período de perdas, que segue crescente até o final da vida.

O processo de eliminação, chamado de *poda*, ceifa os neurônios que não estão em rede e uso. Somente escapam da poda as sinapses que se estabilizaram, aquelas que foram estimuladas no momento de sua conexão e reforçadas posteriormente. As excedentes serão simplesmente descartadas.

Nos anos iniciais – especialmente até os três anos de idade – se a criança recebe bons cuidados, estímulos e afetos, formam-se duas vezes mais conexões do que eventualmente uma pessoa precisará ao longo da vida. A densidade desse período estabelece uma boa reserva para o futuro. Por isso, é um período *precioso* do desenvolvimento cerebral.

O processo de poda mais dramático é no córtex cerebral. À medida que ele se desenvolve, aproximadamente trinta e três sinapses são eliminadas por segundo, sugerindo que o cérebro em desenvolvimento responde, contínua e rapidamente, às condições que promovem ou inibem o seu aprendizado e às experiências positivas ou negativas que vivencia.

> *E se forem utilizadas repetidamente, na vida diária de uma criança, essas sinapses serão reforçadas e farão parte do circuito permanente do cérebro. Caso não sejam utilizadas com certa frequência, elas serão eliminadas, num processo de poda. Assim, a experiência desempenha um papel crucial no circuito cerebral da criança. (Shore, 2000, p. 52)*

Shore (2000) diz que, se a criança estabelece um bom vínculo com seus cuidadores, sentirá prazer e bem-estar nesse contato, o que liberará certos neurotransmissores que estimulam as sinapses. O contrário fará com que certas conexões não se estabilizem e, então, sejam eliminadas.

Segundo Shore, uma pesquisa realizada na Universidade de Minnesota, pelo neurocientista Megan R. Gunnar, sobre as taxas do hormônio cortisol em crianças estressadas, revelou que os acontecimentos adversos e traumáticos podem elevar a taxa desse *hormônio da tensão* no indivíduo.

A mesma pesquisa mostrou que alguns bebês lidavam melhor com o estresse do que outros. A diferença foi associada ao fato de essas crianças terem recebido cuidado sensível, afetos e boa criação no primeiro ano de vida. Os bebês que mantêm níveis altos de cortisol, num quadro crônico, revelam atrasos em seu desenvolvimento cognitivo, motor e social. O excesso dessa substância pode destruir as células cerebrais e a densidade das sinapses em determinadas áreas do cérebro.

A pesquisa de Gunnar evidenciou que as crianças negligenciadas emocionalmente tendem a ter as funções mediadoras do cérebro, tais como empatia, regulagem de ligação e afeto, deterioradas. Algumas apresentam comprometimentos cognitivos graves, chegando ao nível da pseudodebilidade.

> *O cortisol altera o cérebro, tornando-o vulnerável a processos que destroem os neurônios e, não menos importante, reduzindo o número de sinapses em certas regiões do cérebro. Dessa forma, experiências traumáticas ou estressantes podem realmente minar o desenvolvimento neurológico e deteriorar o funcionamento cerebral. (Gunnar, citado por Shore, 2000, p.65)*

O relatório *Pontos de Partida: Atendendo às Necessidades de Nossas Crianças,* organizado pela Universidade de Chicago a partir dos fóruns mundiais do desenvolvimento inicial do cérebro de Nova York, Granada e Tóquio, também foi reproduzido no livro-relatório *Repensando o Cérebro (2000).* Reproduzimos a seguir alguns itens do relatório que mobilizou uma campanha de conscientização entre os americanos.

■ O cuidado inicial e a criação têm um impacto decisivo e de longa duração na forma como as pessoas se desenvolvem, em sua habilidade de aprender e de regular as emoções.

■ O cérebro humano tem uma capacidade incrível para mudar durante toda a vida. Mas essa aptidão é maior nos primeiros dez anos. Isso significa que o cérebro é capaz de se moldar, de maneiras diferentes, em resposta à experiência.

■ O cérebro não é uma entidade estática, e as capacidades de uma pessoa não estão fixas ao nascer. O próprio cérebro pode ser alterado – ou auxiliado a adaptar-se – para a resolução de problemas.

■ Às vezes, as experiências negativas ou a falta de estimulação apropriada tendem a ter efeitos sérios e contínuos. Em alguns casos, no início da vida, podem ser de difícil recuperação ou até mesmo incuráveis.

■ A evidência substancial acumulada pelos neurocientistas e especialistas em desenvolvimento, no decorrer da última década, aponta para a sabedoria e a eficácia da prevenção e da intervenção precoce.

Crise Silenciosa

Nos Estados Unidos também foi lançado o relatório-campanha *Crise Silenciosa*, propondo à sociedade americana uma séria revisão dos cuidados com os filhos. Dados das últimas décadas indicam que as crianças pequenas – as lactentes e as deambuladoras (as que estão aprendendo a caminhar) – recebem os piores cuidados da rede educacional norte-americana.

Do mesmo modo que ocorre no Brasil, os profissionais de educação inicial e os cuidadores de crianças, em creches, são os de menor salário e, muitas vezes, não são qualificados para a função. E, quando têm formação específica – às vezes com especialização em nível de ensino superior – continuam recebendo menos que outros professores do ensino fundamental, também mal remunerados.

Com o ingresso da mulher no mercado de trabalho e seu afastamento de casa, o cuidado das crianças passou a ser terceirizado. O antigo apoio de familiares e vizinhos no cuidado dos pequenos está em extinção nos grandes centros, embora ainda esteja presente nas classes de baixa renda, nas quais a solidariedade entre famílias geralmente é maior.

Na maioria das vezes, o bebê passa as fases cruciais do seu desenvolvimento nos braços de pessoas estranhas à família, nem sempre afetivas e cuidadosas. Com frequência, há muita rotatividade dos cuidadores, o que é negativo à vinculação segura do bebê. Além disso, a Infância Inicial é um período sensível exatamente pela intensa produção de sinapses, que dependem de estímulos e afetos para se estabilizarem.

Nos Estados Unidos e em diversos países europeus, surgiram campanhas que alertam para riscos no desenvolvimento cognitivo e psíquico das próximas gerações. No Brasil, uma série de entidades, ONGs, escolas e fundações se dedicam à proteção da Infância, com a realização de trabalhos memoráveis. Falta-nos, entretanto, popularizar essas informações, levá-las a todos os lares, em todas as camadas sociais.

Diante das provas da Neurociência, das consistentes e inovadoras contribuições vindas da Psicologia, da Pedagogia, da Antropologia e da Medicina, fortalece-se um antigo impasse: como conduzir esta nova realidade, quando mãe e pai trabalham fora, o dia inteiro? O que fazer? Quais mudanças precisam ser gestadas, também no campo político e trabalhista? Como tornar pais, educadores e demais profissionais conscientes dessas descobertas?

O debate está intenso em muitos países. Entre as proposições mais fortes está o direito de a mãe cuidar do seu bebê por mais tempo, por meio da ampliação do período de licença-maternidade para um ano. Outra é a qualificação urgente do atendimento nas escolas de Infância Inicial e nas creches, revendo também os caminhos educacionais da escola regular.

O alerta já gerou mudanças efetivas na legislação de diversos países. Na Europa, em dez países, a licença é de seis meses. Em várias nações europeias também existe a licença-paternidade. O Sudão, na pobre África, assegura às mães seis meses de licença-maternidade, enquanto os Estados Unidos, com suas conhecidas contradições, destina apenas doze semanas de licença à mãe, sem remuneração obrigatória.

No Brasil, o SENAC (2003) editou em livro o conteúdo central dos fóruns de Nova Iorque, Granada e Tóquio, copromovidos pela Organização para a Cooperação e Desenvolvimento Econômico (OCDE). Esses dados também foram publicados nos *sites* da Universidade de São Paulo e da OCDE.

Confirmando a informação e o alerta, dados similares foram lançados pela Organização Mundial da Saúde, no *Relatório Sobre a Saúde no Mundo* (OMS, 2001). A seguir reproduzimos parte do relatório – no que se refere à questão do desenvolvimento inicial do cérebro e sua relação com os vínculos afetivos.

■ A ciência moderna está mostrando que a exposição a estressores durante o desenvolvimento inicial está associada à hiperatividade cerebral persistente e ao aumento da probabilidade de depressão numa fase posterior da vida.

■ Uma apreciação cientificamente fundamentada das interações entre os diferentes fatores contribuirá poderosamente para erradicar a ignorância e pôr paradeiro aos maus-tratos infrigidos às pessoas com esses problemas.

■ Existem também fatores psicológicos individuais que se relacionam com a manifestação de Transtornos Mentais e Comportamentais. Um importante achado ocorrido no século XX deu forma à compreensão atual sobre a importância decisiva do relacionamento com os pais e outros provedores de atenção durante a Infância.

■ O cuidado afetuoso, atento e estável permite ao lactente e à criança pequena desenvolver normalmente funções como a linguagem, o intelecto e a regulação emocional. O malogro pode ser causado por problemas de saúde mental, doença ou morte de um provedor de atenção.

■ A criança pode ficar separada do provedor devido à pobreza, à guerra ou ao deslocamento populacional. Ela pode carecer de atenção por não haver serviços sociais disponíveis na comunidade maior. Seja qual for a causa específica, a criança privada de afeto por parte de seus cuidadores tem mais probabilidades de manifestar transtornos mentais e comportamentais, seja durante a Infância seja em uma fase posterior da vida.

■ Uma das comprovações desse achado foi dada por lactentes que viviam em instituições que não proporcionavam um nível de estimulação suficiente. Embora recebessem nutrição adequada e atenção física, essas crianças tinham grandes chances de apresentar graves prejuízos nas interações com outras, na expressividade emocional e na maneira de lidar com a adaptação às ocorrências estressantes. Em certos casos, verificaram-se também déficits intelectuais. (OMS, 2001).

A DOLOROSA HISTÓRIA DA INFÂNCIA
O mundo distinto da criança surgiu somente no século XVIII

Se pensarmos em tempo histórico, torna-se compreensível que o conceito de desenvolvimento psicoafetivo ainda seja um tema marginalizado na sociedade atual. Afinal, até cerca de um século atrás pouco se sabia sobre psiquismo e seus meandros comportamentais. A História conta que o nascimento do sentimento de Infância como um tempo especial e protegido é recente.

Até o século XVIII, a criança ainda era vista como um adulto pequeno, alguém que deveria crescer para começar a trabalhar e a guerrear. Então, ela passaria a ter importância dentro da família e do meio social. Não se considerava a hipótese de que os pequenos ainda não estavam com uma série de aptidões emocionais, cognitivas, sociais e físicas formadas; nem que eles ainda não tinham o sistema nervoso concluído; e que precisariam da Infância, um tempo protegido pela sociedade, para se tornarem adultos saudáveis e bem formados.

Até o final do século XIX, não se sabia que grande parte das numerosas doenças mentais era fruto de problemas psíquicos causados pela interação traumática da criança com seus pais e familiares, além do meio social. Não se sabia da existência do inconsciente, da sexualidade infantil, da estrutura corporal do caráter, do sistema programador negativo da família, do psiquismo pré-natal e nem mesmo da importância dos vínculos afetivos no desenvolvimento do cérebro de uma pessoa.

No final do século XX ainda se desconhecia que o cérebro humano nasce tão inacabado, e que o momento do parto é decisivo à saúde psíquica. Também não se cogitava que exames sofisticados pudessem comprovar o papel dos vínculos afetivos no desenvolvimento da criança. Até poucas décadas atrás, pouco se sabia sobre subjetividade infantil. Falava-se muito em deus e diabo e pouco em ser humano. Na verdade, nunca soubemos tanto sobre a Infância quanto sabemos hoje.

Analisando a história da Infância podemos verificar que ocorreram avanços importantes na Idade Moderna. Mesmo que a barbárie sobre a criança ainda seja alarmante, houve uma verdadeira transformação nos últimos dois séculos. No livro *Hört ihr Kinder Wheimem?* citado por Eva Reich (1998), Lloyde de Mause relata que até 400 d.c., na Grécia e em Roma, tanto nas leis quanto na opinião popular, a morte de crianças não era considerada ilegal. O infantício era mais frequente do que se possa imaginar. "Um homem podia fazer o que bem entendesse com seus filhos" (p.102), observa Eva Reich.

> *Na Idade Média, o abandono dos filhos era permitido, assim como a sua entrega a pais adotivos ou às amas. Na Renascença imaginava-se que as crianças eram um pedaço de cera que primeiro deveria ser moldado. No princípio da Idade Moderna (século XVIII), era comum obter o controle total das necessidades e desejos de uma criança. Ameaças e sentimentos de culpa traziam obediência imediata. (Reich, 1998, p. 102)*

O francês Philippe Ariès, historiador (cultural) das mentalidades, realizou um representativo trabalho sobre a Infância, que resultou no livro *História Social da Infância e da Família,* com pesquisas iconográficas que remontam o século XIII. Suas pesquisas se restringem à cultura branca, judaico-cristã, basicamente europeia.

Ariès (1981) revela que o conceito de Infância surge a partir do século XIII. A mudança mais significativa, entretanto, aconteceu no século XVIII, com a alteração estrutural da família, que passa a ter nova organização doméstica, com recolhimento das mulheres e das crianças da sociabilidade da rua.

Os espaços de trabalho e intimidade se tornaram distintos, e a família se transformou, sob responsabilidade materna, no espaço de educação e afeição. Essa nova família se organizou em torno do bem--estar e do desenvolvimento da criança. Gradativamente, as amas começaram a ser substituídas pelas escolas, especialmente dentro das famílias mais ricas, ou seja, os nobres e a burguesia.

> *Ainda no Século XIX uma grande parte da população, a mais pobre e numerosa, vivia como as famílias medievais, com as crianças afastadas das casas dos pais. (Ariès, 1981, p.271)*

Somente no século XVIII o sentimento de Infância surge nas elites europeias, com a consolidação dos pequenos núcleos familiares. Nessa época a Igreja cria as escolas de educação em regime de internatos. Esse foi um meio de melhor conter a sexualidade dos filhos das elites e dar-lhes uma educação diferenciada. Assim pobres e ricos não se misturariam mais, e – como ocorria na Idade Média – a distinção seria garantida pelo nascimento nobre.

Nas obras de arte dos séculos XV, XVI e XVII, as crianças eram retratadas com corpos adultos, porém em tamanho pequeno. Segundo Ariès (1981), até o século XII, a arte medieval desconhecia a Infância ou não tentava representá-la. A criança era vista como um adulto em miniatura.

O nascimento de um olhar específico, voltado ao cuidado da criança, foi acompanhado de mudanças nos campos político, social e econômico, ocorridas no século XIX, que marcaram a divisão entre o público e o privado, estabelecendo que os filhos seriam cuidados pela família conjugal. Fora desse contexto, eles estariam sob o controle de instituições do Estado, surgindo os projetos políticos e públicos de assistência.

Para os pobres, entretanto, o mundo diferenciado das crianças continuou inexistente por vários séculos. E ainda hoje, na prática, continua sendo assim. As crianças pobres, por exemplo, não têm direito à Infância. Além de lhes faltar alimentação adequada, elas precisam ajudar a *levar dinheiro para casa*, algumas trabalhando duramente, desde cedo, outras pedindo esmolas, outras roubando.

As crianças de classe social previlegiada, mesmo tendo um espaço protegido e desfrutando de melhores condições materiais, muitas vezes também não experienciam a Infância como um tempo idílico e afetivamente protegido. É cada vez mais frequente elas viverem bastante solitárias, desenvolvendo pseudovalores éticos e materiais, sempre com a agenda lotada de atividades.

Na atualidade, são muitas as crianças de famílias de posses que revelam dificuldades nos relacionamentos e fazem uso de medicamentos antidepressivos, regularmente. Afinal, contato e afetividade, básicos até mesmo para que as conexões neurais do nosso cérebro se estabilizem, não podem ser obtidos apenas por meio de dinheiro e de conforto material.

QUESTÕES PARA ESTUDO E REVISÃO

1. Qual a importância histórica das descobertas sobre o desenvolvimento inicial do cérebro, feitas pela Neurociência?

2. Qual é o único período da vida em que acontece uma extraordinária produção de sinapses, capaz de deixar o cérebro denso? Explique, também, o que precisa acontecer com os milhões de neurônios que temos ao nascer para que eles não sejam podados.

3. Por que o desenvolvimento de uma criança é tão lento?

4. O que caracteriza a Infância, dentro do conceito de um período sensível e importante da vida humana?

5. Como as crianças eram vistas na Antiguidade?

6. Descreva suas ideias sobre o direito à Infância e as diferenças sociais na atualidade.

7. A partir das reflexões feitas, responda às seguintes questões:
a) Você teve direito à Infância?
b) Quais as consequências disso em sua vida hoje?

"Existem coisas as quais não se educa"
Wilhelm Reich

II

O CUIDADOR SUFICIENTEMENTE BOM

A compulsão a educar
Autorregulação e padrões educativos
A Infância dos pais refletida em seu modo de educar

Gerar um filho é uma experiência mais profunda do que costumamos imaginar. Gestar ou adotar uma criança transcende à motivação inicial de *ter* um filho, muitas vezes apenas um desejo narcisista de prosseguir a própria existência e formar uma família, sem maior comprometimento ou qualquer transformação pessoal. Assumir a condição materna ou paterna é uma experiência intensa e transformadora.

De repente, nos vemos como animais ferozes a cuidar de suas crias, com sentimentos poderosos de preservação e amor. Em outros instantes, somos testados em nossos limites de contato, paciência, doação e responsabilidade. Aos poucos, vamos deixando a condição de filhos – aqueles que esperam ser atendidos e cuidados – e em seu lugar nasce o cuidador, aquele que se dedica a cuidar.

Nem todas as pessoas que têm filhos passam por esta transformação: tornar-se mãe, tornar-se pai, tornar-se um cuidador. A condição psicológica do cuidador é o resultado de seu próprio desenvolvimento infantil, da estrutura de caráter que formou e do nível de consciência que tem sobre seu comportamento pessoal. Esses aspectos influenciarão a qualidade de sua relação com as crianças.

Cuidador Suficientemente Bom

Donald Winnicott, pediatra, psicanalista de crianças e importante pesquisador sobre desenvolvimento infantil, criou a expressão *mãe suficientemente boa*, que se popularizou por representar, de modo preciso, a qualidade afetiva do cuidador, aquele de que o bebê necessita para se desenvolver plenamente.

Winnicott (2006 [1988]) reforça que o potencial hereditário de uma pessoa terá oportunidade de se atualizar, no sentido de se manifestar, caso existam condições ambientais adequadas. Para tanto, faz-se necessária uma boa maternagem, ou seja, um cuidador capaz de acolher incondicionalmente o bebê.

> *É conveniente usar o termo* maternagem suficientemente boa *para transmitir uma concepção não idealizada da função materna; mas ainda é importante ter em mente o conceito de dependência absoluta (do bebê em relação ao ambiente), que se transforma rapidamente em dependência relativa, sempre numa trajetória em direção à independência, que jamais é alcançada. (Winnicott, 2006, p.80)*

O *cuidador suficientemente bom* é uma analogia à bela expressão de Winnicott, que relaciona essa qualidade à capacidade do adulto de estar mais atento ao tempo do bebê do que ao seu tempo pessoal. Outra característica é ver o bebê como um ser integral, dotado de todas as potencialidades, e ter o cuidado de protegê-lo do risco de sofrer interrupções na continuidade de seu desenvolvimento biopsicológico.

O bom cuidador é aquele que busca transcender as limitações pessoais, os seus estados de humor e a própria reatividade, em benefício do que será melhor para o desenvolvimento da criança. Ao se colocar no lugar do bebê, a mãe se torna capaz de fornecer a ele amor e cuidado psicológico, atendendo a suas necessidades físicas e emocionais, na medida em que segura o bebê em seus braços tanto quanto o sustenta em sua mente.

Wilfred Bion, médico e psicanalista, chamou de *rêverie* a qualidade de amor incondicional da mãe em acolher totalmente o seu bebê, "em permanecer em uma atitude de poder receber, acolher, decodificar, significar, nomear as angústias do filho e somente depois devolvê-las, devidamente desintoxicadas", como observa o psiquiatra e psicanalista David Zimerman, estudioso de Bion (2004, p. 98).

> *Neste sentido estrito, rêverie é o estado mental aberto a receber quaisquer objetos do objeto amado e, portanto, acolher as identificações projetivas do bebê, as boas ou as más. Em suma, a rêverie é fator da função alfa da mãe. (Bion, citado por Zimerman, 2004, p.98).*

Essa sustentação corpórea e emocional fornecerá os meios para que se crie uma amálgama entre psique e soma. A expressão dos impulsos naturais em condições ambientais favoráveis permite que a vida se manifeste, e ocorra sua integração – via relaxamento e silêncio – na profundidade do ser. O bebê avança de um processo de desintegração entre corpo e mente – inerente à condição inconclusa de seu nascimento – à integração gradual e crescente de seu organismo.

Quando adotamos o cerne da expressão de Winnicott, não estamos falando de um cuidador bonzinho ou de uma mãe sofredora, daquelas que usam os filhos para se ausentar dos próprios desafios pessoais. Nem estamos nos referindo a um pai vítima, que esconde o seu medo de mudanças atrás da suscetibilidade da criança, justificando assim a sua inoperância.

A mãe suficientemente boa não é a mãe idealizada, aquela que o dito popular chama *a que padece no paraíso*. A questão é outra. Trata-se de alguém com presença autêntica diante da delicadeza de um bebê, aquele que mesmo depois de nascer permanece por algum tempo com a suscetibilidade do estado uterino, como vimos no capítulo I e estudaremos nas partes 1 e 2 do capítulo III.

O que impede uma pessoa de estar autenticamente presente diante de outra são as limitações do próprio caráter – com seus traços dominantes e automáticos – que, com o nascimento de um filho, tem uma nova oportunidade de amadurecimento e evolução.

Muitas vezes, os traços caracteriais aparecem vestidos com excessivo individualismo, quando o cuidador abandona a criança diante do mais fútil desejo pessoal. Outras vezes, a limitação é a falta de firmeza amorosa, o não saber dizer *não* e deixar que a criança cresça sem limites e orientação. Ou, então, aparece no cuidador uma rigidez perfeccionista, que exige em demasia, de modo compulsivo.

O cuidador suficientemente bom entende que gerar ou adotar um filho exige abertura para um processo de transformação pessoal e compreensão sobre o papel da mãe, do pai e substitutos, assim como de professores, auxiliares, médicos e familiares, na formação biopsicológica das crianças.

Sem essa atenção contínua, sem essa presença consciente, em algum momento se tornará difícil ao cuidador ser suficientemente bom, pois os dilemas pessoais do adulto poderão tornar-se dominantes e ferir profundamente o desenvolvimento emocional, psicossocial e cognitivo de uma criança.

Ao longo da vida o cuidador não escapará de um intenso processo de mudança. Talvez isso ocorra logo no princípio, quando precisará ancorar um profundo vínculo com seu bebê. Ou então, mais tarde, quando necessitará ser suficientemente bom para auxiliar seu filho a se desvincular dos pais, afastar-se e assumir a vida no mundo adulto.

O processo é assim, antagônico e gratificante. No início, melhor é os pais estabelecerem um vínculo profundo com seus filhos. Depois, o desafio passa a ser ajudá-los a se entender como seres únicos, a conquistar autonomia, descobrir o próprio corpo, apropriar-se de seus talentos, avançar em sua aprendizagem e independência e, mais tarde – quando chegar a hora – desapegar-se deles e deixá-los partir, sem culpas.

Não é simples soltar aspectos da vida pessoal e dedicar-se plenamente aos cruciais anos do desenvolvimento inicial de uma criança. Porém é apaixonante e transformador. Anos mais tarde é novamente difícil soltar-se dessa paixão, apoiar a emancipação dos filhos e voltar a viver sem eles, assim como era antes de tê-los.

Compulsão a Educar

O desejo de fusão e prazer da criança vai sempre encontrar um agente externo repressor e frustrante. É o que Freud chamou de *princípio de prazer versus princípio de realidade*. Ao exagero na maneira educativa, que gera excesso de frustrações, Reich chamou de *compulsão a educar*, um comportamento tingido por questões emocionais dos adultos e não por eventuais problemas das crianças.

No artigo *Os Pais como Educadores: a compulsão a educar* (1975 [1926]), analisado pelo psicólogo e professor Paulo Albertini (1994), Reich alertava sobre os danos da patologia do próprio educador, quando este sente necessidade de frustrar a criança. "Quais serão os motivos inconscientes e pessoais do educador, que implicam uma prática educativa repressora em excesso?", questionava ele.

Reich criou uma espécie de *Psicologia do Educador*, que destaca a necessidade de educar o educador e incentiva o adulto a buscar mais consciência sobre a importância de suas ações e reações junto aos pequenos. A Infância de pais, cuidadores e professores, dizia ele, reflete-se em seu modo de educar.

Albertini (1994) cita que Reich questionava o que realmente precisaria ser frustrado no processo educativo e sugeria uma dosagem certa, sem excesso ou ausência de frustrações.

> *O desejo de corrigir a própria Infância é provavelmente um dos motivos típicos da vontade de educar. Mas, para a mentalidade primitiva e inconsciente, corrigir a própria meninice só pode significar vingar-se, de modo que a vontade educativa comporta em si uma compulsão sádica para educar. (Reich, citado por Albertini, 1994, p. 64)*

A *compulsão a educar* pode ser claramente observada na relação entre adultos e crianças. Exemplos: quando os critérios educativos se alternam de acordo com o estado emocional dos *grandes* e não pelas atitudes dos *pequenos;* quando o adulto se coloca na posição daquele que está sempre certo, mesmo quando erra; quando o educador projeta o medo pessoal sobre a criança e faz disso uma forma de educar; quando os maiores se sentem no direito de interferir com seus humores sobre o estado emocional infantil, na hora que quiserem, do jeito que desejarem, sem respeito ao processo biopsicológico das crianças; ou quando o adulto necessita interferir, constantemente, para mostrar que está *educando.*

> *Os pais, diante de qualquer manifestação instintiva da criança, recordam os seus próprios desejos infantis reprimidos. As instâncias instintivas da criança representam um perigo para a subsistência das próprias repressões. (Reich, citado por Albertini, 1994, p.63)*

Desde o início de seu trabalho e especialmente a partir dos casos atendidos na Clínica de Viena, na Áustria, Reich passou a abordar o tema *educação e promoção da saúde psíquica* inicialmente na obra O Caráter Impulsivo (1975 [1925]) e no artigo Os Pais como educadores: a compulsão a educar e suas causas, escrito quando ele ainda tinha vinte e nove anos.

Os contatos e as trocas de ideias entre Reich e o pedagogo Alexander Neill, no início da *Escola Summerhill*, na Inglaterra, fomentaram propostas de um processo educacional que contempla a saúde física e a psíquica. Neill dizia ter aprendido os princípios de *autogoverno* com o psicanalista Comer Lambe e os de *autorregulação* com Wilhelm Reich. A pedagogia dessa escola tem como filosofia a *liberdade como licença.*

CULTIVO DE AUTORREGULAÇÃO
Um princípio sistêmico e ético na educação infantil

Reich dizia que há coisas as quais não se educa, ou seja, que elas somente poderão ser autorreguladas. Com raízes na Biologia, o conceito de autorregulação refere-se à competência espontânea e visceral de todo organismo vivo em busca de equilíbrio. No entanto, dentro da nossa abordagem esse conceito passa a ter um sentido mais amplo, pois, para que a família ou a escola cultive esse princípio na educação das crianças, o sistema familiar e o escolar também terão que se autorregular.

Cultivar a ética da autorregulação é confiar na sabedoria instintiva da vida e na certeza de que o ser humano nasce essencialmente bom. Esses são os pilares do pensar reichiano, que vislumbra em cada pessoa um potencial vital com infinitas possibilidades de desenvolvimento, desde que este não seja frustrado em demasia, a ponto de restringir-se de tal forma que acabe comprometido.

A autorregulação tem em suas origens um sentido de fé na vida. Quando é cultivada na prática educacional, promove grandes benefícios às crianças e também aos adultos, que passam a observar a impulsividade e a reatividade de seu próprio caráter frente aos pequenos. Para assegurar respeito biopsicológico ao bebê e observar o tempo e o espaço de que ele necessita para se autorregular, o adulto deverá minimizar drasticamente sua compulsão a interferir constantemente sobre o amadurecimento infantil.

O trabalho central da educação reichiana é a prevenção das neuroses – tanto quanto for possível prevenir – já nas fases primitivas do desenvolvimento infantil. O princípio basilar da prevenção é o cultivo de autorregulação, cuja dinâmica respeita o ritmo infantil e poupa a criança de complexidades desnecessárias. E, ao mesmo tempo, exige dos adultos uma revisão contínua de seus modos de agir e reagir diante dos pequenos.

Quando os pais buscam educar aquilo que não se educa, podem afetar a capacidade interna da criança de encontrar seu ponto de equilíbrio. Em nome de uma *boa educação* e com medo de perder o controle sobre seus filhos, pais e educadores com frequência são tomados pela compulsão a educar, criando um adulto psicológica e fisicamente doente, completamente sociorregulado, incapaz de desenvolver sua própria identidade dentro do mundo.

Respeito Biopsicológico

A conduta ética da autorregulação promove o respeito ao tempo do movimento pulsátil do organismo dos pequenos, em seu fluxo de tensão-carga-descarga-relaxamento. Devido à delicadeza do desenvolvimento inicial, a interferência nos movimentos de contração e expansão do organismo gera formas mais contraídas ou expansivas de agir e reagir, com mecanismos de defesa e estruturas corporais características.

Já no recém-nascido as intensas pulsões orais vão encontrar amparo e regulação no vínculo afetivo, por meio da pulsação da totalidade de seu corpo em contato com a totalidade do corpo da mãe. Trata-se da natural sexualidade infantil, que ainda não recebe qualquer carga moralizante da nossa cultura, apenas porque está associada às necessidades biológicas básicas e não ao prazer em si mesmo. Porém, quando o amadurecimento sexual e vital chega aos órgãos genitais, em torno dos três/quatro anos de idade, a carga moral da família cresce sobremaneira, mesmo na atualidade.

A contenção orgânica, que se dá por meio do contato corporal e afetivo entre o bebê e seus cuidadores, é o que permitirá a integração após o nascimento. O útero psicológico, criado por pais e cuidadores que respeitam a autorregulação dos pequenos, dá um sentido de continuidade na passagem do espaço intrauterino ao extrauterino e assim sucessivamente, fase após fase, de acordo com as aptidões que amadurecem e as crises características de cada etapa.

O conceito de autorregulação é em essência um princípio sistêmico e por isso tão transformador. É impossível cultivá-lo sem a coexistência de suas duas outras partes: o respeito biopsicológico às características distintas de cada indivíduo e o desenvolvimento de vínculos suficientemente bons. Além disso, para que os pais cultivem essa conduta na educação de seus filhos, eles também terão que se autorregular, o que mexerá nos modos de relação do sistema familiar e, posteriormente, do campo social.

No mundo em que vivemos, o ideal da autorregulação ainda não é possível, pois a sociorregulação é avassaladora e impositiva. A não ser que se viva numa ilha, ela nos atingirá de alguma forma. No entanto, apesar das dificuldades, o cultivo da autorregulação possível já será de grande valia e fará a diferença na formação do caráter e na saúde biopsicológica das próximas gerações. Essa ética educativa gera respeito genuíno e poderá resgatar a humanização nas relações e *a natureza salvadora da educação*, como observa Naranjo (2007).

> *Podemos agilizar o nascimento de um novo tempo por meio de uma educação mais saudável e amorosa, que reformule seus objetivos e coloque o desenvolvimento acima do* status quo. *Uma educação para transcender o patriarcado precisará deixar de ser uma educação que sirva apenas à socialização, à domesticação da mente e à doutrinação para fazer-nos tanto quanto possível como nossos ancestrais.* (Naranjo, 2007, artigo fornecido à autora)

Crianças Respeitadas, Crianças Pacíficas

Crianças que foram respeitadas em seu desenvolvimento biopsicológico são pacíficas, aplicadas e de boa relação com todas as pessoas, ressalta a pediatra Eva Reich (1978 [1977]). Elas se adaptam com facilidade e não são competidoras ferrenhas. Vivem com o mundo e não estão contra ele. Aprendem rapidamente e não carregam mensagens negativas do tipo *você não vale nada, você é apenas uma criança*. Elas são claras em sua comunicação e sabem o que sentem, ressalta a pediatra.

> *Todas as pessoas sobre a Terra têm condições de aprender que há outros caminhos além da educação autoritária. Creio que a Humanidade seria mais pacífica se não obrigássemos as crianças a certas tarefas, mas as inseríssemos nas decisões e as deixássemos*

crescer prioritariamente com decisões próprias. Uma certa disciplina é necessária, e isso é possível na medida em que a proibição é acompanhada por uma explicação simples. (Reich, 2006, p. 107)

A importância de pais e educadores tratarem uma criança pequena como um indivíduo com direitos iguais aos seus foi um ponto ressaltado por Tage Philipson, importante colaborador de Reich, em seus escritos na década de 40. Ele enfatizava que os ritmos orgânicos do funcionamento próprio de cada criança (sua pulsação vital) precisavam ser respeitados, para que pudessem desenvolver-se naturalmente.

Philipson e Reich observaram que, quando as necessidades fundamentais de uma criança são atendidas, ela aceita e integra as frustrações e acomodações inerentes à vida. Eles identificaram também que isso ocorria mais rápido e melhor em crianças biopsicologicamente respeitadas do que naquelas que haviam perdido o contato com seu próprio ritmo interno, que mostravam também ter apreendido a reprimir seus sentimentos naturais e até mesmo suas necessidades biológicas básicas.

Quando os adultos respeitam os ritmos vitais de uma criança, estão protegendo sua pulsão vital e permitindo que ela se autorregule, por meio de sua orientação amorosa e do respeito biopsicológico. Sempre que os grandes consideram as necessidades dos pequenos, sejam elas de contato corporal e de cuidados básicos ou sejam de necessidade de silêncio, a vida passa a ter grandes chances de avançar em seu curso natural, em direção à saúde e ao bem-estar.

A tríade *autorregulação, respeito biopsicológico e bons vínculos* e sua dinâmica interdependente aplicada à educação gestam um novo modo de educar. O psicólogo e orgonoterapeuta Xavier Serrano Hortelano, diretor da Escola Espanhola de Terapia Reichiana, observa que a autorregulação é uma capacidade de funcionamento evolutivo inato; e que Reich fundamentou a hipótese de que existe um processo de amadurecimento psicossomático baseado na adequada expressão do fluxo vital.

> *Isso implica reconhecer uma capacidade de funcionamento evolutivo inata ao animal humano, tal como ocorre em toda a natureza. E o instinto sexual, satisfeito pelas diversas fases e com diferentes objetos, era a chave que o promovia. (Hortelano, 1994, p. 32)*

O Cultivo dos Três Limites

O tema da autorregulação ainda provoca polêmicas, devido aos entendimentos distorcidos sobre o assunto. Para algumas pessoas, o conceito de *liberdade como licença* se confunde com libertinagem, e a expressão *autorregulação* sugere uma prática educativa sem limites. Definitivamente não é isso o que propõe a abordagem reichiana.

A questão dos limites é mais profunda do que apenas conter os movimentos excessivos de outra pessoa. Esse é um tema polêmico no campo da Pedagogia e da Psicologia. A proposta educativa inspirada em Reich, por exemplo, já sofreu muitas críticas, devido ao entendimento distorcido do que significa o princípio sistêmico e ético da autorregulação.

Segundo Paulo Albertini (2006), professor do Instituto de Psicologia da Universidade de São Paulo, é fundamental compreendermos que, quando Reich fala de educação, ele se refere à criação no sentido mais amplo e não apenas à educação formal, escolar.

As ideias educativas de Reich estão sempre vinculadas com a esfera da saúde e com a observância das consequências da educação na formação das biopatias (doenças geradas por bloqueios no fluxo da energia vital). Nesse contexto, a autorregulação é central na prevenção das neuroses. Nos anos 30 do século passado, tal conceito passa a substituir as teses psicanalíticas de Reich, como relata Albertini (1994).

> *Existe uma crítica, proveniente de fontes psicanalíticas, que é frequentemente endereçada à construção teórica de Reich, no sentido de que ela nega a necessidade de limites. Do ponto de vista reichiano, a resposta a essa afirmação pode ser sugerida a partir do conceito de autorregulação, que supõe a existência de uma espécie*

de racionalidade instintiva. Há nessa postura uma confiança na razão da natureza, no mundo instintivo, no animal humano. (Albertini, 1994, p.69)

Em relação à aplicação de limites, é fundamental que o adulto observe qual é o objetivo de cada limite estabelecido, ao que ele serve e por que ele está sendo aplicado. Reich foi cirúrgico ao apontar a compulsão a educar do educador – seja ele pai, professor ou cuidador – e a falta de sentido educativo na aplicação de boa parte dos limites. Sempre é oportuno nos perguntarmos: o limite dado foi uma medida de ajuda à criança ou apenas uma mostra da nossa impaciência, da nossa irritabilidade e do nosso mau-humor?

Se a educação estiver voltada ao desenvolvimento da criança, o educador usará a dosagem ótima para ajudar os pequenos a desenvolverem os três limites essenciais: o limite que precisa ser respeitado (o respeito na relação com os outros); o limite que precisa ser transposto (medos e limitações) e o limite que precisa ser desenvolvido (o limite interno, que regula a impulsividade e preserva a privacidade). Entretanto, quando a educação está a serviço de traços obsessivos ou narcísicos de pais e educadores, voltada à manutenção do *status quo* e à sociorregulação, os três limites primordiais não serão desenvolvidos, criando um terreno fértil para o surgimento das doenças biopsicológicas.

O pilar central no cultivo de autorregulação é o próprio educador, que ao utilizar certas condutas educacionais muitas vezes não avalia as consequências das mesmas sobre a saúde psíquica e física das crianças. Para Albertini (1994), a sociedade que permite o desenvolvimento dessa racionalidade instintiva não corre o risco de ser por ela aniquilada, uma vez que em si mesma ela não é antissocial. Também essa sociedade não precisará criar tantos mecanismos de controle e repressão para conter aquilo que não conseguiu educar.

Educação Encouraçada

A qualidade afetiva de pais, professores, cuidadores e de pessoas do meio social da criança têm forte influência na estruturação de seu caráter. A regulação fisiológica e emocional pode ser gravemente comprometida por uma educação que impõe um controle externo excessivo. As consequências disso ficam evidenciadas já na Adolescência e, depois, ao longo da vida adulta, em situações de estresse, quando a pessoa sente claramente a perda da capacidade de autoequilíbrio físico e emocional.

A couraça é uma expressão reichiana que significa um conjunto de tensões e contrações musculares que sustentam a estrutura de caráter de uma pessoa e seus modos automáticos e repetitivos de pensar, sentir e agir. Ela impede que os sentimentos profundos possam-se manifestar e reduz a expressividade e a capacidade humana de desfrutar da vida. Quanto mais encouraçada é a pessoa, mais tenso é seu corpo, e mais mecânicos e neuróticos são seus modos de estar no mundo.

Os grupos sociais também têm couraças, que estão relacionadas à enfermidade de massas que Reich chamou de *peste emocional*, ou neurose social. A couraça social mantém a mecanicidade do comportamento e os valores cultivados pela grande maioria das pessoas, de acordo com cada época e cultura. Foi a peste emocional que provocou a morte de muitos gênios da História, tais quais Sócrates, Giordano Bruno, Galileu, Jesus e outros tantos. Ela também provocou a prisão de Reich por ele ter avançado além do que podiam compreender os cientistas de seu tempo.

A couraça social agrava os padrões psicopatológicos de pais e educadores e forma padrões educativos encouraçados, que são mecânicos e repetitivos, desprezando a tríade *autorregulação, respeito biopsicológico e bons vínculos*. A educação encouraçada teme a liberdade, a criatividade e o prazer. Hoje, a couraça social não está mais ancorada no moralismo de antigamente. Agora é o culto aos pseudovalores, à competitividade e ao consumo, com a progressiva perda de interioridade e de contato com valores humanitários.

Condicionando a maioria dos padrões educacionais vigentes –

subjulgados pela sociorregulação – o processo de desenvolvimento biopsicológico passa a ser gravemente afetado . Eva Reich (1978 [1977]) observou que o cultivo de autorregulação está diretamente associado à educação não autoritária. Nesse sentido, a dosagem ótima entre frustração e satisfação é uma medida útil.

Essa proposta educativa não é uma peculiaridade da abordagem reichiana, embora seja sua característica central. Já estava presente nos ideais democráticos e românticos de Jean Jacques Rosseau, que inspirou uma tradição pedagógica de autores ainda pouco estudados na formação universitária. Entre eles está Johan Heirich Pestalozzi, Leon Tolstói, Alexander Neill, Janusz Korczak, Célestin Freinet, Lev Vygotsky e o brasileiro Paulo Freire, entre muitos outros. E, como já vimos, é o motor dos princípios educacionais trinitários de Cláudio Naranjo.

PADRÕES E CONDUTAS EDUCATIVAS
O caráter do adulto refletido em seu modo de educar

Dosagem ótima é a expressão de Reich que norteará nossos estudos, do princípio ao fim deste texto. Trata-se de uma medida de referência entre frustração e satisfação das pulsões, parâmetro orientador para uma educação que contempla autorregulação e desenvolvimento da autonomia infantil.

Os impulsos vitais da criança em desenvolvimento buscam ser expressos em seu caminho de evolução. Ao se manifestarem, eles anseiam encontrar um receptáculo, um ancoradouro, um continente. Durante a gestação, o casulo uterino acolhe e delimita o espaço de expansão até o momento em que o bebê necessita espaço maior e dá origem ao trabalho de parto.

Depois do nascimento, o corpo da mãe é o ancoradouro. Geralmente é uma mulher que ocupa esse lugar, mas também pode ser um homem que cumpre a função materna. Em seguida, o núcleo familiar passa a ter importância. Todos são significativos na formação de um ambiente de menor ou maior frustração às pulsões vitais do bebê.

Tanto a satisfação quanto a frustração são importantes no processo educativo. A pequena frustração provoca a busca de novos caminhos evolutivos, enquanto a satisfação traz saúde, por meio de relaxamento profundo do organismo e integração das sensações internas do Ser.

A *dosagem ótima* é uma medida relativa e subjetiva, porém possibilita-nos educar uma criança com saúde e humanização. Muitas vezes, os pais invadem e desrespeitam o espaço biopsicológico das crianças – no qual poderá dar-se o processo de autorregulação. Por meio dela, podemos desenvolver equilíbrio entre a educação vinda da família e a autorregulação, ou a autoeducação, feita pelos pequenos.

Esse tempo é necessário e essencial para que o desenvolvimento se manifeste de dentro da criança para fora e não seja imposto pelo adulto – de fora para dentro – por sua ansiedade compulsiva, justificada por uma suposta prática educacional. Movidos pela urgência de sua neurose pessoal e não por supostos problemas dos pequenos, e impondo o seu tempo pessoal sobre o tempo da criança imatura, pais, cuidadores e professores atropelam o espaço vital e a interioridade infantil. O estado emocional do educador é determinante nesse processo.

Se um adulto se encontra emocionalmente bloqueado ou perturbado, estará propenso a fazer julgamentos e a tomar posições errôneas ou destemperadas, jogando suas frustrações, seus medos, suas piores emoções sobre os pequenos. Em seu livro *O Caráter Impulsivo*, no capítulo *Influências na Educação*, Reich analisou quatro maneiras habituais de os pais educarem o forte desejo de satisfação pulsional e expressão vital das crianças.

Nesses padrões educativos, segundo Albertini (1994), aparecem modos equilibrados e desequilibrados de o cuidador lidar com as pulsões vitais das crianças. Reich relacionou os padrões adotados por pais e cuidadores e identificou as consequências desse processo sobre a saúde física e psíquica dos pequenos.

> *Tenho que considerar a questão da educação de um ponto de vista diferente, a saber: não como pedagogo, cuja responsabilidade é de ordem social, mas como médico interessado na formação e cura das neuroses. (Reich, citado por Albertini, 1994, p.64)*

Observando os princípios elementares da educação reichiana, que são *autorregulação e dosagem ótima na educação*, ampliamos a pesquisa sobre os padrões educativos identificados por Reich, por meio de características comuns do comportamento de pais, cuidadores e professores em relação às crianças. Na maioria dos casos, além do padrão dominante, alguns aspectos de um segundo padrão costumam estar presentes na criação e na educação das crianças.

PADRÃO 1
Equilíbrio entre satisfação e frustração

Caracteriza-se pela presença de uma ação educacional frustrante na *dosagem ótima*, sem gerar uma consequente inibição pulsional completa. Nesse caso, há frustração e satisfação pulsional parciais. Uma educação assim cria um bom território para o desenvolvimento de pessoas autorreguladas, espontâneas e equilibradas. Elas se mostram mais preparadas para suportar crises, lidar com problemas e regular suas emoções. São empáticas em relação aos outros e revelam equilíbrio ao lidar com sentimentos conflitantes. Apresentam maior competência nas relações interpessoais, com pensamento realista, comportamento ético, otimismo e perseverança.

Pais e educadores que cultivam a *dosagem ótima* são aqueles que buscam respeitar o espaço de autorregulação da criança. Veremos a seguir algumas características desse modo de educar:

- pais e educadores são afetivos e expressam, corporalmente, sua amorosidade;
- estão presentes e atentos, quando se relacionam com os filhos ou outras crianças. São firmes, respeitosos e sustentam a definição de limites;
- cultivam e preservam o campo biopsicológico das crianças, de modo que elas tenham espaço para chegar à autorregulagem das emoções;
- fazem uso das emoções negativas nos momentos de crise, como um meio para desenvolver intimidade, sem mostrar impaciência e destempero;
- valorizam a autonomia e a independência das crianças, mas exigem responsabilidade, de acordo com a idade dos pequenos;
- ajudam as crianças a se afirmarem e a expressarem as suas opiniões com firmeza;
- reconsideram regras estabelecidas sempre que os argumentos dos pequenos procedem e são convincentes;
- sabem que representam uma referência decisiva para o espelhamento de filhos e crianças próximas;
- estabelecem limites claramente, e suas orientações têm critérios e coerência;
- valorizam as aptidões e os esforços dos filhos e de outras crianças;
- apresentam opções para que os pequenos solucionem suas dificuldades;

- respeitam os sentimentos e as dificuldades da criança, sondando as causas de suas emoções;
- cumprem o que prometem. São persistentes e determinados em seu comportamento;
- são previsíveis em suas reações, no sentido de não serem tomados pela oscilação de humores.

PADRÃO 2
Desequilíbrio: frustração excessiva

É o processo educativo que se caracteriza por produzir frustrações excessivas e constantes sobre a criança. A consequência desse padrão é gerar pessoas com caráter inibido e inseguro, que se tornam medrosas, retraídas, com baixa autoestima e dificuldades em confiar. Engolem a raiva, mas não conseguem equilibrar suas emoções. Podem se tornar agressivas e indisciplinadas fora do ambiente caseiro para compensar a severidade dos pais. Ou ainda se tornam pessoas extremamente tímidas, envergonhadas, sem assertividade e com grandes dificuldades de se relacionarem e de expressarem quem são e o que pensam.

O modo de pais e educadores agirem, quando revelam um padrão de exigência excessiva, tende a apresentar características assim:
- estabelecem regras rígidas e exigem que as mesmas sejam cumpridas a qualquer custo;
- não demonstram afeto. São presentes, mas frios e controladores;
- tendem a alterar o estado emocional do filho ou de outras crianças, usando a constante reprovação e a ironia. Adotam posturas arrogantes, desrespeitosas, que humilham a criança;
- não elogiam nem valorizam atitudes de filhos e demais crianças, achando que assim perderão sua autoridade;
- exageram na observância de regras, quando estão irritados;
- priorizam a ordem, o controle e o asseio acima de qualquer coisa;
- acreditam que a criança deva acatar o que dizem, sem qualquer questionamento; e, se há reação dos pequenos, ficam irritados;

- quando se descontrolam, tornam-se frios e rígidos, prometendo tomar atitudes ainda mais assustadoras;
- julgam o comportamento de filhos e crianças próximas, antes de saber o que realmente aconteceu;
- criticam erros, medos, tristezas de filhos/alunos, sem orientá-los para um outro modo de lidar com esses sentimentos.

PADRÃO 3
Desequilíbrio: permissão excessiva

Esse tipo de educação está calcado em uma atitude permissiva em excesso, que não orienta devidamente a criança nem faz a contenção afetiva para o desenvolvimento de autorregulação. É um padrão que gera pessoas com pouca capacidade de autocontenção. Essas crianças têm dificuldades em aceitar limites ou de autodesenvolvê-los, quando chegam à fase escolar. O processo de socialização pode se tornar complexo, com comportamentos antissociais, às vezes ofensivos e descontrolados. Algumas ficam despreparadas para enfrentar os desafios futuros. Outras se tornam egoístas, individualistas, com dificuldades de desenvolver amizades duradouras.

Pais e educadores permissivos em excesso apresentam um padrão educativo com as seguintes características:
- não se responsabilizam por sua participação no desenvolvimento de autorregulação das crianças. Defendem que elas se regulem sozinhas.
- aceitam todas as formas de expressão de raiva dos filhos, mesmo que essas atinjam e agridam terceiros;
- deixam o filho fazer o que quer, com o argumento de que *ele é apenas uma criança*;
- reconfortam a criança, diante de uma situação negativa, mas não a orientam nem lhe ensinam meios de lidar com a situação;
- são passivos diante da desobediência e pouco exigentes com as responsabilidades mínimas de filhos e outras crianças próximas;
- não estabelecem os limites necessários, argumentando que eles são cerceadores da liberdade;

- não assumem o papel de pais e se colocam como irmãos ou amigos diante dos filhos. Evitam o desgaste da função orientadora e deixam os filhos emocionalmente inseguros.

PADRÃO 4
Desequilíbrio: permissão excessiva e frustração traumática

Trata-se de um padrão educacional apoiado na permissividade seguida da aplicação de frustração repentina, intensa e traumática. Um padrão educativo instável, gerador de inseguranças. Os filhos tendem a apresentar dificuldades na regulagem de suas emoções, contendo-se e explodindo repentinamente.

Pais e educadores impulsivos em seu modo de educar apresentam um padrão educativo com as seguintes características:

- são instáveis em seus critérios e atitudes;
- aceitam todas as expressões de raiva das crianças e se permitem, também, extrapolar a própria agressividade. Depois, abraçam as crianças e ignoram a dimensão do ocorrido. No momento seguinte, explodem e agridem novamente;
- não orientam os filhos/alunos a desenvolverem a noção de limites na socialização, deixando-os à própria sorte;
- repentinamente mudam de postura, incomodam-se com a sua própria falta de limites e estabelecem limites rígidos às crianças, que depois não são sustentados.

PADRÃO 5
Desequilíbrio: negação da frustração e dos sentimentos

A negação do princípio de realidade caracteriza esse padrão, em que pais e/ou educadores costumam evitar que a criança enfrente as crises normativas e sinta o prazer de evoluir. A superproteção é um modo de controlar o mundo ao redor da criança, para que ela não sofra, impedindo o seu processo de desenvolvimento e maturação. Caracteriza pais projetivos, que lançam sobre o filho os medos e as carências pessoais, gerando um padrão educativo desequilibrado, compensatório, que prejudica o prazer do autodesenvolvimento e compromete a maturação.

Esse padrão educativo faz as pessoas se sentirem infantilizadas e/ou frágeis, até mesmo na fase adulta. O processo de socialização é mais difícil, com sensações de inadequação e a crença de que sempre há algo errado com elas. Algumas consideram que seus sentimentos são impróprios e não devem ser manifestados. Muitas ficam acomodadas no conforto da superproteção, não se apropriando de suas aptidões e desenvolvendo autoestima baixa.

Como também foram muito mimadas, não aceitam críticas. Para serem aceitas pelo grupo, submetem-se, já que não se sentem capazes e adequadas. Foram impedidas, pela superproteção dos pais, de avançar pelos degraus naturais do seu desenvolvimento psicossocial.

Os pais ou educadores superprotetores tendem a apresentar características assim:

- estimulam os filhos – e as crianças próximas – a serem ingênuos, negando a realidade;
- omitem-se da responsabilidade direta de orientar as crianças, argumentando que ainda é cedo para tanto, mesmo quando já não são mais crianças;
- deixam os filhos aos cuidados de terceiros, exigindo e controlando este terceiro, mas não acompanhando os sentimentos da criança;
- como não sabem lidar com seus próprios sentimentos, desmerecem essas manifestações na criança, dizendo *isso logo vai passar, isto não é nada, fica perto da mamãe, ela não vai deixar que nada de mal aconteça para você*;
- fogem das emoções negativas (tristeza, raiva, medo, etc.) acreditando que elas são prejudiciais; temem o próprio descontrole emocional ao lidar com tais emoções;
- não estimulam nem permitem que as crianças tomem iniciativas que levem à autonomia. Ex: lavar seu próprio prato após as refeições, arrumar sua cama, aprender a fazer as atividades básicas de sobrevivência; resolver

problemas simples do cotidiano; morar sozinha quando se tornar jovem;

■ Evitam tratar dos problemas, postergando-os e esperando que o tempo resolva as questões difíceis. Dizem frequentemente: *deixa assim; esquece; com o tempo, tudo passa.*

O APODERAMENTO DE SERMOS PAIS
O resgate da presença autêntica e a redução da terceirização

O cotidiano atual de psicólogos, terapeutas, professores, psicopedagogos e médicos é receber em seus consultórios ou salas de aula pais inseguros e culpados, que temem errar ou acreditam já terem errado com seus filhos. A pergunta mais frequente no final de palestras, debates e cursos sobre Infância e o processo de desenvolvimento costuma ser *qual é a maneira certa de os pais agirem?*, ou seja, *qual é a receita?*

Os pais buscam orientação e querem a resposta exata que resolva os problemas de seus filhos, que geralmente são falta de regulação das emoções, agressividade, depressão, drogadição, dispersão, déficit de atenção, hiperatividade ou dificuldades de aprendizagem. Em alguns casos, os pais esperam que a escola resolva aquilo que eles não sabem como resolver. Em outros, pedem que o médico neurologista ou o psiquiatra medique a criança para que assim, como num passe de mágica, o problema deixe de existir.

Sabe-se que nesses casos o problema maior geralmente não é a criança, mas os próprios pais. Especialmente porque o adulto reage diante dos pequenos a partir do que viveu em sua própria Infância. Diante da natureza subjetiva do Homem, é essencial compreendermos o papel decisivo do educador, por meio da impulsividade de seu temperamento e da reatividade de seu caráter. É danoso à criança ser transformada no depositário da neurose dos pais ou dos educadores, o que é bastante comum.

Quando a neurose adulta é grande, a relação com as crianças pode se tornar covarde e sádica, com abuso da posição adulta sobre a infantil chegando ao âmbito da violência física. Em princípio, educar é uma via de duas mãos: enquanto estimulamos uma criança ao desenvolvimento de suas capacidades, também crescemos nessa rica inter-relação.

Parece essencial pensarmos sobre como o modo de vida da sociedade atual – um verdadeiro simulacro, como disse Jean Baudrillard em *Simulacro e Simulações*, livro que inspirou a realização do filme *Matrix* –

afastou-nos da subjetividade que caracteriza o ser humano. Este mundo simulado (que valoriza as pessoas dissimuladas) nos desconecta da transformação pessoal que ocorre ao nos tornarmos mães, pais ou, então, apenas cidadãos comprometidos com o aspecto psicoafetivo de seu grupo social e das próximas gerações.

Tornar-se um *cuidador suficientemente bom,* como dizia Winnicott, e exercer a condição adulta diante de qualquer criança remete-nos a um caminho de presença e humanização. A perda da sabedoria materna e paterna – que sabe com suas entranhas como agir e reagir com seus filhos – é a marca deste tempo em que a culpa acompanha os pais em suas ações ou em suas omissões.

O processo de homens e mulheres que deixaram de se apoderar de sua condição de pais e assim não conseguem mais sentir e nem saber como conduzir a educação dos filhos é um dos impasses do modo de vida atual, marcado por dias estressantes e de pouco tempo destinado à subjetividade humana.

A *presença autêntica* é um estado em que estamos presentes de modo incondicional e completamente aberto. Dessa forma a reatividade do programa pessoal pode ser regulada pela consciência de si e pela intenção amorosa e ética com o outro. Essa presença, que se caracteriza por não ser reativa, traz o discernimento e o *feeling* à atuação materna e paterna com ações precisas, na *dosagem ótima.*

A experiência de apoderar-se da condição de ser mãe ou pai de uma criança traz o contato com uma sabedoria intrínseca da nossa própria humanidade. A partir dela podemos resgatar a capacidade interna de perceber com *coração, instintos e cabeça* a melhor maneira de agir com nossos filhos.

As mulheres estão começando a acordar da condição passiva em que se colocaram nas últimas décadas, desde que o parto deixou de ser o rito maior da feminilidade humana e passou a ser um evento médico, geralmente cirúrgico, como veremos na parte 1 do capítulo III.

Depois de milênios parindo naturalmente, de repente a mulher moderna deixou de ser ativa no parto, passando a escolher a cesariana antes mesmo de saber se essa cirurgia será necessária. As estatísticas indicam que o medo tomou conta da maioria das mulheres. Temerosas e desconectadas de seus instintos maternos e de sua ancestralidade feminina, elas sentem o alto nível de adrenalina que o medo injeta em seus corpos, contraindo seus esfíncteres corporais e dificultando o parto.

Na atualidade, parte significativa de médicos obstetras pactua com esse medo, alegando que as cesáreas são mais seguras e tranquilas. Assim se tornam cúmplices da maior traição ao instinto feminino: viver a experiência mais marcante e sublime da vida de uma mulher sob anestesia, cultuando a suposta fragilidade feminina e a desconexão da força e da coragem, próprias da condição materna.

Nas últimas décadas, felizmente, os homens também começaram a acordar da condição de ausência em que foram colocados pela cultura patriarcal. Afastados de sua fundamental presença autêntica na educação dos filhos, os pais de antigamente eram relegados ao papel de carrascos e autoritários ou então de fracos, bêbados, figuras irrelevantes ao processo educacional.

Na atualidade, cada vez mais os homens desejam ser *pais suficientemente bons*. E isso já se revela na gravidez e no momento do parto, com sua presença afetiva e seus cuidados com a mãe e o bebê. Em alguns países, o direito à licença-paternidade mais extenso, por ocasião do nascimento de um filho, é um sinal dos novos tempos.

Educação Terceirizada

Como já vimos no capítulo I, há pouco mais de um século a subjetividade humana ganhou o campo da Psicologia e passou a revelar dados essenciais sobre a criança e sua relação com pais e educadores. Ao mesmo tempo muitos pais passaram a ficar mais inseguros.

Os inúmeros afazeres, o convívio reduzido com os filhos e a educação terceirizada, prática comum da sociedade moderna e urbana, incrementam sentimentos de culpa, insegurança e medo de errar.

O espaço reduzido para o convívio e a invasão da televisão e do mundo virtual na intimidade familiar ajudam a manter *o simulacro e dissimulam* esse afastamento.

Diante da desconexão com o processo educativo consciente, é comum que os pais busquem cartilhas e receitas globalizadas de como educar um filho, geralmente superficiais e contraditórias. As revistarias são uma amostra disso, com muitas opções e informações fragmentadas, que nem sempre geram compreensão real.

As cartilhas ou receitas massificadas são superficiais e não consideram a particularidade de cada criança. Por tal razão, não possibilitam reflexão profunda e conscientização a pais ou cuidadores. Para termos mais saúde e humanização na educação é necessário algo a mais do que cartilhas descartáveis ou dicas generalizantes.

Parece fundamental que se comece a pensar, sentir e agir com maturidade diante das nossas crianças, observando suas particularidades, idades, fases, potencialidades e seus limites. Ou seja, tudo o que está no campo da subjetividade. Para nos livrarmos das cartilhas precisamos desejar mais do que elas nos oferecem. Sair da cartilha é aprender a pensar sobre a Infância e compreender além do que dizem certos livros, das sugestões de determinados programas de TV, ou das dicas da avó ou de certas vizinhas.

Trata-se de aprofundarmos a reflexão sobre a condição infantil que nos cerca. Sair da cartilha é religar-se à tarefa adulta de cuidar das próximas gerações e resgatar a sensação genuína de ser mãe, pai, cuidador ou até mesmo um simples cidadão, que protege os pequenos ao seu redor, sejam seus filhos ou não.

QUESTÕES PARA ESTUDO E REVISÃO

1. Descreva livremente o que é ser um cuidador suficientemente bom.
2. Como Reich chamou o exagero na maneira educativa? Descreva o que leva os adultos a adotarem os padrões educacionais citados.
3. Descreva qual a importância da autorregulação no desenvolvimento da criança e por que ela é tão importante na visão reichiana.
4. O que você entende que sejam *as coisas as quais não se educa* na citação de Reich?
5. O que é a couraça social e como ela atua sobre as práticas educacionais?
6. O que é a dosagem ótima?
7. Entre os cinco padrões educativos apresentados neste capítulo, quais estiveram mais presentes na sua Infância? Descreva qual era o predominante e como você se sentia? Relate, também, como eram suas reações, na condição de criança, diante dos padrões adotados por seus pais, cuidadores ou professores.
8. Entre os cinco padrões educativos apresentados, observe: qual é o padrão mais próximo do seu jeito de lidar com as crianças na atualidade? E qual o padrão secundário que também aparece em seu modo de agir e reagir com os pequenos?
9. O que significa e como se dá o resgate da condição materna e paterna?

"Os delicados inícios da vida são de grande importância.
São os fundamentos do bem-estar
da alma e do corpo. Gostaria de pedir-lhes apoio
a estes esforços. Precisamos de paz sobre a Terra,
paz que começa no ventre da mãe".
Eva Reich

III

AS IDADES PRECIOSAS E SENSÍVEIS DA INFÂNCIA

Em cada etapa amadurecem certas aptidões humanas
É o momento de maior risco ao seu desenvolvimento

À medida que o nosso cérebro se desenvolve, amadurecem as habilidades humanas contidas em nosso DNA, síntese de milênios de evolução. Em cada fase do desenvolvimento, desde a gestação, formam-se determinadas aptidões físicas e psicológicas, seguindo um intrincado plano genético.

Essas novas brotações dependerão de uma terra fértil para se desenvolverem plenamente. Se a recepção ao que estiver nascendo não for acolhedora e estimulante, *um plano B* poderá ser acionado. Então, o desenvolvimento tomará outro caminho, e a aptidão que estava-se formando poderá assumir uma forma distorcida ou, até mesmo, ser abortada.

Enquanto isso, a vida avança em seus degraus evolutivos, porém não mais com a plenitude programada. Ela faz uma parte importante quando gesta nossos bebês com grandes chances de eles se desenvolverem plenamente. A outra parte dependerá da nossa capacidade de cuidar e de preservar a integridade física e psíquica das crianças que nos cercam.

Orgone, Caráter e Doença

Por ter neocórtex, os instintos biológicos humanos se transformam em pulsões. Embora se pareçam, as pulsões não são como os instintos, pois elas mesclam o biológico e o psíquico. São manifestações da energia da vida no organismo, porém dotadas de representações psíquicas.

Sigmund Freud foi pioneiro ao identificar a energia psíquica dos instintos, que ele deu o nome de *libido*. Wilhelm Reich aprofundou as pesquisas sobre a *Teoria da Libido* e desvendou os princípios funcionais da energia vital, que ele chamou de *Orgone*. Inaugurou, então, a visão sistêmica ocidental sobre a vida e o organismo humano.

Para Reich, orgone é mais do que uma pulsão de desejos e de buscas de prazeres. É a pulsão da própria vida, que também está na natureza, em todos os seres vivos. O *pensamento funcional*, centro do enfoque reichiano, entende que a pulsação da vida – a energia que brota do núcleo dos organismos vivos – é movimento puro, sempre em uma direção criativa e renovada. Nesta abordagem, a neurose e a doença surgem do encouraçamento desta pulsação, do bloqueio do fluxo do movimento vital que é o próprio desenvolvimento biopsicológico. No campo energético em que se vive, segundo Reich, tudo está relacionado com o todo e todas as coisas interferem umas nas outras e assim sucessivamente. Em seu livro *A Função do Orgasmo (1990)*, ele já destacava que uma pessoa encouraçada não pode ter o mesmo tipo de pensamento de uma pessoa que é relativamente livre.

Quando essa energia se encontra impedida, bloqueada ou deprimida, se transforma em *DOR (Deadly orgone)*, uma energia letal, contra a vida, que vai formar as áreas encouraçadas da estrutura corporal. Para Reich, esses bloqueios são a causa de doenças físicas e psíquicas.

Em lugares arborizados e nas proximidades do mar, a energia *Orgone* existe em taxas altas, o que nos dá uma sensação de bem-estar e relaxamento. Da mesma forma, os lugares poluídos são tomados por *DOR*, causando mal-estar, doenças e mortes. Uma das descobertas importantes de Reich foi a correlação entre *Orgone, DOR* e a estrutura corporal do caráter, com suas couraças e doenças psicossomáticas.

Ele representou o desenvolvimento vital por meio da *fórmula da vida*: *tensão-carga-descarga-relaxamento*, que traduz o fluxo da energia vital no organismo, também chamada de Bioenergia. O processo educacional atua exatamente sobre os movimentos expansivos desse ciclo de carga e descarga e geralmente compromete a descarga plena, capaz de gerar relaxamento e integração.

A célula humana é o princípio do movimento de contração e expansão que caracteriza nossa condição vital. As doenças físicas e psíquicas são, em suas origens, perturbações graves no funcionamento natural. A estrutura corporal do caráter se forma a partir das disfunções nesse ciclo de carga e descarga, por meio das etapas da Infância, a partir dos mecanismos de defesa desenvolvidos na relação com a família e os grupos sociais.

Essas disfunções podem ter seu começo já no início da vida, com uma gestação pouco harmoniosa ou um parto disfuncional; ou mais adiante, por meio de uma educação que comprometa o desenvolvimento expressivo da Infância, especialmente nos primeiros seis anos de vida.

Conceito Reichiano de Sexualidade

A interligação entre linguagem expressiva do corpo e sexualidade é básica na abordagem reichiana, já que o próprio conceito de sexualidade abarca bem mais do que as relações sexuais em si. Para Reich e seguidores, a sexualidade também é a condição humana para viver o prazer nos relacionamentos, no trabalho, na busca de conhecer e aprender algo novo, e, até mesmo, de desfrutar os momentos cotidianos da vida, como, por exemplo, tomar um banho de cachoeira, fazer um jantar especial, criar uma obra de arte, entregar-se à dança, ao amor e ao sexo. É a capacidade humana de prazer e realização da própria vida em todos os campos.

Neste livro, usaremos muitas vezes a palavra sexualidade, mas somente em situações pontuais ela se restringirá ao sexo em si, pois estaremos estudando a sexualidade como a condição humana de ter prazer e alegria em todas as áreas da vida. É a própria pulsação vital em busca de expressão, ou seja, é a vida acontecendo, viva, plena e presente.

Em suas pesquisas sobre a energia *Orgone*, Reich verificou que, nos organismos em que o ímpeto vital – o instinto de viver, a própria sexualidade – está bloqueado e deprimido, a estase energética gera a doença emocional e física. Esses bloqueios aparecem nos sete segmentos de couraça do corpo humano, segundo o mapeamento reichiano. Os segmentos são regiões nas quais as couraças se estabelecem e estão diretamente relacionados às etapas do desenvolvimento psicossexual. Essas áreas do organismo correspondem aos mecanismos de defesa, ancorados na estrutura corporal.

A couraça é um conjunto de contrações e defesas, formado para ocultar desejos proibidos e impulsos destrutivos. Os impulsos destrutivos são reações humanas frente às restrições e frustrações impostas pelo meio familiar e social. Os desejos e os impulsos vitais primários são aqueles que brotam do núcleo da vida, buscando sempre prazer e plena expressão.

A couraça está ancorada no organismo por meio de uma forte tensão muscular crônica, mantida pelo sistema nervoso simpático. Dessa forma, a angústia e as emoções reprimidas são contidas, provocando uma forte perda de contato com desejos e necessidades pessoais. A pessoa vive sociorregulada, de acordo com o que é aprovado ou imposto pelos outros.

O primeiro nível do mapa organísmico é o segmento ocular, que corresponde aos telerreceptores e à interpretação (olhos, nariz, sistema nervoso, audição, olfação e pele). O segundo nível, o segmento oral, relaciona-se à oralidade e à depressão (boca). O terceiro nível, o segmento cervical, corresponde ao narcisismo e ao autocontrole (pescoço e alto tórax). O quarto nível, o torácico, relaciona-se à ambivalência amor-ódio, envolvendo peito, braços e mãos.

No quinto nível, no segmento diafragmático, o masoquismo e a ansiedade ancoram sua contenção e seu sofrimento. No sexto nível está o segmento abdominal, relacionado à compulsividade e à analidade. No segmento pélvico, o sétimo, incluem-se pélvis, pernas e pés, com registros relacionados à sobrevivência e à entrega amorosa.

As couraças corporais geram *biopatias,* nome dado por Reich às doenças psicossomáticas causadas por bloqueios da energia vital. Um exemplo de biopatia importante é o câncer, amplamente descrita em outro importante livro de Reich: *A Biopatia do Câncer*, lançado em 1948. Entre as mais comuns e menos graves, estão miopia, cefaleia, prisão de ventre e vaginismo, por exemplo.

Reich foi o precursor das psicoterapias corporais do Ocidente e deu fundamental contribuição ao estudo do caráter, ainda em seus tempos de psicanalista, com vários artigos e livros, entre eles *A Análise do Caráter*, lançado em 1933. Para ele, o nosso funcionamento biopsicológico é formado por três camadas: o núcleo, a camada intermediária e a camada externa.

O *núcleo* é a fonte vital, de onde brotam nossas pulsões de vida e prazer, nossos desejos de expressão e realização. É a camada saudável do ser humano, cuja expressão sofre interferências mais ou menos graves, ao entrar em contato com a cultura. Diante disso, surge a *camada intermediária*, em que estão as defesas e as pulsões destrutivas, que se desenvolvem como reação ao impedimento da expressão do núcleo. Dela fazem parte os estados emocionais de raiva, ódio, depressão, frustração, etc. A *camada externa*, enfim, é uma espécie de verniz, a casca sob a qual estão pulsando as camadas intermediária e nuclear.

Quando a energia vital – que brota continuadamente do núcleo – encontra camadas externas flexíveis, a estrutura de caráter revela-se mais próxima da autorregulação e da saúde física e emocional. Porém, quando as camadas externas são marcadas por extrema rigidez e rasa flexibilidade, as estruturas de caráter formadas nesse processo tendem a ser patológicas.

A perspectiva de formação de estruturas de caráter mais próximas da autorregulação, ou, ao contrário, de caracteres gravemente sociorregulados e, portanto, doentes, depende do que hoje se chama educação. Por isso, o aporte reichiano propõe o trabalho contínuo de prevenção das psicoses e neuroses e enfatiza que as condutas pedagógicas contemplem a saúde biopsicológica na educação.

Além de Reich e das escolas pós-reichianas (Somatopsicodinâmica de Federico Navarro e a Escola Americana de Orgonomia de Elsworth

Baker) e seguidores, existem diversas escolas neorreichianas que criaram metodologias avançadas de psicoterapia corporal. Entre as que citaremos neste estudo, estão: Biossíntese (David Boadella), Bioenergética (Alexander Lowen), Biodinâmica (Gerda Boyensen) e a Psicologia Formativa (Stanley Keleman). Em todas elas, o corpo é o ancoradouro da vida psicológica, e a gestação é a etapa basilar do desenvolvimento biopsicológico.

Pulsão Vital e o Corpo da Mãe

As pulsões são correntes da vida que brotam continuamente da profundidade do organismo e deságuam pelos canais abertos do corpo. É uma excitação biológica, primitiva, geradora de movimento (moção pulsional). Quando ela encontra um bom receptáculo externo, essa adequação gera satisfação e relaxamento. A qualidade desse contato produz a vinculação do bebê ao seu cuidador.

O corpo da mãe é, geralmente, o melhor lugar para o bebê aportar suas pulsões vitais, devido à conexão refinada que a gestação produz entre a mulher e seu filho. O bebê derrama sua intensa carga de pulsões sobre a mãe, que ancora e dá acolhimento às necessidades da criança. Tal relação é chamada na Psicologia de *relação objetal*.

O *objeto* no sentido psicológico pode ser uma pessoa (objeto total), o seio ou uma parte do corpo (objeto parcial), ou ainda chupetas, paninhos, ursinhos (objetos não vivos). Se a pulsão busca contato com outro ser vivo e encontra uma boa recepção a esse anseio, o bebê experimenta uma descarga energética acompanhada de prazer e de posterior relaxamento.

Nos primeiros meses de vida, quando os bebês choram por algum desconforto ou mordem o mamilo da mãe, sua força vital está simplesmente se manifestando, sem qualquer intenção. É a carga vital que se expressa em busca de descarga e relaxamento. Trata-se da manifestação de uma inata excitação corpórea, que necessita expressão e, especialmente, recepção e acolhimento.

Quando a moção pulsional é interditada ou se a criança encontra obstáculos que impedem sua satisfação, ocorre uma reação, um impulso hostil, destrutivo. Podemos identificar claramente o funcionamento dos impulsos reativos ao observarmos as crianças pequenas, quando elas se sentem frustradas em seus desejos.

Se no processo de busca de contato e satisfação a figura interceptora é mais forte e não pode ser removida pelo bebê, ou ainda quando a criança reconhece que o seu impulso hostil coloca em risco a própria integridade, surge uma defesa mais sofisticada. Assim, aparece um mecanismo de defesa repleto de estratégias, desvios e máscaras.

No mecanismo de defesa, o alvo deixa de ser a satisfação da pulsão e redireciona-se a preservar a integridade pessoal, com renúncia do prazer em prol da sobrevivência. Então, a pulsão é colocada a serviço do caráter, alojando-se no organismo, ou seja, na estrutura corporal.

Quando a autorregulação não é cultivada na educação de crianças, e a carga repressiva é forte, teremos estruturas de caráter mais encouraçadas e patológicas do que quando ocorre autorregulação e respeito biopsicológico no desenvolvimento infantil. Esse será o ponto central dos nossos estudos, no sentido da prevenção das neuroses.

Temperamento, Caráter, Personalidade

O temperamento é a primeira característica do bebê. É herdado, inato, de conformação fisiológica e morfológica, marcado por reatividade e impulsividade. Forma-se na fase pré-natal, em um misto de herança genética e de experiências uterinas, fruto da relação com o estado emocional da mãe. Nos primeiros meses de vida, o que aparece no bebê é apenas o seu temperamento.

O caráter é um conjunto de defesas que se forma frente às experiências da vida, especialmente durante a Infância. É um modo particular de agir e reagir. Reúne os traços que a pessoa desenvolveu em sua relação com o ambiente, com registro na estrutura corporal (couraças).

O caráter, geralmente, revela a conduta e o sentido ético na relação com as pessoas, enquanto o temperamento é constitucional, imutável, sem qualquer componente moral. A personalidade, enfim, é a totalidade das qualidades biopsicológicas herdadas (temperamento) e das adquiridas (caráter). É a totalidade do que uma pessoa revela ser, a sua identidade pessoal.

A abordagem reichiana focaliza o trabalho de análise do caráter, aspecto da personalidade até certo ponto modificável, atuando diretamente sobre o que Reich deu o nome de *couraça do caráter* (estrutura corporal) por meio da psicoterapia ou da terapia corporal reichiana. A couraça do caráter não tem qualquer sentido moral, sendo apenas a estrutura corporal resultante desse processo.

Nos primeiros anos de vida, a mãe e a família representam campos energéticos que constroem o equilíbrio emocional do bebê. A partir dessa interação formam-se os primeiros traços caracteriais. Eles cumprem o papel de administrar o temperamento em sua relação com o mundo e representam as primeiras paredes erguidas na construção da estrutura do caráter, obra que estará em acabamento até a Adolescência.

O temperamento é, portanto, uma espécie de condição geológica do terreno sobre o qual se erguerá a poderosa estrutura psíquica. O caráter é a estrutura de defesas, o modo habitual de agir e reagir de uma pessoa, com sólida ancoragem corporal. Segundo Navarro, "o temperamento tem necessidades, e a caracterialidade tem desejos. A constância é temperamental, e a coerência é caracterial" (Navarro, 1995, p.11).

Pesquisadores que estudam o comportamento fetal, por meio de modernos exames de imagem, relatam que os fetos reagem de modos peculiares, distintos um do outro, e que conservam as características temperamentais observadas durante a gestação, na vida pós-natal. Ou seja, o temperamento se mantém igual após o nascimento. A pesquisa nessa área evoluiu muito nos últimos anos, consequência dos avanços tecnológicos que tornaram possível a observação da gravidez, com precisão e sem danos.

Fases e Organizadores Psíquicos

Desde o início da vida a excitação vital gera *tensão* ao se concentrar em determinadas áreas do corpo. Isso produz intensa *carga,* que provoca anseios de *descarga,* com posterior satisfação e *relaxamento.* Essa é lei do funcionamento pulsátil da vida, identificado por Reich: *tensão, carga, descarga e relaxamento,* que se manifesta tanto na satisfação das pulsões (a energia psíquica dos instintos) quanto no movimento das correntes expressivas da vida.

As pulsões concentram sua carga em determinadas áreas, conhecidas como zonas erógenas. Elas são diferentes de outras partes do corpo, pois se constituem também como organizadores psíquicos. Certas fases do desenvolvimento psicossexual estão diretamente relacionadas a determinadas zonas erógenas, como por exemplo: fase oral e zona erógena da boca; fase anal e ânus; e fase genital e genitais. Essas etapas formam certas estruturas afetivas, motoras e cognitivas.

Após o nascimento, o anseio vital de anelo e busca de satisfação é sempre dirigido a um objeto parcial ou total. No caso de um bebê que mama no peito da mãe, suas pulsões vitais já estão associadas ao vínculo criado entre os dois. O bebê busca sua fonte de prazer, que é o seio (objeto parcial) e o corpo da mãe (objeto total), onde poderá ancorar seu organismo desejoso de vínculo, satisfação e relaxamento.

Na criança pequena, as pulsões alcançam outras áreas do organismo e ampliam os focos de estimulação e satisfação: além do prazer de sentir e controlar os esfíncteres, ela também deseja andar, correr, descobrir seus genitais e aprender a conhecer como o mundo funciona. No jovem, a sexualidade chega à primazia genital, e o anseio é de fusão com a pessoa sexualmente desejada. E, assim, a vida segue seu desenvolvimento, fase por fase, sucessivamente.

Quando, em determinadas etapas da Infância, a criança experimenta interrupções em seu processo de amadurecimento – por meio de frustrações frequentes de suas necessidades básicas –, ela poderá fixar-se em tal fase. Isso também ocorre se há excesso de satisfação, no sentido de que a criança não é estimulada a lançar-se aos desafios das etapas subsequentes. No futuro, em situações estressantes, ela poderá vir a regredir às etapas anteriores, nas quais havia satisfação de seus anseios e mais segurança afetiva.

As fixações nas fases do desenvolvimento formam traços e estruturas de caráter, que irão tonalizar a personalidade da pessoa e, em casos mais graves, causar as psicopatologias. Quando a fixação ocorre por falta, a causa mais comum é a insuficiência de satisfação e a perda do objeto de contato. Um exemplo são os bebês que não recebem afeto nem cuidados suficientemente bons e sentem-se abandonados afetivamente, com muitas carências. Assim poderão fixar-se na fase oral por privação, ficando atrelados às necessidades insatisfeitas de contato e vinculação.

Sensação similar acontece se o desmame é abrupto – geralmente devido à dentição – ou se a mãe, o pai ou o cuidador se distanciam ou morrem. Em tais casos, a fixação também se dá por ausência de um provedor de contato e afeto. Outro exemplo de fixação é o caso da criança que ingressa no período de identificação sexual (aos três anos) e ainda mama no seio da mãe. Ela certamente terá fixação oral por excesso, pois a postergação demasiada do desmame favorece o desenvolvimento de traços de passividade.

Porém, quando a educação infantil contempla autorregulação e respeito biopsicológico, a dosagem ótima passa a ser uma conduta no lar e na escola. Dessa forma, tanto a satisfação quanto a pequena frustração tornam-se importantes à promoção de desenvolvimento nos pequenos. Quando integramos educação e saúde nas condutas pedagógicas, aumentam as possibilidades de nossas crianças formarem personalidades autorreguladas e integradas. Como consequência, a aprendizagem será maior e provavelmente mais efetiva.

Direito ao Desenvolvimento

Os processos de amadurecimento biológico e de desenvolvimento psíquico despertam em cada etapa da vida novas aptidões e diferentes crises normativas. Quando a velhice chega, por exemplo, a vitalidade entra em declínio e poderá afetar o desfrute do prazer dessa idade. Será necessário, então, que a pessoa renove o sentido de realização na vida, às vezes voltando-se à espiritualidade ou ao cuidado das novas gerações. Na Idade Avançada, a sabedoria de aceitar a vida como ela foi poderá ser essencial para que o idoso sobreponha sua sapiência ao desgosto das frustrações do passado.

Cada vez que uma mudança de fase acontece, os novos desafios desencadeiam a *crise normativa,* claramente identificada pelo psicanalista Erik Erikson. As crises, nesse caso, são os motores da mudança. Sem elas, não ocorre evolução nem o nascimento de novos modos de estar na vida. Se o meio externo for emocionalmente alfabetizado, ou seja, humanizado, saberá ler o que está nascendo e compreenderá os motivos da crise temporária de um bebê de dois anos, que diz *não* para tudo, ou de uma mulher de 50, deprimida e irritada, devido ao climatério.

Desenvolver-se é a lei primária da existência humana. Na vida adulta, quando nos sentimos estagnados é porque está-nos faltando desenvolvimento. Geralmente, isso ocorre por acomodação, insegurança, medo ou vergonha. Então, perdemos a vitalidade, o ânimo, a inspiração, enfim, o sentido de viver.

ETAPAS DA INFÂNCIA NA FORMAÇÃO DO CARÁTER

1 – Período de Sustentação – fase uterina/ocular
Gestação, nascimento e dez primeiros dias

2 – Período de Incorporação – fase oral
Do nascimento aos dezoito meses

3 – Período de Produção – fase anal
Dos dezoito meses aos três anos

4 – Período de Identificação – fase genital infantil
Dos três aos cinco anos

5 – Período de Estruturação – fase genital infantil
Dos seis aos doze anos

6 – Ingresso na Adolescência
O processo de revisão das fases precursoras

DESENVOLVIMENTO PSICOSSEXUAL E PSICOSSOCIAL

Períodos preciosos e sensíveis / Fases / Crises normativas

IDADES Períodos sensíveis (fases)	REICH e seguidores	ERIKSON e seguidores	FREUD e seguidores
Gestação, parto e dez primeiros dias de vida	UTERINA / OCULAR *Período de Sustentação* (sistema nervoso, pele, audição, olfato, olhos)		
Do nascimento aos dezoito meses	OCULAR / ORAL *Período de Incorporação* (sistema nervoso, pele, olhos, audição, olfação) + (boca)	CONFIANÇA BÁSICA versus DESCONFIANÇA	ORAL
Dos dezoito meses aos três anos	ANAL *Período de Produção* (ânus / área motora)	AUTONOMIA versus VERGONHA E DÚVIDA	ANAL
Dos três aos seis anos	GENITAL INFANTIL OU FÁLICA a) Identificação (genitais)	INICIATIVA versus CULPA	FÁLICO-GENITAL (genitais)
Dos seis aos doze anos	b) Estruturação do caráter (genitais e cognição)	ENGENHOSIDADE versus INFERIORIDADE	LATÊNCIA
Adolescência	GENITAL (genitalidade adulta)	CRISE DE IDENTIDADE versus CONFUSÃO DE IDENTIDADE	GENITAL (genitalidade adulta)
Adulto Jovem		INTIMIDADE versus ISOLAMENTO	
Adulto Maduro		GENERATIVIDADE versus ESTAGNAÇÃO	
Velhice		SABEDORIA versus DESGOSTO / DESESPERO	

UM OLHAR SOMÁTICO, EMOCIONAL E PSICOSSOCIAL

A nossa abordagem sobre as fases de desenvolvimento infantil é múltipla e direcionada aos campos emocional e psicossocial, reunindo especialmente o espectro de duas importantes escolas: a reichiana (Wilhelm Reich e seguidores) e a eriksoriana (Erik Erikson e seguidores), além da importante contribuição na relação mãe-bebê do pediatra Donald Winnicott e do estudo sobre impulso epistemofílico de Wilfred Bion.

Norteado pelos conceitos interdependentes de saúde e educação, segundo Reich e seguidores, essa proposta é enriquecida pelo olhar afinado e contemporâneo da Educação Trinitária ou heterárquica, difundida pelo psiquiatra e educador Cláudio Naranjo, recebendo também a contribuição pontual do biólogo Humberto Maturana. Contamos ainda com aportes dos construtivistas Vygotsky e Piaget, entre outros nomes da Neurociência (Rima Shore), da Psicologia Integral (Ken Wilber), da Psicologia do Desenvolvimento (Ângela Biaggio), da Psicanálise (Wilfred Bion, Erich From, Karen Horney), da Obstetrícia Humanista (Ricardo Jones) e da Antropologia (Bronislaw Malinowski).

Wilhelm Reich é o autor central da nossa abordagem de prevenção das psicoses e neuroses. Ainda na década de 20 do século passado, ele criou o primeiro projeto educativo para gestantes, pais e educadores. O trabalho reichiano enfatiza o desenvolvimento infantil autorregulado desde a gestação como determinante na formação de caracteres mais humanizados e saudáveis. De Wilhelm Reich verteram novas escolas, ampliando suas pesquisas de modo significativo. Neste trabalho, citaremos estudos de distintas linhas reichianas, especialmente as escolas de Federico Navarro, Elsworth Backer, Alexander Lowen, David Boadella e seus seguidores.

Erik Erikson foi artista e psicanalista e dedicou-se, ao lado de sua mulher, Joan, ao estudo do desenvolvimento humano em todo o ciclo vital. Criou a Teoria Psicossocial e o conceito de crise normativa. Em cada fase evolutiva, passamos por desafios e por um tipo de crise normativa que leva ao desenvolvimento, à evolução. Erikson deu especial contribuição aos estudos sobre a Adolescência e a Velhice. É dele a expressão *crise de identidade*. Falecido nos anos 90, é um autor contemporâneo, e sua abordagem é valorosa em nossos estudos, por ser didática e de fácil compreensão a qualquer pessoa.

Donald Winnicott, pediatra-psicanalista de crianças, aporta importantes compreensões sobre gestação e relação mãe-bebê, em uma abordagem que é acessível e que contempla um olhar psicossomático. O seu conceito *mãe suficientemente boa* é fundamental nesta obra, orientando o papel essencial do cuidador na saúde emocional das crianças.

PREVENÇÃO x PULSÃO DE MORTE
A primeira grande diferença entre Freud e Reich

Já vimos que durante a gestação a condição energética do espaço uterino também pode vir a afetar o desenvolvimento do bebê. Por isso, Reich e seus seguidores passaram a focalizar, com tanta ênfase, a prevenção das psicopatologias já no início da vida, com o trabalho dirigido a gestantes, pais e cuidadores.

Dentro do olhar reichiano, o conceito de *pulsão de morte* da Psicanálise, marcante em Freud e Melanie Klein, não é aceito como processo primário, uma pulsão humana de natureza destrutiva. A pulsão vital, para Reich e seguidores, somente se transformará em impulso destrutivo quando impedida de se expressar de modo gratificante. Então ela se tornará uma reação, uma defesa, com características destrutivas.

Esse foi um dos pontos centrais no processo de ruptura entre Reich e Freud. Para melhor compreensão vale lembrar que, em 1920, Freud apresentou a sua última revisão do conceito de dualismo pulsional, que ele chamou de pulsão de vida x pulsão de morte. Para Freud, a natureza do Homem contempla tanto o impulso para a vida quanto o impulso para a morte, com seu ímpeto de destruição, que vai sustentar o seu prazer masoquista e sádico.

Essa dualidade é uma prerrogativa da Psicanálise vigente até os dias de hoje, embora alguns psicanalistas não a considerem importante. Reich, naquele momento, seguia investigando o funcionamento da energia vital na formação do caráter, assim como a expressão da energia Orgone no organismo humano, nas plantas e na natureza. Com suas pesquisas, ele foi tendo um olhar diferenciado de Freud.

A partir de 1931, Reich passou a refutar veementemente o conceito freudiano de pulsão de morte. Em sua concepção, o Homem nasce desejoso de prazer e vida, e o impulso destrutivo surge como reação às experiências primitivas de carência e agressão, frutos das condições biológicas e emocionais da mãe, da família, da educação e da cultura, que podem implantar perturbações no fluxo natural da energia vital em desenvolvimento, já no início da vida.

Segundo Volpi (2000, p.40-41), em 1931, Reich publicou um artigo na revista Internacional de Psicanálise, intitulado *O Caráter Masoquista*, no qual contexta as ideias de Freud escritas no livro *Além do Princípio do Prazer*. Parte desses esclarecimentos, segundo Volpi – que é um profundo conhecedor da história e da obra reichiana – foi posteriormente adotado por vários psicanalistas, sem menção à fonte.

> *Para Reich, o masoquismo era um processo cultural decorrente de uma sociedade castradora e repressiva, e não visto como um instinto, segundo a Psicanálise. Dizia Reich que 'sofrer e suportar o sofrimento são resultados da perda da capacidade orgástica para o prazer'.* (Volpi, 2000, p. 40-41)

Na época, Reich era foco de polêmicas sobre a sua atuação social e política, sendo criticado pelos psicanalistas por estar envolvido com movimentos sociais e por suas ligações, na condição de médico, com o Partido Comunista. Do outro lado, dentro do Partido Comunista, ele era criticado por insistir que aspectos psicológicos deveriam ser contemplados no pensar socialista.

Como vimos, em detalhes, na introdução deste livro, Reich acabou se afastando tanto do Partido quanto da Sociedade Psicanalítica, alegando que a peste emocional (nome dado por Reich à neurose social) havia dominado as duas instituições.

QUESTÕES PARA REVISÃO E ESTUDO

1. Quais os autores que norteiam nosso estudo sobre as fases de desenvolvimento emocional e psicossocial?
2. O que é a libido e como essa energia passou a ser chamada por Wilhelm Reich?
3. Qual a diferença entre instinto e pulsão?
4. O que caracteriza uma fixação?
5. Qual a diferença entre sublimação das pulsões por satisfação e sublimação por repressão e recalcamento?
6. Quais são as diferenças entre as fases psicossexuais e as psicossociais? Como elas se complementam?
7. Descreva a diferença entre Reich e Freud sobre o tema "pulsão de morte".

"No mamífero humano, o processo de formação da psique começa na concepção."
Federico Navarro

1 ■ PERÍODO DE SUSTENTAÇÃO
Gestação, parto e primeiros dias de vida

EU BIOLÓGICO
TEMPERAMENTO
VÍNCULO PRIMAL

O útero é o primeiro ambiente do bebê. A condição vital e energética desse habitat terá uma representação de aceitação ou rejeição já nos primeiros momentos da vida. O mais primitivo vínculo humano acontece dentro da barriga da mãe. É um registro somático, que se dá inicialmente no campo celular e depois no sistema neurovegetativo.

O vínculo primal surge do contato contínuo e íntimo do embrião com a mãe. A implantação do óvulo fecundado no espaço uterino, assim como a sustentação da gestação, transmite ao bebê em formação os primeiros registros celulares de aceitação, conexão e sobrevivência, que se dão por meio da pulsação próxima e harmônica.

Stanley Keleman (1996), criador da Psicologia Formativa, descreve que "um sentimento profundo e oceânico de unidade evoca a forma do embrião e do feto pulsando a partir do umbigo" (p.88) em uma corrente contínua e harmoniosa de trocas e pulsações.

> *Durante todo esse tempo, o espaço fechado do útero e toda a superfície externa de membranas do feto intrauterino pulsam. Essa união de expansão e contração estabelece as formas celulares de conexão, aceitação, calor e crescimento. (Keleman, 1996, p.88)*

A gestação é um período precioso de formação celular e cerebral, dando início à vida neurovegetativa. Nesse estágio, o sistema neurossensorial é o mais sensível dentro do útero. É por meio dele que os registros de conexão harmoniosa ou estresse irão atingir os tecidos embrionários e fetais. Quando a harmonia pulsional é quebrada, o desenvolvimento pode ser seriamente comprometido.

A fusão energética do óvulo-espermatozoide é um elemento básico para o crescimento do embrião, assim como é o campo energético em que o embrião e o feto irão desenvolver-se. Segundo o neuropsiquiatra italiano Federico Navarro (1995), criador da Escola Europeia de Orgonoterapia e da Somatopsicodinâmica, podemos dizer que o período embrionário (até dois meses de gestação) é um período celular, e a fase fetal é de predominância neuroendócrina.

É claro que nesse momento ainda não existe Consciência, porém existem células, um sistema nervoso e um organismo em formação. Existe um *eu biológico*, como disse Navarro.

> *Para se ter um caráter é necessário um eu biológico. A formação desse eu começa no período fetal e se completa no período pós-natal. Podemos dizer que durante o período neonatal este eu existe, mas ainda não é. (Navarro, 1995, p.12)*

Os processos primitivos de desenvolvimento sempre foram fundamentais ao olhar reichiano, cujo foco de trabalho é a relação entre energia vital, estrutura corporal e formação do caráter. Ainda antes da linguagem em si, o corpo registra experiências primais de aceitação ou rejeição, ameaça ou segurança.

Através da história e da estrutura do corpo é possível se chegar à leitura de que ocorreram fixações nos estágios iniciais da vida. Quanto mais regressivos forem os traumas sofridos, mais difícil – quando não impossível – será sua cura. Por isso, a prevenção desde a gestação é o melhor caminho para se evitar psicopatologias graves.

O psicólogo especialista em Orgonomia José Henrique Volpi, diretor do Centro Reichiano de Curitiba (2004, vol. 5), relata que diversos pesquisadores concordam que as experiências biológicas vivenciadas por uma criança, da gestação ao parto, ficam registradas na *memória celular*. Sendo assim, o que é vivenciado durante a gravidez terá uma importância fundamental na formação e na estruturação da personalidade, da libido e dos impulsos, diz ele.

O autismo e as esquizofrenias estão entre as consequências de comprometimentos graves na fase uterina, no parto e nos primeiros dez dias de vida. Os núcleos psicóticos, assim como os traços esquizoides e certos tipos de epilepsia são formados por interferências no fluxo do desenvolvimento dessa etapa, segundo pesquisadores reichianos. Embora os aspectos psicológicos estressantes da mãe possam interferir na harmonia do desenvolvimento uterino, outros fatores (genéticos, físicos, químicos) podem ser os causadores das patologias de tal fase.

A Medicina ainda desconhece as causas da esquizofrenia. Segundo artigo de Miranda Winner, publicado em outubro de 2010 na revista científica *Mente e Cérebro,* investigações recentes indicam que tanto a esquizofrenia quanto o transtorno bipolar se encontrem entre as enfermidades mentais que podem ser causadas por infecções virais ou microbianas, tais como a gripe, por exemplo, que afetariam a saúde da gestante e alcançariam o feto.

As pesquisas da Universidade de Columbia, apresentadas em 2006, apontam que cerca de uma quinta parte dos casos de esquizofrenia seriam causados por vírus originários de enfermidades adquiridas pela mãe durante o período pré-natal e que não foram devidamente combatidas. Segundo Winner, nessa hipótese, não são as infecções em si mesmas que prejudicariam o desenvolvimento cerebral do bebê, mas a resposta imunológica do corpo à infecção, o que afetaria o sistema nervoso e causaria os danos cerebrais.

Formação do Temperamento

Como vimos na abertura do capítulo III, o temperamento é a primeira característica que se forma em nosso desenvolvimento psíquico. Ele é biológico e se define durante a fase gestacional, num somatório de heranças genéticas e experiências somáticas vividas no ambiente uterino. Segundo Navarro (1995), o temperamento é o resultado da condição neuroendócrina que vai assegurar a homeostase (equilíbrio organísmico) do período pré-natal.

Os termos temperamento, caráter, constituição, comportamento e personalidade são frequentemente empregados, porém com sentidos diferentes ou sobrepostos. Todavia, para Navarro (1995) o conceito de temperamento deve estar sempre ligado ao de constituição, isto é, às bases congênitas do indivíduo.

Podemos pensar o temperamento como a primeira camada na formação da personalidade que se estruturará posteriormente. Trata-se de uma característica inata, que não sofre modificações ao longo da vida. Como já vimos, somente o caráter é passível de mudanças, em certo nível.

Os traços de caráter se formam nas fases de desenvolvimento, da gestação à adolescência. Esses traços estarão ancorados na estrutura corporal. Segundo Navarro (1995), até os nove meses, o que se manifesta no bebê é o seu temperamento, e a partir dessa idade começa a formação do caráter, quando o bebê amplia seus movimentos autônomos.

Se durante a gestação o fluxo do desenvolvimento é atingido por contínuas interferências estressantes, é provável que ocorra uma fixação somática nessa sensação fragmentada. O *eu biológico* será um eu fragmentado, que em casos graves se traduzirá como *falta de um eu, que é caso da psicose*, segundo o neuropsiquiatra.

Quando a criança, mesmo depois do nascimento, sofre perdas ou faltas afetivas importantes nos primeiros meses de vida, ela poderá ficar fixada no temperamento e não conseguir autorregular suas pulsões orais intensas e desordenadas. Na fase adulta poderá ter comportamentos nitidamente temperamentais e limítrofes, como é o caso dos tipos *borderline* (ver Capítulo III, parte 2).

Portanto, na formação do temperamento é importante a prevenção possível, já que essa característica é essencialmente biológica. Uma gravidez desejada e saudável, que se caracteriza pelo equilíbrio harmonioso (decorrente da homeostase fisiológica no período embrionário e fetal) favorece tal etapa. O melhor é que a gestação se desenvolva em um clima sereno e gratificante, com alimentação direcionada e nutritiva, o que levará a um funcionamento de células e órgãos possivelmente mais saudáveis.

As situações estressantes, notadamente as frustrações marcadas por medo, levam os mecanismos de homeostase a uma situação anormal, o que marcará o comportamento do bebê em gestação ou do recém-nascido. Os estresses produzem o hormônio *catecolamina*, que atravessa a placenta e atinge o feto, gerando nele as mesmas sensações da mãe. Esses registros estão ancorados na profundidade do organismo por meio da *memória celular*.

A maioria das pessoas tem sua primeira experiência de memória por volta dos dois anos de idade, observa David Boadella (1992 [1985]), médico reichiano, criador da Biossíntese. A criança dessa idade já teve trinta e três meses de vivência corporal, dos quais nove deles foram passados dentro do útero. "Será que devemos acreditar que esse tempo rico e primordial, no qual o indivíduo cresce mais rápido do que em qualquer outra fase da vida, não deixa marcas?", diz ele (p.35).

> *Neste sentido, não precisamos nos limitar à memória e ao cérebro. Organismos sem tecido cerebral ou sistema nervoso também têm experiências. Eles são sensíveis: dão respostas ao meio ambiente e atuam sobre ele. Mesmo células individuais parecem ter algum sistema primitivo de memória de um passado orgânico. (Boadella, 1992, p. 36)*

A médica psicanalista italiana Alessandra Piontelli (1982) realizou uma importante pesquisa sobre o desenvolvimento de bebês em período pré-natal através de ultrassom. Um dos seus objetivos foi identificar a origem de certos comportamentos humanos. A equipe se surpreendeu com as peculiaridades de cada feto. Um dos aspectos ressaltados na pesquisa é que os bebês em gestação adotam posturas diferentes dentro do útero e se relacionam de modo distinto com a placenta e o cordão umbilical.

Ela observou que alguns mantiveram modos agitados durante todos os meses em que o acompanhamento foi feito, e outros se mostraram bastante suaves. Alguns pareciam brincalhões, e outros, bastante nervosos. Foi identificado pela equipe que esses padrões temperamentais se mantiveram na vida pós-natal.

Segundo a psicanalista Joanna Wilheim (1997), fundadora da ABREP (Associação Brasileira para Estudo do Psiquismo Pré e Perinatal), na atualidade já se sabe que drogas e substâncias neuro-hormonais, que circulam no corpo da mãe, atravessam a placenta e atingem o feto "podendo configurar condições ambientais mais próximas às de um inferno do que às de um paraíso" (p.17).

Ação Estressante na Gestação

No período embrionário, até os dois meses de gestação, a defesa às ameaças de estresse ocasiona alterações celulares. No período fetal, a defesa se dá no sistema neurovegetativo, que passa a produzir uma acentuada secreção de adrenalina, causando contração no organismo.

Essas experiências somáticas produzem os primeiros registros de medo e tensão no bebê em formação.

> *A ação estressante sobre o embrião é gerada pela emoção do medo, um medo da morte que se dá a nível celular. (Navarro, 1996, p. 17)*

Diversas pesquisas identificam que o bebê, ainda antes do nascimento, é um ser inteligente e sensível que revela uma vida afetiva e emocional estreitamente vinculada à sua experiência relacional com a mãe. E que ele capta os estados emocionais e a disposição afetiva materna com ele.

No clássico *Compêndio de Psiquiatria – Ciências do Comportamento e Psiquiatria Clínica,* os autores observam que o feto reage a estímulos como drogas e estresse materno. Pesquisas com animais comprovam o quanto o estresse gestacional afeta o comportamento dos filhotes. "Os mesmos efeitos são vistos em humanos" (p. 49), afirma o Compêndio.

O processo nocivo de uma gestação estressada é que os hormônios maternos cruzam a placenta, produzindo efeitos secundários no feto. Quando a gestante está sob tensão, os *cortisosteroides* e outros hormônios relacionados ao estresse podem afetar o sistema cardiovascular do feto cuja pressão sanguínea é sensível a estímulos externos.

> *Foi descoberta alguma correlação entre as respostas autonômicas da mãe e as respostas do neonato. As mães com altos níveis de ansiedade tendem a produzir bebês hiperativos e irritáveis, com transtornos de sono, baixo peso ao nascer e que se alimentam mal. (Kaplan, Sadock, Benjamin, Grebb, 1997, p. 49)*

Tentativas de aborto, gravidez indesejada, intoxicações por drogas ou poluição, assim como as emoções penosas vividas pela mãe atingem o embrião, alterando o seu desenvolvimento funcional harmonioso e determinando um grave estado de baixa energia vital, que Navarro chama de *hiporgonia total,* que também pode gerar danos biopsicológicos.

Esse estado deficitário de energia vital pode configurar experiências de ameaça à vida, o que privilegiará o cérebro reptiliano em detrimento das outras áreas da estrutura cerebral. Compreendendo isso, podemos avaliar por que para Reich e seus seguidores a prevenção no início da vida gestacional sempre foi um tema de maior importância.

A Cisão e os Três Cérebros

O cérebro humano é uma tríade formada originalmente pelo cérebro reptiliano, recoberto pelo cérebro límbico e que posteriormente recebeu uma cobertura, o neocórtex. No reptiliano residem nossas funções vitais instintivas, ligadas à territorialidade, à caça, ao acasalamento reprodutivo, à hierarquia e aos automatismos.

No desenvolvimento filogenético, esse cérebro começou a ser recoberto pelo cérebro límbico, existente em todos os animais de sangue quente, responsável pelos comportamentos emotivo-afetivos de cuidado com a prole, luta pela vida, autoconservação e atividade sexual ligada ao prazer. Esses dois cérebros animais do Homem não dispõem de estruturas nervosas necessárias à comunicação por meio da linguagem.

Posteriormente, passamos a ter o "neocórtex (*neoplallium*), característico do Homem e, em medida limitada, de alguns primatas (em particular do chimpanzé)", como observa Navarro (p.19). O neocórtex possibilita aos humanos, entre muitas outras aptidões, a dimensão espaço-temporal, situando o antes, o depois e o agora. Com isso, desenvolvemos a relação com a historicidade, a compreensão de causa e efeito, assim como as capacidades de leitura, escrita, arte, lógica, matemática e consciência.

> *Estes três cérebros deveriam formar uma entidade funcional, por meio de uma integração harmoniosa, mesmo tendo cada um deles a sua inteligência própria, memória própria e resposta própria aos estímulos, com atividades motoras específicas. (Navarro, 1996, p.19)*

A integração dos três cérebros pode ser afetada durante o desenvolvimento cerebral inicial. Se ocorrer uma experiência de ameaça, por exemplo, o processo vital se voltará à sobrevivência, ou seja, o reptiliano será mais ativado. Isso provocará graves consequências emocionais ao desenvolvimento, devido a uma experiência de fragmentação interna.

Reich dizia aos seus alunos que o mais importante trabalho a fazer era a prevenção possível da psicose e da neurose junto às gestantes, atuando no campo da bioenergia e conscientizando-as dos efeitos somáticos já no início da vida do bebê. "É necessário recuar até o protoplasma não afetado", disse ele em 1952, na ampla entrevista publicada no livro *Reich Fala de Freud* (p.55).

É exatamente a condição energética – que também é psíquica – que possibilita a unidade entre as diversas partes do nosso organismo e o desenvolvimento harmonioso. Ela é o *cimento* da construção humana, que erguerá uma estrutura integrada e sólida ou então uma personalidade fragmentada e frágil.

> *É lógico supor que um útero que se contrai livremente representa um meio muito mais favorável para o embrião do que um útero espástico e anorgonótico (sem energia vital). Em um útero orgonoticamente vigoroso (com energia vital), a circulação de sangue e dos líquidos do corpo é mais completa, e, por consequência, o metabolismo energético é mais eficiente. (Reich, 1933, p. 360)*

1º Fase: Uterina-Ocular / Período de Sustentação

A etapa pré-natal do desenvolvimento apresenta duas subfases principais: a embrionária e a fetal. O parto e os dez primeiros dias de vida são tratados como fase uterina, devido à sensibilidade fetal que o bebê mantém por um período após o nascimento, segundo Navarro (1995).

O segmento ocular (sistema nervoso, audição, olfação, pele e visão) é a zona erógena que primeiro entra em atividade, já na gestação, e segue em *desenvolvimento sensível* durante parte do primeiro ano de vida. Essa zona é ativada antes da oral – que se inicia com a amamentação – e se desenvolve conjuntamente no período neonatal (até os nove meses de idade).

Durante a gestação o meio ambiente fetal também é enriquecido com os sons produzidos dentro do corpo da mãe, por meio dos movimentos peristálticos e pulsáteis do organismo, despertando o sentido da audição. Há pesquisas que mostram as reações do feto quando há uma incidência sonora muito forte no ambiente externo.

A olfação também estará em pleno desenvolvimento na gestação e logo após o nascimento. Antes de conseguir enxergar nitidamente a mãe, o bebê a identificará pelo cheiro e pela voz. Navarro observa que os sentidos estão ativos já no início do período fetal.

> *Foi demonstrado em pesquisas neuropsicológicas que há um eu fetal no terceiro mês de vida intrauterina, que tem a capacidade de ouvir, ver e cheirar. Se o ventre da mulher grávida for brusca ou intensamente iluminado, o feto bate as pálpebras, isto é, sente-se solicitado e intensifica a sua motilidade intrauterina.*
> (Navarro, 1995, p.15)

Os olhos serão importantes radares de contato da criança com o mundo. O desenvolvimento da *capacidade de olhar e ver* passará por etapas de integração dos movimentos oculares (convergência, rotação e lateralização), o que influenciará suas percepções do mundo, sob o ponto de vista sensorial do bebê.

Segundo o psicólogo e orgonomista José Henrique Volpi (2005), a partir do décimo oitavo dia de gravidez, o sistema nervoso do bebê começa a se formar. Rudimentos do que serão os olhos aparecem como pequenos pontos demarcando o terreno da visão, que dentre os cinco sentidos é o que levará mais tempo para se desenvolver. Em menos de um mês a boca e cerca de dez mil papilas gustativas já estarão formadas. O olfato surgirá na vigésima semana da gestação. A partir da vigésima oitava semana, o cérebro passa a processar também as informações auditivas, transformando-as em memória.

Biopatias comuns da visão (miopias, hipermetropias, estrabismos e astigmatismos) estão relacionadas ao modo como se dá o estabelecimento de contato do bebê com a mãe e o mundo, já no início da vida. Perturbações nesse contato, segundo Baker (1980[1967]), formariam *o caráter ocular (esquizoide ou epiléptico)*. O pesquisador reichiano abriu portas para novas pesquisas sobre doenças físicas e problemas psíquicos associados a tal zona erógena, que sofre forte impacto no momento do parto.

Navarro (1995) contestou Baker ao dizer que nesse estágio ainda não existem condições de se formar uma estrutura caracterial, devido à precocidade do desenvolvimento. Para ele, trata-se de um *estágio ocular*, período que poderá gerar os núcleos psicóticos e as psicoses, que se caracterizam pela *falta de um eu*, ou seja, por fragmentação, despersonalização e falta de estrutura.

Embora o feto já responda às estimulações de luz batendo as pálpebras ou se agitando, o nascimento da capacidade plena de visão ocorre somente após alguns meses de vida, com a maturação do nervo óptico que liga os olhos ao cérebro. A transmissão dos impulsos nervosos oculares para o cérebro não estará completa até a maturação das vias ópticas.

Durante a gestação, a energia da vida forma inicialmente o cérebro, o sistema nervoso, a pele (o maior órgão do corpo), os olhos, os ouvidos e o nariz. O sistema circulatório e o coração iniciam sua função na terceira semana de vida embrionária. Aos dois meses surgem os primórdios da estrutura óssea, transformando o embrião em feto.

O *segmento ocular* (mapeamento corporal reichiano) está em desenvolvimento desde o surgimento da vida dentro do útero e segue hipersensível por meio de seus receptores, no momento do parto e nos primeiros meses de vida, até a formação básica dos sentidos sensoriais e perceptivos.

Segundo Boadella (1997), a pele é o mais importante meio de comunicação e de troca no período uterino. É a nossa mais primitiva e profunda experiência de enraizamento no mundo, diz ele. Durante a gestação, a pele já faz contato com as paredes do útero e a condição orgânica e emocional da mãe. No parto, a pele passará por um momento delicado, de forte impacto com o mundo externo. Por isso é fundamental a qualidade do toque e do contato corporal do cuidador com o bebê, no parto e após o nascimento.

A Evidência do Psiquismo Fetal

Embora Freud não tenha aprofundado a pesquisa sobre esse tema, na epígrafe de *Inibição, Sintoma e Angústia*, de 1926, ele deixou uma frase-semente para seus seguidores: "Há uma continuidade muito maior entre a primeira Infância e a vida intrauterina do que a impressionante cesura do ato do nascimento nos permite supor".

Entre os alunos de Freud, Wilhelm Reich foi pioneiro nesse sentido. Nas primeiras décadas do século passado, ele já dizia que os registros psíquicos iniciam no momento da concepção – de modo somático – a partir da qualidade energética do encontro entre os organismos do pai e da mãe, da vinculação entre espermatozoide e óvulo e da fixação do óvulo fecundado ao útero.

Na época, também não se cogitava que muitas doenças mentais graves e incuráveis, ou mesmo algumas anomalias físicas, pudessem ter relação com o processo emocional vivido pela mãe durante a gestação. É evidente que os fatores genéticos têm peso importante nos casos de aberrações cromossômicas que geram anomalias físicas e psíquicas. Porém também já se sabe que os processos emocionais da mãe influem nos processos orgânicos e nas malformações.

Federico Navarro, que esteve várias vezes no Brasil nos anos 90, dedicou-se fortemente ao estudo do *estágio ocular*, tema proposto por Reich. Tornou-se um pós-reichiano ortodoxo, como ele mesmo dizia. Sistematizou a abordagem terapêutica baseada nos sete segmentos reichianos, chamada *Vegetoterapia Caractero-analítica*. Recebeu a missão de Ola Raknes que, a pedido de Reich, ficou com a tarefa de sistematizar a prática clínica reichiana.

Para ele, os aspectos funcionais imaturos dessa fase podem ser o *locus minoris resistentia* (ponto frágil) para a implantação de patologias graves.

> *No mamífero humano, o processo de formação da psique começa na concepção. É um processo biopsicológico que, se não chegar a um amadurecimento ótimo ao longo da vida, provocará manifestações somatopsicopatológicas. (Navarro, 1996, p.16)*

Até décadas atrás imaginava-se o útero como um lugar protegido, escuro e silencioso, resguardado das influências externas. Achava-se que não havia psiquismo na gestação, e, portanto, a chance de o processo de desenvolvimento emocional ter raízes nessa etapa era pequena.

Ainda antes de Navarro, o médico Elsworth Baker (aluno de Reich), da Escola Americana de Orgonomia, fez um amplo estudo sobre a nova etapa do desenvolvimento apontada por seu professor, a fase ocular. Ele identificou tipos de caráter e biopatias oculares, resultado da fixação em uma etapa que inicia antes da oral. Baker não citava o comprometimento intrauterino, mas dizia que a fase ocular é anterior à oral e ainda mais importante.

Otto Rank foi outro nome importante nessa área. Ele ressaltou que o trauma do nascimento era uma importante fonte de estresse emocional. Para Rank, nem todo o parto é traumático, mas, se assim for, o comprometimento poderá ser grave. Frédérich Leboyer (1975) ficou conhecido pelos seus cuidados com o bebê na hora do nascimento. Ele resgatou a prática de não se fazer o corte prematuro do cordão umbilical, assim como introduziu condutas que influenciaram fortemente a humanização do nascimento, tema que veremos no final deste texto.

Nos anos 60 e 70, o médico psicanalista argentino Arnaldo Rascowsky também se dedicou às pesquisas sobre a vida psíquica pré--natal, produzindo importantes obras, entre elas: *El Psiquismo Fetal* e *El Yo Fetal*, nas quais afirma que o psiquismo surge a partir do momento em que há vida vegetativa.

Na mesma época, o psicanalista Wilfred Bion abordava amplamente o psiquismo fetal em várias obras e artigos, em suas *conjeturas em torno do nascimento psíquico*, como ele mesmo dizia. Um ano antes de falecer, quando esteve no Brasil para uma conferência em São Paulo (1978), abordou o tema.

Segundo relatos citados por David Zimerman (2004 [1996]), Bion afirmava ser limitante demais pressupor que o nascimento psíquico se dá no dia em que a criança vem ao mundo.

> *Não vejo razão para duvidar de que o feto a termo tenha uma personalidade. Parece-me gratuito e sem sentido supor que o fato físico do nascimento seja algo que cria uma personalidade que antes não existia. É muito razoável supor que este feto, ou mesmo o embrião, tenha uma mente que algum dia possa ser descrita como muito inteligente. (Bion, citado por Zimerman, 2004, p. 186)*

Através de equipamentos sofisticados de imagem e ultrassom, explorados pela Neurociência, o desenvolvimento fetal hoje pode ser observado e analisado. As imagens revelam e ratificam a tese reichiana: o feto sente, cheira, saboreia, ouve vozes e ruídos externos. E, também, se acalma ou se agita de acordo com o estado emocional da mãe.

> *Com certeza, os genes desempenham um papel importante em determinar o temperamento; mas, como os pesquisadores têm mostrado, mesmo antes do nascimento, o ambiente intrauterino pode ter uma influência decisiva no desenvolvimento, incluindo as diferenças temperamentais nas crianças. (Shore, 2000, p. 48)*

Em seus estudos médicos, neurológicos e psiquiátricos, Navarro (1996) identificou que a fase gestacional pode ser prejudicada por deficiências genéticas, que geram aberrações cromossômicas (mongolismo, etc.) e por condições externas que dificultam a vida embrionária, especialmente por mecanismos endócrinos materno--embrionários provocadores de alterações cromossômicas.

GESTAÇÃO E PROCESSO DE REGRESSÃO
O nivelamento emocional da mãe com o bebê e a crise do pai

Às vezes a mulher ainda nem sabe que está grávida e já passa por longos momentos de sono e relaxamento. Esse é o primeiro mecanismo protetor contra a ansiedade materna, que resguarda a mãe e o embrião dos fatores estressantes do dia a dia.

Imediatamente após a concepção, o organismo materno passa por uma intensa transformação hormonal, e – como não há divisão entre corpo e mente – uma transformação emocional também acontece. A gravidez gera um processo regressivo por meio de sono, sonhos e sensibilização, quando a gestante passa a estar em conexão direta com as sensações físicas e o sentido de cuidado e proteção ao seu bebê. Essa regressão possibilita a conexão com o novo ser que cresce em sua barriga.

Retorno à Infância

Ao engravidar, a mulher experimenta um misto de fortaleza e delicadeza interna. É comum que ela passe, também, por momentos de ambivalência entre a alegria emocionada da gestação e os temores do parto e da morte. Muitas vezes, o processo regressivo leva a gestante a atualizar questões emocionais de sua vida infantil, ficando bastante suscetível à eventual falta de atenção do marido e dos familiares.

O pai igualmente passa por experiências regressivas e muitas vezes não compreende bem o que lhe acontece, já que nada se modifica em seu corpo. Porém, diz a Psicanálise, ele tende a reeditar seus conflitos edípicos ao ver sua mulher – aquela a quem deseja – no papel de mãe, aquela a quem não se pode desejar.

As relações edípicas são originárias da Infância, por meio de fantasias amorosas que as crianças têm em relação aos pais de sexo oposto. Durante a fase genital infantil, esse processo pode originar ciúmes e disputas pelo amor absoluto do genitor, especialmente quando os pais incitam competição, há autoritarismo na relação do casal, e ocorreu repressão na sexualidade infantil. Se o processo for mal conduzido pelos pais, a criança poderá fixar-se nessa fase (Capítulo III – parte 4). É o *período de identificação*, que caracteriza a fase entre os três e os cinco/seis anos de idade, quando a sexualidade infantil desperta.

Durante a gestação de sua mulher, o homem também poderá passar por momentos ambivalentes, às vezes tendo sonhos intensos com cenas persecutórias ou sensações de medo do futuro, temores de perder o emprego e de não conseguir ajudar a prover a família. A gravidez é, portanto, um período de muitas representações, que aciona memórias e situações emocionais nem sempre cogitadas pela gestante e pelo futuro pai.

As delicadezas pessoais podem gerar momentos estressantes e confusos para o casal que, na maioria das vezes, desconhece esse processo comum aos períodos de gestação. Enquanto o casal vive o encanto da gravidez e muitas vezes também as dores afetivas decorrentes desses conflitos, o bebê está crescendo na barriga da mãe.

No ventre de uma mulher feliz ou angustiada está-se formando a base inicial do psiquismo do bebê, que recebe a carga emocional materna e absorve os primeiros registros de conforto e desconforto, rejeição e aceitação, serenidade e angústia. Quando os fatores estressantes forem intensos e contínuos, as probabilidades de o bebê ser atingido são maiores.

A Mãe-Gestante

O período da gestação é de muita sensibilidade à mulher. Sensações de força e autorrealização se mesclam com o processo regressivo, que acontece por caminhos hormonais e orgânicos. A gestante se sensibiliza cada vez mais, a ponto de estar em condições de estabelecer uma conexão profunda com o nenê que vai nascer e assim compreender seus códigos viscerais de comunicação (nivelamento).

Segundo Rachel Soifer (1987), psicanalista argentina especializada em gestação, parto e puerpério, a ambivalência materna é natural na gravidez. A mulher deseja ter a criança, o que significa a aceitação da gestação; entretanto, ao mesmo tempo, surge uma rejeição à gravidez em si, causada pelo temor que sente de ser destruída. Soifer destaca que não se trata, de modo algum, de rejeição ao filho, mas de uma defesa diante dos temores da gestação em si.

A vida provê na unidade mãe-bebê uma força visceral de preservação. Não é tão fácil atingir gravemente essa unidade, especialmente quando a gestante tem uma estrutura emocional sólida e boa saúde física. Porém a mãe desestruturada emocionalmente e frágil fisicamente é um campo aberto para que o feto seja atingido de alguma forma.

Se o estado emocional da mãe for de frequente estresse e angústia, o bebê vai registrar essas sensações em seu sistema nervoso em formação. O feto em desenvolvimento poderá sofrer então os primeiros danos psíquicos, que se configuram no campo bioenergético e somático, como explicamos anteriormente.

As substâncias químicas que aparecem no sangue materno durante o estresse emocional alcançam o feto por meio da placenta, gerando efeitos como o aumento dos movimentos fetais por longas horas. No caso de uma mãe exposta ao estresse, podem nascer crianças com alto nível de atividade após o parto. Todos os acontecimentos da gestação terão importância na organização da energia vital.

Para Soifer, assim como para os reichianos, os genitais têm estreita correlação com os processos psíquicos. Quando os padrões de não aceitação da concepção predominam, estabelecem-se vários processos que impedem a concepção. Por exemplo: contrações uterinas que expulsam o esperma, inflamações tubárias, variações do PH que tornam a vagina e o útero espermaticidas. Ou seja, quando a concepção se realiza e é mantida, é porque o desejo de ser mãe predomina sobre o medo e a rejeição.

O obstetra e homeopata Ricardo Jones é o representante brasileiro no Movimento Internacional de Humanização do Nascimento. Em entrevista dada a esta autora, ele relatou que, "se a mulher está com muito medo, ela contrai seus esfíncteres, o que dificulta o processo natural do nascimento".

Organização Psíquica da Mãe

A concepção acontece e, antes que a mulher saiba que está grávida, já se inicia um processo de transformação.

- Sono, sentimentos regressivos e nivelamento

As alterações hormonais da gestação imediatamente geram o incremento do sono. É um sintoma natural e positivo que indica processos psíquicos ligados à formação de uma nova vida:

1º) a mãe passa a dormir junto com seu pequenino bebê em gestação. É uma reação hormonal e, psicologicamente, significa a aceitação da gravidez. Com o sono, a mãe ingressa em um processo regressivo de intensa sensibilização, o que vai adaptar o seu psiquismo à compreensão das necessidades infantis. Esse nivelamento vai desenvolver a conhecida *intuição materna*.

Os bebês não conseguem formalizar suas necessidades claramente até cerca de dois anos de idade. A mãe naturalmente regride, já na gestação, para que o diálogo mãe-filho possa ser estabelecido. Esse nivelamento, que se dá por meio da regressão a um nível de afetividade infantil, é fundamental ao surgimento da maternagem adequada, de uma *mãe suficientemente boa*, como disse Winnicott.

2º) A hipersonia (muito sono) é o início da organização defensiva que se mobilizará contra as ansiedades específicas da gestação. Repousar é desligar-se do mundo externo e permitir o fortalecimento orgânico.

- Sonhos

Na gravidez, os sonhos são comuns. Alguns temas aparecem com frequência durante a fase inicial da gestação. Filhotes de animais, crianças, veículos cheios de pessoas, objetos dentro de objetos, por exemplo, costumam povoar os sonhos das gestantes. Outros tipos de sonhos são as fantasias persecutórias, quando as gestantes sonham ser roubadas e esvaziadas.

É curioso que os sonhos não costumam ser apenas maternos. Muitas vezes, o intenso sonhar passa a ser um fenômeno familiar. É comum que os filhos menores fiquem mais chorosos do que antes e tenham pesadelos noturnos. É frequente também que o pai sonhe ter sido despedido e não tenha como sustentar a família; ou ainda que se sinta abandonado e perdido em algum local hostil, etc.

- Fome e náuseas, constipação e diarreia

Diante da ambiguidade natural do início da gestação, é normal que sintomas como fome (aceitação) e náuseas (rejeição) estejam presentes. Vale frisar que a ambivalência feminina no início da gestação é normal, assim como suas manifestações orgânicas, especialmente nos primeiros três meses de gravidez.

A estrutura emocional regredida da mãe, necessária à sua conexão com o bebê que cresce em sua barriga, também faz ela se reconectar com suas questões infantis. Isso gera sintomas. Se as náuseas e as diarreias são muito intensas, é preciso apoio psicológico à gestante, para que o processo não leve ao aborto (rejeição).

A fome representa a aceitação da gestação, mas quando exagerada significa uma forte tendência simbiótica da mãe com o filho. A constipação é o extremo dessa contenção. Na outra polaridade, a náusea surge como um sintoma de algo que precisa ser eliminado para que o processo avance. A diarreia é o extremo desse anseio de eliminação.

A gravidez também provoca produção excessiva de saliva, o que aumenta o processo dos enjoos. Quando eles são intensos é sinal de que a mulher está tentando eliminar os aspectos negativos a que teve acesso em seu processo regressivo. Quando ocorrem diarreias frequentes, elas podem levar ao aborto. É importante que a gestante receba, além de orientação médica, apoio psicológico para elaborar seus temores e suas memórias infantis.

- Alterações físicas e sexualidade

O desenvolvimento rápido do feto, bastante acentuado no final da gestação, gera alterações bruscas no corpo e sensações de estranheza na mulher, pois interferem na organização do espaço-temporal. É frequente ocorrer redução e interrupção das relações sexuais na gestação, especialmente nos últimos meses. O distanciamento afetivo/sexual contribui para deixar a mulher mais ansiosa.

Se a gravidez está normal, o ideal é que as relações sexuais possam ser mantidas até os últimos dias de gestação, por três motivos:

a) o orgasmo é a maior fonte de descarga de tensão do adulto normal. A manutenção da capacidade orgástica e libidinosa da mulher propicia momentos de prazer, relaxamento e tranquilidade;

b) o exercício sexual mantém a flexibilidade dos músculos do períneo, o que vai facilitar o processo do parto.

c) mantêm a harmonia conjugal ao diminuir os ciúmes, tanto do marido (devido à atenção feminina muito voltada ao filho) quanto os da mulher (que às vezes teme que o marido mantenha casos extraconjugais).

A Crise Edípica do Futuro Pai

Durante a gestação de sua mulher, o futuro pai muitas vezes sente-se atingido por uma ansiedade indefinida, e, sem entender o que lhe ocorre, defende-se e foge. É dado comprovado que a gravidez é um momento crítico para o homem, já que os abandonos de lar são comuns nesse período. Pesquisas revelam que um número expressivo de separações acontece no primeiro ano após o nascimento do primogênito, especialmente nos casais jovens.

Segundo a Psicanálise, essa dinâmica masculina é derivada dos conflitos edípicos. Porém não se trata de uma generalização determinista a todos os homens. Aqueles que têm mais consciência de seus processos infantis ou os que não têm fixação edípica passam por esse momento com mais tranquilidade, mantendo-se próximos de suas mulheres, inclusive sexualmente.

As questões regressivas no homem e na mulher podem gerar complexas tramas nos casais. Situações de muita ansiedade e estresse emocional, que trazem sofrimento à mãe e ao pai, acabam atingindo o bebê. Esses conflitos poderiam ser evitados se os pais soubessem da perspectiva de uma reedição do que Freud chamou de *Complexo de Édipo* e da sua inevitável conexão com o passado, comum durante a gestação.

Como já vimos anteriormente, quando menino, o futuro pai passou pela fase genital infantil ou fálico-genital (Psicanálise), quando viveu o *período de identificação*, entre os três e cinco/seis anos de idade. Dependendo do modo como ocorreu a descoberta de sua sexualidade e como equacionou o triângulo *pai-mãe-criança*, o futuro pai poderá ser mais ou menos atingido pela atualização desses conflitos.

Quando há fixação edípica, aparecem alguns movimentos típicos nos homens:

a) a tendência a separar a imagem da sua mulher em duas: a *mulher-mãe* e a *mulher-sexual*. Então, alguns homens passam a evitar o relacionamento sexual com a mulher-mãe e podem se voltar às relações extraconjugais;

b) em alguns casos esse processo é tão acentuado que o homem passa por experiências de impotência sexual diante da *mãe* que se *apossou* de sua mulher. Em geral, os homens falam do temor de ferir a criança através do intercurso sexual. Para outros, sem maiores conflitos dessa ordem, a relação amorosa é vista como um suave carinho do pai ao bebê, feito com o pênis;

c) a própria mulher, costumeiramente, pensa que se tornou menos atrativa ao ficar *barriguda* e assim evita a relação sexual. É o preconceito de certas mulheres, que não percebem a sensualidade acentuada da gestação, o momento áureo das fantasias arcaicas femininas: ser fértil, procriar.

QUANDO O NASCIMENTO É HUMANIZADO
O melhor de dois mundos na hora de o bebê nascer

O nascimento é outro momento importante na equação da primeira fase do desenvolvimento biopsicológico. Quanto mais natural, íntimo e amoroso for o parto, mais branda será a passagem para o espaço extrauterino. Assim, a adaptação do bebê ao mundo e a recuperação da mãe serão mais rápidas e melhores.

O sentido de continuidade é um aspecto importante no processo de desenvolvimento emocional, desde a gestação. É essencial que o fluxo vital não seja interrompido. O bebê precisa ser poupado, tanto quanto possível, de qualquer interrupção traumática nesse fluxo.

O processo passa por um momento delicado durante o parto, quando a saída do casulo uterino causa mudanças radicais na vida do recém-nascido. Além disso, a mulher nem sempre consegue escolher ou se colocar numa posição ativa para o parto. Muitas vezes ela também não é respeitada nem apoiada emocionalmente, para que possa relaxar e facilitar o nascimento.

É comum que a mãe sofra ao ver seu bebê nascer e ser tratado friamente pela equipe de assistência. Outras vezes sente insegurança e certa solidão nos corredores hospitalares, no momento em que está especialmente sensível, parindo um novo ser. A mulher – que deveria ser a *grande protagonista* desse instante sublime da vida humana – naturalmente dispõe de recursos para parir, observa o obstetra e homeopata Ricardo Jones (2004), que trabalha com nascimentos humanizados. Porém, segundo o médico, ela é colocada numa posição passiva e submissa diante do modo como os partos frequentemente são conduzidos.

Abordar o nascimento humanizado não é simplesmente debater se o parto deve ser normal ou por cesariana. O parto pode ser normal e igualmente não ser humanizado. Ou seja, o modo como mãe e bebê são tratados pode ser insensível, sem respeito às delicadezas emocionais e físicas do momento.

A cesariana, por sua vez, pode ser uma cirurgia salvadora em casos de risco de vida para a mãe e o bebê. É um recurso tecnológico de que dispomos na atualidade para situações de emergência. No entanto, é uma cirurgia de porte que também inclui risco, além de poder colocar a mãe em um período de recuperação longo e expor o bebê aos anestésicos.

A Humanização do Nascimento

O *Nascimento Humanizado* é assim chamado quando consideramos as dimensões subjetivas da mãe e do bebê como aspectos prioritários. Em entrevista à autora, Jones relata que o profissional humanista encara o nascimento como momento único e evento ápice da feminilidade. Nessa abordagem, a função do profissional assistente é posicionar-se como uma instância de orientação técnica, e não como o "proprietário do evento", ressalta o médico.

> *O profissional humanista usa os protocolos mais atualizados, como a Medicina Baseada em Evidências, mas sempre leva em consideração a dimensão subjetiva de cada mulher, forjada na sua história pessoal, suas lembranças, seus medos, suas expectativas, suas características físicas e seu desejo de passar pelo nascimento de seus filhos como um ritual de amadurecimento. (Jones, 2007, entrevista à autora)*

A expressão *Humanização do Nascimento* surgiu nos anos 60 a partir das descobertas sobre os efeitos psicológicos do período gestacional, do parto e dos primeiros dias de vida na estruturação da personalidade de uma pessoa. Na última década, com as descobertas da Neurociência, o tema ficou ainda mais em pauta. Porém a atual e forte retomada desse movimento tem suas origens na reação feminina à adesão massiva das gestantes à cesariana, não por necessidade, mas por medo.

Na atualidade chega a ser surpreendente quando uma mulher com recursos econômicos opta por um parto normal. O mais provável é que o nascimento de seu filho seja por cesariana. Jones observa que, apesar de o desejo da maioria das mulheres ainda seja ter um parto normal, durante a gestação essa ideia acaba sendo modificada.

> *Durante a gestação, tanto nas classes mais abastadas quanto nas mais carentes, a cultura do medo e a fragilização inerente ao processo gestatório produzem a falência dessa alternativa. Ocorre a submissão da paciente ao ordenamento ideológico do sistema de crenças do profissional que a atende. (Jones, entrevista à autora, 2007)*

Trata-se de um fenômeno inédito na História. Nunca se ouviu falar de algo similar ao que ocorre na atualidade: um grande número de mulheres teme parir seus filhos e passa a responsabilidade a médicos e anestesistas. É curioso como esse processo se deu de modo tão rápido e radical. Em quatro décadas, o parto deixou de ser um evento natural e feminino – como ocorreu por milênios – e se tornou um ato cirúrgico, mecânico.

O *Movimento Internacional pela Humanização do Nascimento*, segundo Jones, está conquistando uma adesão crescente e numerosa de mulheres em diversos países. O movimento visa recolocar a mulher em seu lugar de dignidade na hora do nascimento dos filhos, resgatando o contato com sua capacidade filogenética de ser mãe.

A crescente conscientização sobre a importância dos partos normais humanizados questiona os danos gerados pela tecnocracia no parto, a posição passiva em que a mulher foi colocada e traz reflexões sobre esse importante tema. "A humanização do nascimento é a restituição do protagonismo à mulher", ressalta Jones.

A antropóloga americana Wenda Trevathan, citada pelo obstetra, ressalta que, pela primeira vez na história da Humanidade, podemos conseguir *o melhor entre dois mundos*, em que os aspectos psicológicos, afetivos e emocionais da gestação e do parto andem lado a lado com a redução da mortalidade materna e neonatal, oportunizada por muitos procedimentos obstétricos.

A humanização do nascimento propõe a síntese entre as recentes conquistas da Ciência – que nos oferecem segurança – com as forças evolutivas e adaptativas dos milênios que nos antecederam. Essa releitura do nascimento humano se faz necessária para acomodar as necessidades afetivas, psicológicas e espirituais das mulheres e de seus filhos diante das conquistas que o conhecimento nos traz com a aquisição crescente de tecnologia.

Apologia à Cesariana

A entrada da tecnologia em nossas vidas, a partir do século XVII, acabou atingindo até os nossos ciclos e processos biológicos, ressalta o médico. As mulheres, historicamente entendidas como tendo organismos frágeis, foram as mais atingidas. No que tange ao nascimento humano, vemos hoje uma clara sinalização sobre os perigos da artificialização da vida, diz ele.

O excesso de cesarianas é um exemplo desse exagero. Segundo o médico, esta que deveria ser uma cirurgia salvadora acabou sendo banalizada ao extremo. Um percentual grande de mulheres opta por sua realização sem ter uma noção exata dos riscos associados a ela, alerta Jones.

O número de casos de cesarianas é alarmante, mesmo com a indicação da Organização Mundial da Saúde de que o limite para essa cirurgia de grande porte não ultrapasse 15% dos partos. No México, por exemplo, o índice de nascimentos cirúrgicos chega a 50%, assim como no Chile, Coreia e China. No Brasil, a incidência de tal cirurgia já superou a marca de 42%, e nos Estados Unidos mais de 31% das mulheres se submetem a esse procedimento cirúrgico. Nas classes médias das grandes cidades, os índices chegam a 90%, observa o médico.

Segundo Jones, existe um claro abuso na indicação dessa cirurgia, e os números – acima do razoável – não se relacionam a necessidades de caráter médico. Geralmente o abuso ocorre porque a cesariana passou a estar associada ao *parto sem problemas*, o que não é verdade. O médico observa que nos Estados Unidos, por exemplo, a mortalidade materna cresceu nos últimos anos devido ao aumento de cesarianas naquele país.

Outro ponto importante se refere aos recursos anestésicos, que devem ser usados somente quando realmente forem necessários, especialmente porque afetam o bebê. Entretanto, segundo observação de Jones, a analgesia do parto tornou-se quase uma obrigatoriedade nos centros obstetrícios. Nos partos normais, mais de 80% das pacientes usam medicações que podem ser perigosas para os bebês, observa o obstetra.

Nos últimos 50 anos, a supermecanização tecnológica se tornou dominante na condução desse fenômeno visceralmente feminino, que por milênios sempre foi um momento sagrado e natural da reprodução humana.

> *Os médicos e seus instrumentos tornaram-se os atores principais do parto. Às mulheres cabe a tarefa de transportar os filhos do mundo, para que no final do trajeto eles sejam recebidos pelos guardiões da saúde e do bem-estar, em nome da sociedade e das instituições.* (Jones, 2004, p. 34)

Redução do Impacto

Com as descobertas recentes da Neurociência, somadas ao que a Psicologia já descobriu há décadas, não há mais dúvidas de que os danos emocionais gerados na gestação, no nascimento e nos dias que seguem o parto podem ser graves (ver início do texto sobre gestação). Com isso, alternativas de qualidade começam a surgir. Elas facilitam o atendimento de partos humanizados, evitando os ambientes impessoais, frios, que tratam mãe e recém-nascido com ansiedade e pouca sensibilidade.

Se há boas indicações para o parto, alguns nascimentos acontecem até mesmo em casa, como ocorria antigamente, porém com uma equipe de assistência no acompanhamento. Outro caminho que se desenvolve é a retomada das *Casas de Parto*, em anexos hospitalares ou em estruturas independentes, que cultivam o cuidado com os aspectos emocionais da mãe e do bebê e, ao mesmo tempo, dispõe de recursos para uma cesariana, caso necessário.

No entanto, o habitual ainda é que os partos aconteçam em hospitais que priorizam a assepsia, a saúde física, mas não cuidam da delicadeza psicológica do momento, tanto da mãe quanto do bebê. É curioso que ainda exista tanta resistência para que esses dois aspectos possam ser contemplados, conjuntamente: a saúde física e a saúde emocional.

Felizmente, pesquisas nesse campo encontram ressonância em alguns profissionais, assim como em mães e pais que desejam outra opção para o nascimento de seus filhos. A humanização do nascimento busca reduzir o impacto e o trauma do nascimento, permitindo o elo de continuidade e o processo de passagem, gradual e caloroso, da vida intrauterina à extrauterina.

> *O apoderamento do parto humano por uma coorporação ainda não foi suficientemente debatido para que entendamos as profundas repercussões de tal mudança para a própria civilização, a cultura e a saúde. Depois de um investimento pesado nas conquistas da ciência, temos o dever de reavaliar nossas posturas no que, em verdade, avançamos. (Jones, 2004, p. 35)*

Para que não ocorra uma ruptura traumática no nascimento, o bebê necessita seguir em contato com a pele e o calor do corpo da mãe imediatamente após a sua saída do útero. O contato e a fusão energética entre os dois corpos são essenciais para o vínculo mãe-bebê. Se o nascimento for traumático, as dificuldades do sistema nervoso podem ser acentuadas, fazendo eclodir problemas e psicopatologias características da *fase ocular,* segundo a abordagem reichiana.

O parto realizado em ambiente hospitalar emocionalmente frio e estéril não observa os aspectos sensíveis da mãe e do bebê e não considera os danos psicológicos associados. A afetividade da equipe de assistência, o modo sensível de tocar o bebê, a redução da intensidade de luzes e sons e a permanência do recém-nascido junto ao corpo da mãe são aspectos essenciais na humanização do nascimento. Mesmo quando a cesariana se torna necessária, essas condutas podem ser aplicadas.

Jones observa que uma das práticas usadas em caso da cesárea é a massagem no corpo do bebê, para que ele perceba que saiu do ventre e se dê a adequada ativação neurossensorial, destacada por Ashley Montagu, em seu livro *Toque, O Significado Humano da Pele*.

Nos partos regidos pelo paradigma humanista, a busca é pelo ideal da não intervenção. A saída do bebê do claustro materno é determinada pela contraposição dinâmica das forças e resistências intrínsecas do processo. Dessa forma, o recém-nascido é esperado, tendo o seu tempo respeitado, e não extraído intempestivamente de dentro do útero, observa Jones.

O bebê chegará ao mundo com sua asserção. O nascimento, nesse paradigma, se dá sem que os profissionais abusem de trações ou uso de força excessiva sobre o corpo do bebê, a não ser que o parto apresente riscos. No caso, serão acionadas outras condutas médicas interventivas, tantas quantas forem necessárias para salvaguardar o binômio mãe-bebê.

Quem decide a hora do nascimento é o bebê. Esse é um aspecto importante para seu desenvolvimento biopsicológico. Nem mãe, nem médico e sequer a parteira podem precisar o dia e a hora do parto. A mãe entra em trabalho de parto quando o bebê começa seu movimento assertivo de sair do útero, por meio de uma complexa e intrincada dança hormonal coordenada pela hipófise fetal.

Quando o parto é conduzido por drogas, a resposta natural do bebê em sugar e respirar também poderá ser afetada. Elsworth Baker, já nos anos 50, ressaltava que a luz forte da sala de parto e o uso de produtos nos olhos do recém-nascido eram traumáticos.

Eva Reich, pediatra e filha de Wilhelm Reich, também se dedicou à humanização do nascimento, aplicando princípios trazidos por Leboyer e criando um trabalho inovador, a *Bioenergética Suave*, destinada a gestantes e bebês. O princípio de autorregulação de Reich fundamentou também o trabalho de prevenção das couraças aplicado aos bebês. Segundo Eva, a paz inicia na hora do nascimento.

> *Os delicados inícios da vida são de grande importância. São os fundamentos do bem-estar da alma e do corpo. Gostaria de pedir-lhes apoio a esses esforços. Precisamos de paz sobre a Terra – paz que começa no ventre da mãe. (REICH, 1998, p.7)*

Duplo Sistema e Contato Imediato

Segundo o médico francês Frédérick Leboyer, autor de *Birth Without Violence* (Nascimento sem Violência) é fundamental que o manejo do bebê seja feito com muita sensibilidade:

> *É muito importante para o futuro bem-estar da criança que sua introdução no mundo – e o impacto sobre suas funções corporais – seja manejada com sensibilidade. O bebê pode experimentar o prazer ou a dor, na medida em que seus sistemas corporais se ajustem ao novo tipo de funcionamento solicitado pela vida fora do útero. (Leboyer, 1975, p. 45)*

Para a humanista Eva Reich (1983), o importante é a ideia de se evitar a separação entre o bebê e o corpo da mãe nos primeiros momentos após o parto. Segundo ela, o ideal é que o bebê, ao nascer, seja deslizado pelo ventre até o peito, pois o contato entre as peles deve ser mantido.

Outro ponto importante, salientado por Leboyer, é a permanência de duplo sistema nos primeiros minutos de vida. Trata-se de não se fazer o corte precoce do cordão umbilical preso à placenta, que ainda está dentro do útero. Segundo Eva, acontecem de oito a dez grandes mudanças durante esses primeiros curtos momentos, quando o ar entra nos pulmões. Quando o bebê está em duplo sistema, ele não sofre choque. "Se cortarmos, de súbito, o cordão, estaremos retirando esse suprimento extra de oxigênio em um momento em que os pulmões ainda não estão funcionando totalmente" (p.30).

Segundo Jones, a separação entre a mãe e o recém-nascido é tão arbitrária quanto ilusória. Na verdade tal desligamento só vai se completar alguns anos depois. Imediatamente após o parto, ambos mantêm uma intensa conexão energética, para além dos aspectos meramente físicos e psicológicos. "O cordão umbilical transporta o sangue fetal estocado no componente placentário, e seu corte abrupto só pode sonegar ao recém--nascido conteúdo sanguíneo que é seu por direito", diz ele.

Mais do que questões hematológicas, o corte prematuro do cordão é violento por desconsiderar a amplitude das conexões afetivas e emocionais materializadas no cordão umbilical. Tanto do ponto de vista físico quanto do psicológico, o corte prematuro do cordão umbilical é uma prática injustificada, segundo Jones.

Para Leboyer e David Boadella, podemos distinguir alguns pontos de mudança que ocorrem no momento do parto:

- Uma transição sensorial

O recém-nascido vem a um mundo que pode ter uma temperatura cerca de 30 graus mais fria do que a uterina, que é de 36 graus; ele vem de um espaço dominado por sensações da pele e chega a um mundo com uma quantidade crescente de impressões, que são percebidas pelos receptores de distância, principalmente a pele, os olhos e os ouvidos. Em artigo publicado na revista *Energia e Caráter* (1997), Boadella observa que ao nascer a criança faz uma transição entre dois mundos: o amniótico e o terrestre – o mundo de quase ausência de peso e fluidez e o mundo da gravidade e solidez. "A mudança de existência é quase total, tão dramática quanto foi a mudança do oceano para a terra na evolução, e isso levou milhões de anos para terminar" (p. 30).

- Uma transição circulatória e respiratória

No nascimento, ocorre uma mudança radical na circulação sanguínea do bebê, e se dá o nascimento da respiração. Até então, observa Boadella, a criança era oxigenada com o ar que a mãe respirou, e a partir de agora ela respirará seu próprio ar. O sistema vascular é redirecionado. O primeiro grito da criança expande os pulmões e põe essas mudanças circulatórias reflexas em movimento. Elas são rápidas, mas não instantâneas.

- *O cordão pode continuar pulsando por diversos minutos depois do nascimento. O fluxo final de sangue da placenta corre de volta para o corpo nascido do bebê. Se o cordão for cortado antes que tenha parado de pulsar, a criança experimentará um choque duplo: um choque respiratório e um choque circulatório. (Boadella, 1997, p. 34)*

■ Uma transição gravitacional

Os músculos, que estavam suspensos no líquido amniótico, chegam a um mundo com gravidade. A relação entre essas transições e as camadas embrionárias é rica de significados para o desenvolvimento posterior do caráter.

Reich (1948) chamou de *ansiedade de cair* o primeiro registro que a criança experimenta na vida, sempre que é tratada de modo abrupto durante e após o nascimento. O modo de manejar o bebê nos primeiros momentos de sua vida estabelece padrões básicos de como ela mantém seu corpo e sua organização muscular, à medida que precisa resistir e se opor ou, então, render-se ao forte impacto da gravidade.

■ Uma transição alimentar

O alimento agora chega pela boca e não mais por meio do cordão umbilical. É a quarta transição crucial, como ressalta Boadella. A criança recebe sua primeira alimentação externa, e seu sistema digestivo aprende a funcionar suavemente. Essa é uma transição mais longa, que pode levar semanas para se efetuar. A criança precisará aprender a coordenar os movimentos de beber e respirar, para não engasgar e levar leite aos pulmões. São comuns as fortes dores no estômago e as cólicas intestinais (ar nos intestinos).

Suas tendências de autorregulação podem funcionar apenas na presença de uma mãe suficientemente sensível aos seus próprios ritmos para ajustar o fluxo de alimentação à demanda, aprendendo a distinguir o choro de fome do choro de desconforto. (Boadella, 1997, p. 36)

Doulas: Apoio Importante

A origem da palavra *doula* é grega e significa *serva de mulheres*. A ação das doulas resgata um costume ancestral de prover a mulher de suporte psicológico, afetivo, físico, emocional e espiritual durante a árdua tarefa de parir seus filhos. Segundo Jones, em entrevista à autora, "este resgate surgiu dos trabalhos inaugurais de Marshall Klaus, John Kennel e Sosa, registrados no livro *Mothering the Mother,* que aborda o cuidado e o apoio que a mãe necessita receber por ocasião da gestação, do nascimento e do pós-parto.

Na hora do parto, é fundamental que a mulher conte com a presença de alguém afetivo e atento – que pode ser a doula ou mesmo o pai de seu filho. Na maioria das vezes, as mulheres buscam a presença de outra mulher nesse momento. Na atualidade, entretanto, muitos homens desejam estar junto de suas mulheres no parto de seus filhos, presença que vem-se tornando cada vez mais desejada pelas gestantes. É um direito de toda mulher ter a presença do marido na hora do parto, mesmo no atendimento popular (Sistema Único de Saúde).

Outro aspecto importante – ainda pouco considerado – é que a equipe médica e de assistência considere os efeitos psicológicos desse momento, para o bebê e sua mãe. No hospital, com a impessoalidade das relações, geralmente a mulher é levada de um lado para outro, com limitadas possibilidades de escolha e decisão, nem mesmo sobre a qualidade do contato primal entre ela e o filho.

Então, a doula é de grande ajuda, apoiando a mulher e integrando os pais com as equipes de assistência ao parto. Na grande maioria dos casos são mulheres, mas existem alguns poucos homens nessa função. A atuação da doula é claramente distinta da atenção prestada pelas parteiras. Enquanto a parteira *ajuda o bebê a nascer,* como popularmente se diz, a doula auxilia a mulher antes, durante e depois do parto. Sua atuação nos remete ao tempo em que mulheres experientes auxiliavam as novas mães a *ganharem* seus filhos.

A doula não executa qualquer procedimento médico ou de enfermagem, nem sequer cuida da saúde do recém-nascido. Porém ela é de grande auxílio no projeto global de humanização do nascimento. Nos partos, as doulas são presenças importantes, auxiliando e apoiando a mulher. Elas frequentemente integram as equipes humanizadas de atenção ao parto, em diversos lugares do mundo.

Os cursos de Formação de Doulas, assim como a inserção dessa profissional nas equipes de atenção ao nascimento, é crescente em diversos países. Inclusive no Brasil existem mulheres com tal função apoiando partos no Sistema Único de Saúde (trabalho voluntário). Um exemplo disso é o Hospital Sophia Feldman, em Belo Horizonte. Felizmente, a humanização do nascimento começa a chegar também a quem não têm recursos, por meio do voluntariado.

O Papel da Doula

- Antes do parto

A doula orienta o casal sobre o que esperar do parto e do pós-parto. Explica os procedimentos comuns e ajuda a gestante a se preparar, física e emocionalmente, para o momento do nascimento.

- Durante o parto

Ela atua junto à equipe de atendimento, mantendo-se perto do casal. Torna-se uma espécie de *colchão protetor* entre a natural sensibilidade da gestante e a frieza técnica dos hospitais. Ajuda a parturiente a encontrar posições mais confortáveis para o trabalho de parto, orienta recursos respiratórios e propõe medidas naturais para o alívio de dores, como banhos e massagens.

- Após o parto

A doula visita a família, orientando o período pós-parto, especialmente em relação à amamentação e aos cuidados básicos com o bebê.

Parteria Pós-Moderna

A parteira é uma figura ancestral conhecida como a mulher que ajuda a gestante no trabalho de parto. Segundo Jones, "conceituamos como parteria pós-moderna a ação de profissionais não médicas na atenção direta ao parto, porém especializadas formalmente no cuidado à fisiologia do nascimento de risco habitual (baixo risco – risco normal)".

Esse conceito se contrapõe ao da parteria tradicional, que trata da ação de parteiras de aprendizagem direta, como ocorria antigamente. A parteira pós-moderna, ressalta o obstetra, tem um aprendizado formal em escolas específicas. Trata-se de uma complementação ao estudo de enfermagem (como ocorre no Brasil, Estados Unidos e parte da América) ou ainda uma parteria de entrada direta (como ocorre na Europa) onde os alunos se graduam sem a necessidade de cursar Enfermagem.

> *Segundo a antropóloga Robbie Davis-Floyd, pós-modernidade é tudo o que precedeu à modernidade e sobreviveu a ela, adaptada aos contextos e circunstâncias. Isto é, a parteria pós-moderna não é a parteria antiga, mas sua sucedânea, adaptada à complexidade das sociedades contemporâneas. (Jones, entrevista à autora, 2007)*

Na atualidade, é crescente a demanda por uma atenção focada nas necessidades essenciais da mulher no rito de passagem do nascimento. A aventura tecnológica aplicada ao parto, apesar dos inequívocos avanços relacionados ao tratamento de patologias, manteve aberta a lacuna do suporte às necessidades emocionais e afetivas da gestante e do bebê.

Especializadas na fisiologia do nascimento, as parteiras são as profissionais mais capacitadas para a atenção aos partos de risco habitual, segundo o médico. Integrantes de uma equipe interdisciplinar, que inclui um médico como referência, elas podem facilitar a humanização do nascimento oferecendo suas habilidades técnicas e seu aprimoramento na atenção da fisiologia do parto, deixando que a patologia e suas derivações sejam atendidas pelas equipes médicas especializadas no alto risco.

FORMAÇÃO DO CARÁTER
CONSEQUÊNCIAS BIOPSICOLÓGICAS DA FIXAÇÃO OCULAR

Quando o fluxo do desenvolvimento infantil sofre perturbações surgem fixações (introdução do capítulo III). Ou seja, o processo de amadurecimento biopsicológico fica retido na fase em que sofreu interrupção. Como a fase ocular é um estágio primitivo, os danos de tal fixação são mais complexas. Devido a isso, não podemos falar em formação de estrutura de caráter, exatamente porque nessa etapa se formam os núcleos psicóticos, que se caracterizam por falta de estrutura e despersonalização.

No entanto, um breve aporte sobre características e psicopatologias originárias dessa etapa será elucidativo para a compreensão básica das estruturas psíquicas, que se formam nos estágios da Infância. É importante entendermos que quanto mais cedo ocorrem as fixações – por exemplo, na gestação, no parto ou nos primeiros meses de vida – mais graves são as consequências na estruturação biopsicológica. Portanto, a fixação na primeira fase do desenvolvimento, a ocular, pode comprometer para sempre a vida de uma pessoa.

O período uterino vai formar o temperamento, a relação sensorial da pessoa com seu corpo e a integração primária com o desejo de viver e se desenvolver, condições básicas para a vinculação afetiva que se dará na etapa seguinte, a oral. Já sabemos, também, que o temperamento resulta da condição de equilíbrio (homeostase) obtida pelo organismo durante o período inicial da vida, num misto de heranças genéticas e condições emocionais do ambiente uterino.

Quando a gestação sofre abalos emocionais ou genéticos, a criança poderá apresentar várias dificuldades. Segundo Boadella (1997), a fixação no estágio pré-natal também vai gerar dificuldades básicas para sugar e respirar após o nascimento, assim como deficiência de calor emocional, formando estruturas caracteriais esquizoides, com forte bloqueio ocular.

Segundo Navarro (1995), no período embrionário, diante de uma ameaça à vida, o processo de desenvolvimento vai assegurar primeiro a sobrevivência, dando assim privilégio ao reptiliano (núcleos na base do cérebro). Essa defesa conduzirá à psicose congênita (autismo). No caso, o desenvolvimento é comprometido, e não se dá a plena conexão entre os três cérebros, segundo o autor.

No período fetal, que inicia aos dois meses de gestação e termina dez dias após o nascimento (quando o recém-nascido já se adaptou minimamente à vida extrauterina), uma situação de estresse poderá atingir principalmente as funções basilares do primeiro nível reichiano (olhos, ouvidos, nariz, sistema nervoso), segundo Navarro.

Shore (2000) observa que pesquisas da Neurociência também vem comprovando que experiências precoces de trauma ou abuso – no útero ou após o nascimento – podem atingir o desenvolvimento das áreas subcortical e límbica do cérebro, "provocando extrema ansiedade, depressão e/ou incapacidade de estabelecer ligações saudáveis com os outros. Vivências adversas durante a Infância podem deteriorar as habilidades cognitivas" (p. 12).

Núcleo Psicótico

Os danos somáticos ocasionados durante a gestação, o parto ou o início da vida extrauterina poderá formar o núcleo psicótico. Quando a fixação ocular é branda, teremos os traços esquizoides. Alguns pesquisadores afirmam que nessa fase se configuram certos casos de epilepsia. Segundo Baker (1980 [1967]), o epiléptico apresenta traços comportamentais específicos, com fortes características de fixação ocular.

A pessoa que teve comprometimentos nessa etapa do desenvolvimento sofre um medo primitivo de não sobreviver e uma sensação interna de fragmentação e ausência. Segundo os psicólogos reichianos José Henrique e Sandra Mara Volpi, uma das características marcantes dessa fixação é a cisão com a realidade.

> *A despersonalização marca um rompimento do indivíduo com a realidade, desde um grau leve, nos caracteres esquizoides, até um grau profundo, no caso da esquizofrenia. Desligando-se de sua própria identidade, o indivíduo também se desliga do mundo e das pessoas. (Volpi & Volpi, 2003, p. 65).*

- Esquizoide

Os traços esquizoides se manifestam por meio de dissociação e despersonalização, insegurança e dificuldade de contato com os demais. A pessoa parece se fechar dentro de sua cabeça, rompendo a relação entre pensamento e sentimento. Falta ao esquizoide estar dentro do próprio corpo, pois ele se ausenta e se abstrai. Muitas vezes, seus olhos parecem estar vazios, sem uma alma que os habite.

A pessoa com fixação ocular tende a se refugiar do mundo desconectando-se, rompendo ou perdendo o contato com a realidade externa, como se quisesse retornar ao útero. São comuns os comportamentos de timidez, ausência de contato emocional, confusão mental, dispersão e desconfiança.

> *Durante o estágio uterino configuram-se duas tendências: a asserção e a resignação. No caráter esquizoide, a experiência é de resignação pela paralisia e recuo do corpo para a cabeça. (Boadella, Energia e Caráter, nº2, p. 115)*

Traços típicos na vida adulta: a pessoa tende a dissociar o pensamento dos sentimentos; busca se refugiar dentro de si mesma, rompendo ou perdendo o contato com a realidade externa; mostra um senso de si diminuído e pouco contato com o corpo; o ego é fraco, e a pessoa se torna hipersensível, com rasa expressividade; e evita os relacionamentos.

- Epiléptico

A Epilepsia também pode ter sua origem nessa fase. No caso do epiléptico, há excesso de energia bloqueada no segmento ocular (olhos, tecido cerebral, sistema nervoso) devido à fixação ocular. A crise epiléptica é a própria descarga do excesso de energia na estrutura muscular.

Baker (1980 [1967]) observa que a epilepsia tem muitas causas e que algumas são conhecidas, tais como as lesões do tecido cerebral, das meninges, por força de traumas, pressões ou doenças. No entanto, a epilepsia idiopática ou essencial, segundo ele, apresentaria características distintas, podendo ter causas emocionais, pois já ocorreram curas por meio da psicoterapia.

> *Enquanto o esquizofrênico evita o acúmulo de energia por meio de severos bloqueios vegetativos do cérebro, as descargas epilépticas liberam esse acúmulo na musculatura, produzindo o ataque epiléptico. (Baker, 1980 [1967], p. 171)*

Para Navarro (1995) a epilepsia é a somatização de um núcleo psicótico que estava por explodir e não explodiu. Segundo ele, o tratamento indicado é a Vegetoterapia (terapia pós-reichiana, que trabalha sobre os sete segmentos de tensão do organismo, usando exercícios específicos).

O trabalho terapêutico sobre o primeiro segmento do mapeamento reichiano, o anel ocular, exige muito cuidado no caso do epiléptico, já que ele lida mal com a depressão. Durante o processo de amadurecimento promovido pela Vegetoterapia, a pessoa avançará em direção aos conteúdos do segmento oral. A passagem da condição ocular em direção à maturação oral provocará depressão que, nesses casos, pode gerar desejos suicidas e dificuldades de suportar as sensações intensas de desamparo e carência, que estão ao fundo.

Traços típicos na vida adulta, segundo Baker (1980 [1967]): sensibilidade intensa; teimosia; crises de birra; acessos de raiva; exigência de que as coisas sejam feitas ao seu modo; recusa de participação, caso não esteja na liderança; tendência a estados de mau humor; morosidade; desconfiança e comportamento associal; dificuldades de se conformar com as situações contrárias; devaneios excessivos; egocentrismo e irritabilidade.

Autismo e Esquizofrenia

Quando o comprometimento nessa etapa é grave, teremos psicopatologias das mais importantes: as psicoses. Nesse caso, segundo Navarro (1995), os telerreceptores (segmento ocular) com o qual o ser humano entra em contato com a realidade, já na vida intrauterina, estarão deficitários no nascimento e não serão capazes de aceitar a realidade ou de suportá-la. Essa deficiência, diante de situações estressantes, fará explodir o núcleo psicótico.

> *A psicose, apesar de apresentar-se sob as mais diversas formas, pode ser entendida como única, se considerarmos que a explosão psicótica ocorre pela subtração de energia em favor do reptiliano, com a finalidade de sobreviver, de continuar a existir, ainda que em condições temperamentais. (Navarro, 1995, p.13)*

Se os problemas somáticos do período embrionário (heranças genéticas/estresse materno) forem graves, poderemos ter casos de autismo. Se o comprometimento ocorrer na fase fetal e nos dez primeiros dias de vida, poderemos ter as esquizofrenias, segundo Navarro (1995). O autismo ainda é uma patologia sem cura, que costuma ser identificada a partir dos três anos de idade. A esquizofrenia geralmente vai se revelar na Adolescência ou na entrada da vida adulta, por meio do surto esquizofrênico, exigindo contínuo tratamento psiquiátrico.

Reich e Baker já afirmavam, na primeira metade do século passado, que o núcleo da esquizofrenia se configurava até os dez primeiros dias de vida, antes do aparecimento de qualquer sinal de desenvolvimento. Navarro (1995) ressaltou que a instauração do núcleo psicótico decorre não apenas por herança genética, mas também pela falta de contato, comunicação, calor e maternagem no início da vida ou por uma rejeição à gestação, sentida energeticamente pelo bebê ainda dentro do útero.

> *Na criança autista, a situação de rejeição já está presente no período embrionário. O eu fetal, quando comprometido, provoca uma condição psicótica no nascimento. O seu advento é pré-natal. A explosão psicótica esquizofrênica, aos dezesseis/dezoito anos, remonta os dez primeiros dias de vida, do período fetal. (Navarro, 1995, p. 44).*

Vale observar que a posição de que o autismo está entre as psicoses passou por debates controversos nas últimas décadas. Afinal, o comportamento autista é bastante diferente do esquizofrênico, que se caracteriza por uma cisão da realidade com delírios e alucinação. Não se sabe ainda o que sente o autista, mas este não mostra ter alucinações e parece ter rompido completamente a sua comunicação com o mundo.

Segundo o *DSM IV* (Manual Diagnóstico de Transtornos Mentais) pode ocorrer diagnóstico de esquizofrenia em crianças autistas. Os autores do *Compêndio de Psiquiatria* (1997) observam que, em geral, a esquizofrenia é facilmente diferenciada do transtorno autista. A maioria das crianças autistas apresenta comprometimento em todas as áreas do funcionamento adaptativo, desde muito cedo. O início de suas manifestações ocorre quase sempre antes dos três anos de idade, enquanto a esquizofrenia eclode geralmente na Adolescência ou um pouco depois, no adulto jovem.

> *Na terceira edição do DSM, a esquizofrenia podia ser diagnosticada em crianças autistas, apenas quando as alucinações ou delírios se desenvolviam e se tornavam um aspecto clínico proeminente. De acordo com a quarta edição do DSM, a esquizofrenia pode ser diagnosticada na presença de um transtorno autista. (Kaplan, Sadock, Benjamin, Grebb, 1997, p.1046)*

Segundo Baker (1980 [1967]), o problema do esquizofrênico é a quebra do seu funcionamento biofísico, além de uma distorção na percepção dessa quebra. A pessoa reage a esses dois fatores. Alguns sintomas são expressões diretas do distúrbio (p. 167): olhar alheado, transe, flexibilidade cerácea (corpo muito flexível), catalepsia, retardamento mental e os automatismos. Outros sintomas são reações secundárias: desorientação, perda da capacidade de associar, perda do sentido das palavras e rebaixamento de interesses. Sintomas como caretas e estereotipias são, na realidade, tentativas de autocura, como observou Baker.

Síndrome de Asperger

Na atualidade sabe-se que há uma variedade de quadros relacionados ao autismo, que vão desde os mais brandos aos mais graves. Muitas pessoas que mantém uma vida produtiva e ativa somente na meia-idade descobrem que sofrem, por exemplo, da Síndrome de Asperger. Essa passou a fazer parte do DSM-IV (Manual Diagnóstico e Estatístico de Transtornos Mentais) somente em 1994 e é ainda uma síndrome pouco conhecida, mesmo no campo científico.

A síndrome foi identificada pela primeira vez em 1944, pelo pediatra austríaco Hans Asperger. Costuma ser apresentada aos leigos como uma espécie de autismo, embora certos pesquisadores afirmem que Autismo e Asperger são patologias diferentes, mesmo que as duas façam parte da família de transtornos de neurodesenvolvimento.

Asperger se desenvolve principalmente em crianças do sexo masculino. Não há indícios ou dados científicos que apontem as origens dessa síndrome. As hipóteses científicas indicam apenas que se trata de uma desordem biológica diretamente associada às atividades cerebrais e que não existem ainda exames que possam apontar a doença. Ela vai se tornando evidente devido ao comportamento das crianças, que, desde pequenas, apresentam grande dificuldade de socialização e extrema timidez.

Entre as características das pessoas com Asperger estão inteligência e atenção específicas, além de habilidades especiais, comumente associadas à eletrônica e à informática. Os comportamentos dos "aspies" (como se chamam entre si os que sofrem dessa síndrome) apresentam traços de comportamento similares aos das pessoas com fixação ocular. Geralmente são vistos como "seres esquisitos" na escola e frequentemente se tornam vítimas de *bullying* (humilhação física e psicológica, promovida por colegas de escola), o que acentua ainda mais suas dificuldades de socialização.

Biopatias

O segmento ocular é formado pelo sistema nervoso, olhos, pele, audição e olfação, originários do folheto embrionário ectoderma, que pode sofrer o efeito do estresse durante a gestação, no parto e nos primeiros dias de vida. Quando o desenvolvimento é atingido de modo leve na gestação, no nascimento ou nos primeiros meses pós-parto, é comum surgirem as biopatias oculares.

Nos olhos ocorrem os erros de refração (miopia, hipermetropia, estrabismo, astigmatismo). Nas áreas auditiva e olfativa, nessa fase, temos biopatias como otites e rinites. As biopatias da pele mais comuns são eczema, urticária, psoríase, dermatite, herpes e alopecia. Entre as doenças degenerativas do sistema nervoso, podem-se desenvolver Mal de Parkinson, Mal de Wilson, Esclerose de Placa. Também ocorrem cefaléias constantes, pólipos do nariz, sangramentos nasais e crises de vertigem, principalmente.

Na Adolescência ou na fase adulta, situações de estresse contínuo podem desencadear essas doenças, se as mesmas já não estavam presentes desde a Infância.

QUESTÕES PARA ESTUDO E REVISÃO

1. Descreva, livremente, sobre a importância da primeira fase do desenvolvimento, segundo a abordagem reichiana.
2. Que órgãos estão associados ao segmento ocular?
3. De que modo o estado emocional da mãe pode causar problemas graves no desenvolvimento do bebê em gestação? Existem outros fatores que interferem no surgimento dos problemas congênitos?
4. Quando se forma o temperamento? Descreva também o que caracteriza o temperamento e em que época da vida sua manifestação é predominante.
5. Quais características podem surgir em uma pessoa que teve fixações nessa fase?
6. Quais psicopatologias graves podem surgir, como consequência de problemas de desenvolvimento na gestação, no parto e nos dez primeiros dias de vida?
7. Quais são as biopatias mais leves e comuns que revelam algum tipo de problema com o segmento ocular?
8. Descreva a suscetibilidade emocional da mãe durante a gestação. O que acontece com ela?
9. O que ocorre com o pai durante a gravidez de sua mulher?
10. O que caracteriza o parto humanizado? Por que, nessa conduta com o nascimento, não se faz o corte precoce do cordão umbilical? Quais os benefícios de tal prática?
11. O que são as *doulas* e qual o seu papel junto às gestantes?

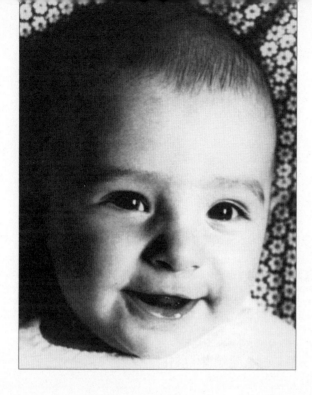

"O contato
é vital para
o desenvolvimento
e até mesmo para
a vida em si.
É possível que
uma pessoa impedida
de entrar em contato
com outro ser vivo
não consiga mais
sobreviver."
Elsworth Baker

2 ■ PERÍODO DE INCORPORAÇÃO
DO NASCIMENTO AOS DEZOITO MESES

CONFIANÇA BÁSICA
AFETIVIDADE, FÉ E
RECONHECIMENTO

Os primeiros anos na vida de uma pessoa são fundamentais, os mais formativos e decisivos para o desenvolvimento emocional, pelo simples fato de serem os primeiros anos. É o momento em que a maturação biológica coloca em atividade diversos órgãos e funções, o neocórtex está em formação e, ao mesmo tempo, o desenvolvimento desenha seu cerne psicológico.

A influência das fases iniciais é incalculável. Elas sustentam os degraus de todo o ciclo vital. Os primeiros anos de vida formam o alicerce da estrutura psíquica e a experiência básica de autorregulação. Inicialmente, os vínculos essenciais se estabelecem com a mãe, que se encontra especialmente sensibilizada pelo processo gestacional. Em seguida, gradualmente, o pai se torna uma figura de prazer e vinculação.

Como já vimos no capítulo I, os três primeiros anos da Infância fazem parte de um *período precioso e sensível* no desenvolvimento do cérebro, pois, além das importantes aptidões que amadurecem nesse momento, a intensa produção de sinapses necessita que a criança receba afeto e estabeleça contatos estimulantes com outras pessoas, para que as conexões neurais formem redes e se estabilizem.

Em suas pesquisas sobre o efeito dos afetos no cérebro, Shore (2000) identificou que, além das condições físicas, o desenvolvimento neurológico inicial também é moldado pelo ambiente social da criança. Uma ligação forte e segura com o cuidador parece ter uma função biológica protetora, resguardando a criança dos efeitos do estresse.

Interações como a de prestar atenção aos humores dos pequenos (agitado ou calmo) e saber quando eles precisam mais de conforto do que de estimulação, por exemplo, ajuda no desenvolvimento da autorregulação do lactente. A mãe, devido à sensibilidade aguda desenvolvida durante a gestação, percebe claramente os estados emocionais e as necessidades do bebê.

> *Realmente há grande evidência de que o tipo de cuidado que os bebês recebem, as ligações que eles formam com seus principais cuidadores, poderá ter um efeito decisivo em suas capacidades regulatórias, particularmente em sua habilidade emergente para demonstrar e regular emoções. (Shore, 2000, p.66)*

Psicologicamente, quando o processo inicial é marcado por faltas ou excessos significativos, a criança avança nas etapas da vida com fixações nesses estágios primários, o que significa que ela ficou retida em algum modo de obter satisfação com características bastante regressivas.

A Mãe Âncora e o Temperamento do Bebê

Nessa etapa, a carga de excitação vital é alta e há uma concentração na região da boca, dando início à fase oral. O bebê explora o mundo com a boca e necessita de uma quantidade ótima de estímulos para obter saciedade e relaxamento. Assim também exercita seus maxilares e fortalece suas mandíbulas, essenciais ao processo de desenvolvimento posterior, quando morder e falar serão basilares.

A carga pulsional é extraordinária no primeiro ano de vida, igualada apenas ao período de identificação da fase genital infantil (fálico) e à puberdade. A criança depende da ancoragem da mãe, ou de seu cuidador, para canalizar a intensidade de suas pulsões vitais. É o *período de incorporação*, em que o bebê assimila o mundo ao seu redor.

A *mãe suficientemente boa,* como descrevia Winnicott (capítulo II), é uma espécie de porto seguro, em que o bebê aporta sua intensa e dispersa energia vital em pulsação. Se a mãe contar com o apoio do parceiro e de familiares, terá serenidade para desenvolver uma maternidade suficiente. Os nove meses de gravidez lhe prepararam, emocionalmente, para sentir o que o bebê sente. Ela sabe, com as entranhas, do que ele necessita.

Trata-se de uma *mãe âncora,* que, por meio do contato corpóreo e amoroso, delineia e delimita um caminho por onde as pulsões do bebê podem ser descarregadas, em direção ao desenvolvimento da autorregulação. Segundo Winnicott (1979 [1960], p.42), "o bebê existe somente por causa do cuidado materno, com o qual forma uma unidade".

No período de incorporação (oral) a criança necessita de nutrição alimentar e afetiva, sensibilidade e cuidados. Quando a mãe dá o seio (ou a mamadeira) de má vontade, com pouco contato afetivo ou ansiedade em terminar a tarefa, seu filho incorpora essa experiência. Isso não possibilita que o bebê desenvolva confiança básica e nem mesmo a capacidade de relaxar completamente após a descarga da excitação oral.

Tal falta vai gerar a fixação oral. Nas fases seguintes e na vida adulta, a pessoa mostrará a tendência de buscar primeiro e excessivamente os prazeres orais (comer, fumar, beber e falar em demasia), além de revelar passividade, dependência e depressão. Provavelmente desenvolverá características temperamentais e oscilações de humor. É comum que a criança oral, já no primeiro ano de vida, busque compensar suas necessidades insatisfeitas com o desenvolvimento precoce da fala e do andar.

O modo como os pais reagem ao temperamento do bebê é outro ponto delicado dessa etapa. Algumas crianças são tranquilas, e outras revelam um temperamento difícil, inquieto e constantemente irritado, o que desestabiliza emocionalmente os adultos.

O *temperamento difícil* não é destino, como pensam muitos pais e cuidadores ao rotularem o bebê de *chorão, problemático e difícil*. Essa característica, embora inata, não significa que a criança será uma pessoa difícil vida afora. A presença *âncora* da mãe, capaz de absorver a impulsividade e a reatividade temperamental, possibilita o processo de autorregulação da criança, o que levará alguns anos para se completar.

O que é problemático e bastante comum, no caso dos lactentes com temperamento difícil, é o fato de os pais reagirem com incômodo ao temperamento irritado da criança. O bebê acaba recebendo a agressão ou a pesada carga emocional dos pais. Essa rejeição violenta de seus cuidadores – e não o temperamento manifesto da criança – é o que poderá torná-la uma pessoa de gênio difícil ou problemática e revoltada.

O desamparo afetivo nos primeiros nove meses de vida, segundo Navarro, é um dos importantes geradores de personalidades limítrofes, conhecidas como *borderline*, fixadas no temperamento. Como já estudamos anteriormente, o núcleo psicótico pode ser gerado na gestação, mas também nos primeiros momentos de vida, quando a chegada ao mundo extrauterino for traumática. Se na fase oral a vinculação do bebê for insegura, poderá desenvolver-se um núcleo depressivo, com transtornos de humor/distimia.

As pessoas com traços limítrofes ou personalidade fronteiriça não são psicóticas, mas transitam no limite entre a psicose e a neurose, apresentando os dois tipos de comportamentos. Elas avançam em seu desenvolvimento e seguem sua vida normalmente, porém suas reações são temperamentais. Diante de demandas estressantes da vida, em especial as de ordem afetiva, tendem ao desequilíbrio emocional.

Em termos de desenvolvimento cognitivo, essa etapa corresponde ao *período sensório-motor* identificado por Jean Piaget, autor que pesquisou profundamente a conduta da criança na construção do conhecimento. Segundo o pedagogo (2006[1964]), a formação do pensamento infantil nesse estágio se dá na relação direta com os objetos e o ambiente, por meio das sensações vindas de sua ação e do contato com o que pega, sente e percebe.

Tal estágio, também conhecido como *Fase de Anomia* (sem normas), segundo Piaget, avança do nascimento até os vinte e quatro meses, em média, mais propriamente até a aquisição da linguagem. É a etapa em que a criança busca adquirir controle motor e quer apreender os objetos físicos que a rodeiam. O bebê adquire conhecimento por meio de suas próprias ações, que são controladas por informações sensoriais imediatas.

O Primeiro Ano – Alegria/Depressão

É fascinante o que acontece no primeiro ano de vida do bebê. Com extraordinária rapidez, o frágil ser se transforma em um menininho ou uma menininha, que já começa a caminhar, falar e buscar contato e autonomia. Entretanto, como vimos no capítulo I, é necessário um útero psicológico para que o cérebro possa concluir sua formação, e o desenvolvimento inicial não seja comprometido.

O primeiro ano de vida é o mais suscetível entre todos. Nos primeiros meses ocorrem registros essenciais de afetividade, vínculo e confiança primordial da criança em relação aos seus cuidadores e, por consequência, de fé na vida, em si mesma e no outro. A condição depressiva, que assola a Humanidade, já configura seu programa negativo no primeiro ano de vida de uma pessoa, embora geralmente esse quadro se torne nítido somente a partir da puberdade.

Nos primeiros seis meses, o bebê não separa o seu interior da realidade externa. Ele e sua mãe formam uma unidade, um único corpo. Episódios de descuido, abandono e falta de afetividade podem comprometer seriamente o desenvolvimento psicoafetivo e, também, o cerebral.

A descoberta de que, nessa idade, a formação do cérebro é tão rápida e extensiva surpreendeu até mesmo os neurobiologistas, enquanto realizavam pesquisas com bebês, usando medidas metabólicas de glicose e exames por tomografias, na Universidade de Wayne, nos Estados Unidos.

Segundo Harry Chugani, do Hospital Infantil de Michigan, o cérebro do recém-nascido se encontra quase que totalmente em estado subcortical, ou seja, quase sem córtex cerebral. Essa parte do cérebro, responsável por funções cognitivas complexas como a linguagem e a orientação espacial, está relativamente dormente no nascimento. Porém, em apenas um ano, já estará completamente transformada:

> *Na época do primeiro aniversário do bebê, o seu cérebro, o mesmo que no nascimento era quase sem córtex, já atingiu um estado altamente cortical. Mas o córtex não é a única região do cérebro a amadurecer rapidamente. Tomografias mostram que, na idade de um ano, o cérebro de um bebê lembra, qualitativamente, o de um jovem adulto normal. (Shore, 2000, p. 56).*

Os pesquisadores contemporâneos têm comprovado a importância dos vínculos afetivos nos primeiros momentos da vida, quando o bebê incorpora o olhar e o corpo da mãe, com seus cheiros, calores e acolhimento. É quando a pele, os olhos, o sistema nervoso, a audição, o olfato e o paladar se fundem no encontro com o seio farto da mãe e ali podem repousar.

O professor de Pediatria e Psiquiatria Stanley Greenspan (1999) relata que as regiões do cérebro relacionadas à regulação emocional, interação e sequenciamento (córtex pré-frontal) apresentam um aumento de atividade metabólica durante a segunda metade do primeiro ano de vida. Nesse período, os bebês são envolvidos em interações mais recíprocas, revelando uma inteligência maior e ações de escolher e procurar objetos escondidos.

Recentemente se comprovou, também, que, para fazer conexões com a utilização de um fator neurotrópico, os neurônios devem ser ativados pela experiência.

> *A experiência pode estimular alterações hormonais, como, por exemplo, o toque suave pode liberar hormônios de crescimento e hormônios do tipo oxitocina, que parecem fomentar processos emocionais fundamentais como afiliação e proximidade. (Greenspan, 1999, p.25)*

David Boadella (1974), em *Tensão e Estrutura do Caráter – Uma Síntese de Conceitos*, observa que Freud acreditava que a fase oral era o primeiro estágio do desenvolvimento. Boadella diz que já ocorreu uma considerável discussão sobre o assunto e cita o clássico estudo sobre vinculação (attachment) de John Bowlby. Em sua *Teoria do Apego*, Bowlby diz que muitos psicanalistas erraram ao relacionar a fase oral apenas com a alimentação, acreditando que os vínculos primários viessem da necessidade de comida, observa Boadella.

> *A vida emocional da criança não é tão afetada por uma alimentação periódica quanto o é pela disponibilidade do toque. (...) A ênfase dada por Reich e seus seguidores na primazia do contato entre mãe e criança, sobre características especiais da relação oral é totalmente coerente com as descobertas da etologia moderna. (Boadella, 1974, p.5)*

Assim como Reich, Winnicott também compreendeu que a relação afetiva é essencial na integração entre corpo e psique e deu ênfase ao papel materno na preservação da saúde física e emocional dos bebês. O pediatra assinalou as graves consequências da interrupção na comunicação psique-corpo, tanto na constituição da identidade quanto na formação psicossomática.

Para ele (1978 [1931]), por exemplo, "a asma é um excesso de excitação que fica acima da capacidade de descarga" (p.87), e as doenças de pele, como os eczemas e as dermatites atópicas, estão diretamente associadas às interferências na integração biopsicológica.

Uma das teses defendidas por Winnicott é que a mulher – a não ser que esteja psicologicamente doente – se prepara para a tarefa bastante especializada de ser mãe durante os últimos meses de gravidez, mas gradualmente volta ao seu estado normal nos meses que se seguem ao nascimento.

Enquanto ela está sensível, ocorre a "preocupação materna primária, estado em que a mãe se torna capaz de colocar-se no lugar do bebê" (p. 30), ressalta Winnicott. Isso significa que ela desenvolve uma capacidade surpreendente de identificação com seu filho, o que lhe possibilita ir ao encontro das necessidades básicas do recém-nascido, "de uma forma que nenhuma máquina pode imitar e que não pode ser ensinada" (p.30).

Integração Ocular e Oral

O processo de desenvolvimento pode ser simbolizado por uma escada. Cada degrau é uma fase a ser vencida. Inicialmente, a criança sobe os degraus da vida apoiada pelas mãos de seus pais ou cuidadores, até que consiga vencer os desafios dos degraus iniciais. Nas primeiras etapas, a mãe é mais do que um apoio, ela é o próprio chão onde o bebê dá os primeiros passos. Ela provê a sustentação e a vinculação de que o bebê necessita.

A mãe, ou o cuidador substituto, é a exata representação do mundo em que a criança aportou. A sensibilidade e a qualidade desse contato tonalizam os registros orais de amparo ou desamparo, aceitação ou rejeição. A proximidade do pai é a confirmação de que a vida poderá ser confiável e segura.

A criança necessita de um útero psicológico, de bons vínculos e de contato corporal com o cuidador, além de boa alimentação e cuidados com a saúde física. Essa primeira percepção do mundo se dá pelo segmento ocular (olhar, audição, olfação, pele e sistema nervoso).

Durante cerca de nove meses após o nascimento, os telerreceptores estarão em sensível formação, enquanto registram as primeiras impressões do mundo. Paralelamente, a fase oral vai assumindo a primazia.

A energia vital, que emerge do fundo do organismo, agora se torna objetal, pois é direcionada a um objeto, ou seja, o seio e o corpo da mãe, estabelecendo contato e vinculação. Além de olhos, pele, ouvido e nariz, também a boca e os órgãos circundantes se transformam em uma zona carregada de excitação, extremamente sensível e ansiosa de ser satisfeita.

A descarga dessa excitação (tensão) se dá pela amamentação, e também pelo contato fusional do bebê com o calor do corpo da mãe ou do cuidador substituto. Ao mesmo tempo em que o anseio oral busca satisfação e relaxamento, a estimulação gesta a funcionalidade dos órgãos. Como se diz dentro da abordagem reichiana, *a função cria o órgão*.

O desenvolvimento paralelo dos segmentos ocular e oral possibilita a integração funcional de órgãos associados, os olhos e a boca, e sua representação biopsicológica de contato e segurança emocional. Em torno do primeiro ano de vida, aos poucos, o bebê vai dar os primeiros passos e falar as primeiras palavras, o prenúncio da autonomia que se desenvolverá a partir da etapa de produção (anal).

Segundo Navarro (1995), aos nove meses (período do engatinhar), começa a formação do caráter, exatamente quando inicia a atividade neuromuscular intencional e se verifica a passagem da motilidade à mobilidade.

> *Esse é o momento em que se inicia a formação do caráter, que já encontra na muscularidade do recém-nascido, muito frequentemente, potencialidades psicopatológicas induzidas pela intensificação de determinados aspectos do temperamento, difíceis de resolver.*
> (Navarro, 1995, p. 14)

Os aspectos temperamentais irão influir na formação inicial do caráter e poderão ter ressonâncias na etapa final de estruturação da personalidade. Quando a personalidade é madura, ela consegue administrar a impulsividade e a reatividade do temperamento, observa Navarro (1995). Porém, se é imatura, terá maiores dificuldades em lidar com os ímpetos temperamentais:

> *A temperalidade pode ser prevenida, mas não corrigida, enquanto o caráter pode ser modificado e ser o único instrumento apto a administrar ou controlar o temperamento. (Navarro, 1995, p. 9)*

Segundo Baker (1980 [1967]), aluno de Reich, os estágios oral e genital têm uma importância particular. Somente a boca e os genitais são capazes de dar início às convulsões orgásticas, provavelmente pelo fato de essas duas zonas erógenas darem margem ao contato e à superposição com outro organismo.

> *O contato é vital para o desenvolvimento e até mesmo para a vida em si. É possível que uma pessoa impedida de entrar em contato com outro ser vivo não consiga mais sobreviver. (Baker, (1980 [1967]), p. 47)*

Em torno dos dezoito meses, o autoerotismo ganhará também o prazer do autocontrole. No período de produção (fase anal), a autonomia se revelará por meio de um crescente domínio corporal do bebê ao correr, falar, comer, colocar os sapatos, entre outras habilidades que ele aprende rapidamente e que – orgulhosamente – aprecia mostrar aos pais.

SUBFASES ORAIS: DE SUCÇÃO E AGRESSIVA

O *período de incorporação* (oral) se divide em duas subfases: a *primária*, de sucção (até os nove meses, em média) e a *secundária*, agressiva, que inicia quando o bebê começa a morder. O primeiro dente rasga a gengiva em torno dos sete meses de vida, em média. Aos nove meses, em geral, os bebês já têm dois ou três dentinhos. No entanto, a dentição de alguns bebês pode demorar bem mais e de outros pode se antecipar aos primeiros seis meses de vida.

Oral primária: de sucção

Logo após o nascimento inicia a subfase oral de *sucção*, quando o bebê começa a mamar. Em termos psicológicos, corresponde ao período de relações afetivas simbióticas, etapa de fusão total da criança com a mãe ou o cuidador substituto. Nessa fase, ela não discrimina o mundo experimentado do mundo de suas fantasias. Se as coisas que recebe são boas, sente-se bem. Esse registro marcará sua autoestima.

O mundo interno do bebê se forma a partir das primeiras experiências de contato e prazer com a mãe e os cuidadores. Se o que ele incorporou é bom, se a mãe é *suficientemente boa*, a criança vai-se vincular profundamente a ela, desenvolvendo apego seguro e confiança. Além da amamentação, o contato com o calor do corpo da mãe é essencial.

Segundo Winnicott (2006 [1988]), muitos bebês necessitam de um tempo antes de mamar. "Quando encontram um objeto não vão querer, necessariamente, transformá-lo de imediato em uma refeição" (p.56), dizia ele. Os pequenos querem explorar o seio com boca e mãos e talvez prendê-lo em suas gengivas. Ocorre, nesse processo, uma gama de sensações, de acordo com a mãe e o bebê, observa o pediatra.

Se a satisfação oral e afetiva não for suficiente, a falta tende a gerar na criança uma permanente expectativa de ser atendida e cuidada. Os desejos não satisfeitos se conservam com a fixação em um estado carencial. O desenvolvimento emocional prossegue, mas os pequenos ficam emocionalmente frágeis.

Uma característica da fixação nessa subfase é que a pessoa busca estar sempre fundida com os outros. Ficar sozinha lhe é difícil, mesmo que por pouco tempo, inclusive na fase adulta. Ela poderá criar necessidades dramáticas, físicas e emocionais, para receber a atenção especial que não recebeu na fase oral, buscando ser sustentada por alguém e mantendo assim sua dependência.

A oralidade insatisfeita, quando acentuada, poderá gerar uma estrutura de tipo *borderline*, com mecanismos de defesa psicóticos, como observa Navarro (1996). Os comportamentos da fixação oral da primeira fase são claramente temperamentais, segundo o neuropsiquiatra.

Fase oral secundária: agressiva

Aos nove meses, geralmente, o bebê já está na fase oral agressiva, marcada pelo início da dentição. Desde os seis meses, ele já tem a percepção do objeto inteiro (mãe inteira) e descobre que os dois não são a mesma pessoa. Em seguida, os dentes chegam rasgando as gengivas, provocando dor, febre e angústia.

Os dedos e tudo o que estiver por perto será levado à boca e mordido. O bebê morde e começa a perceber que pode machucar e destruir com o seu morder. O seio da mãe se retrai com as mordidas, e os alimentos começam a substituir parte das mamadas. Com nove meses de vida o bebê *bebedor* se transforma em *comedor*, segundo Navarro (1996).

Esse é um processo adaptativo, quando a criança entra em contato com sua força ativa, que contém a agressividade necessária para seu ingresso no mundo. Se a mãe não revelar disposição amorosa para ancorar essa agressividade – natural e fundamental ao desenvolvimento futuro de seu filho –, o bebê poderá sentir que sua agressão oral é rejeitada.

Se a dor e a angústia se tornarem maiores que o amor e o prazer, ele poderá ficar fixado nessa etapa, que a Psicanálise chama de *sádico-canibal*. Mais uma vez, a mãe necessitará ser suficientemente boa para acolher a agressividade oral do bebê, que não tem a intenção de ferir o outro, mas apenas se manifesta, intensamente. Aos poucos, o bebê vai percebendo que sua agressão pode ferir a mãe e passa a preservar o seio.

Se a mãe e o pai forem amorosos e compreensivos, a criança vai passar por essas questões confiante e segura. Afinal, ela não perdeu a mãe com sua agressividade nem incorporou modos de apego associados à destruição. A fase oral terminará em alguns meses. E isso se dará naturalmente, porque a mãe, o pai e o cuidador ancoraram uma altíssima carga de pulsões vitais ainda sem direção. Assim, o desenvolvimento avança, com êxito.

Porém o percurso será outro se durante a fase oral o bebê passar por sucessivos desapontamentos, como, por exemplo: a falta de contato afetivo com a mãe, a falta de atenção às suas necessidades, um desmame abrupto e inadequado, a vinda repentina de um irmão, fato que lhe tira o *reinado,* o afastamento abrupto da mãe por problemas emocionais, ou ainda causas maiores como internações hospitalares, acidentes e mortes. Nesses casos, provavelmente essa criança apresentará, nas fases seguintes e no período adulto, traços de melancolia, baixa autoestima, isolamento, medos irracionais, raiva de si e do mundo.

Incorporando o Bom e o Mau

Durante a fase oral o mundo é percebido, incorporado e descoberto pela boca. É um tempo em que o bebê se relaciona com o mundo de modo incorporativo, como já vimos. Ele não está passivo como parece. Está receptivo, absorvendo tudo o que acontece com a mãe e com o ambiente próximo. "A criança ama com a boca, e a mãe ama com o seio", diz Erik Erikson (1976 [1968], p.98).

Nessa etapa, a criança necessitará, além de cuidados, da presença autêntica de seus cuidadores (detalhes no capítulo II). São eles que criam os meios para que os vínculos vitais possam-se consolidar. É um período de muitas necessidades e intensa vinculação, quando cabe aos pais um maior investimento pessoal de dedicação e atenção à criança.

Selada a confiança primordial entre o bebê e sua mãe, ou o cuidador substituto, a criança terá meios de avançar – em segurança – para novos estágios do desenvolvimento. Através do apoio e do incentivo dos pais, o bebê desejará tornar-se cada vez mais independente.

Alexander Lowen (1977), aluno de Reich e criador da Terapia Bionergética, compara a fase do bebê em amamentação ao fruto que está amadurecendo em uma árvore. Ele diz que no estágio oral a criança só é menos dependente de sua mãe que o embrião ou o feto.

Podemos logicamente comparar o bebê em amamentação com o fruto amadurecendo na árvore, diz ele.

> *Ocorre com o fruto uma separação natural, quando está completamente maduro. Cai, então, ao chão a fim de empreender uma existência independente, enraizando-se na mãe terra. É somente o fruto imaturo que apresenta uma resistência à sua separação da árvore. Certamente, a combinação de satisfação oral com certa reconfortante garantia de segurança é considerada a condição ótima para a criança. (Lowen, 1977, p. 173)*

Entretanto, quando os pais querem que a criança seja independente antes do tempo – antes *de o fruto estar maduro* – poderão provocar um resultado inverso: a fixação na fase oral por falta de segurança básica, gerando traços de dependência. Essa insegurança deixa marcas profundas, fazendo com que o nascimento da autonomia, característica da fase seguinte (período de produção/anal) também seja comprometido.

O mesmo ocorre quando a mãe continua excessivamente apegada ao bebê, mesmo depois que ele chegou aos dezoito meses e inicia o seu lento processo de emancipação. Em tais casos, ela impede o crescimento emocional da criança, fazendo do vínculo uma dependência, gerada por excesso. No início da fase oral, o bebê necessita da vinculação total com seu cuidador, mas já no final desse período, quando começa a caminhar, precisa que a mãe incentive sua emancipação e a separação gradativa do estado fusional entre os dois.

Segundo a psicanalista de crianças Melanie Klein (1981 [1948]), nos primeiros quatro/cinco meses de vida o bebê experimenta a *posição esquizo-paranoide*, quando predominam impulsos destrutivos e angústias persecutórias. Na etapa seguinte, ele ingressa na *posição depressiva*, quando descobre que ele e a mãe não são a mesma pessoa. Os impulsos sádicos e as fantasias persecutórias então se reduzem, observa Klein. "O amor e o ódio então se unem em sua mente e isso produz angústia, por temor de que o objeto, tanto interno quanto externo, seja danificado ou destruído" (p.14).

Para os reichianos, como vimos no texto final da fase gestacional, a agressividade natural dos primeiros meses de vida não é compreendida como impulsos destrutivos ou sádicos, a *pulsão de morte* segundo Freud e Klein. Ao contrário, as pulsões são intensas porque a carga vital no primeiro ano de vida é altíssima. Essas pulsões ainda não foram reguladas, o que poderá ocorrer por meio do contato corpóreo e afetivo entre o bebê e a mãe.

Nesse sentido Winnicott e Reich caminharam na mesma trilha. Eles defendiam que a mãe já sabe – com suas entranhas – do que o bebê precisa no processo de integração psique-corpo dos primeiros meses de vida. Para os reichianos, um lactente dessa idade não tem impulsos destrutivos e nem sente culpa de suas pulsões vitais. Ao contrário, o impulso expresso pelo corpo do bebê de modo espontâneo irá de encontro ao meio e, se esta experiência for vivida com prazer, estimulará o desenvolvimento.

Para que isso ocorra, a mãe deve estar em contato com sua capacidade de maternagem. É ela quem acolherá o bebê e o ajudará na autorregulação de suas intensas pulsões vitais.

> *Com o passar do tempo, constatamos que o seio bom é um jargão que, de modo geral, significa uma maternidade e uma paternidade satisfatórias. Como uma evidência dos cuidados prestados ao bebê, podemos dizer, por exemplo, que o ato de segurá-lo e manipulá-lo é mais importante, em termos vitais, do que a experiência concreta da amamentação. (Winnicott, 2006 [1988], p.21)*

Wilfred Bion também enfatizava a importância da maternagem em seu conceito de *rêverie* (estado de abertura para receber completamente a pessoa amada). Ele destacava a capacidade incondicional da mãe de absorver as pulsões agressivas de seu bebê, desintoxicá-las e devolvê-las ao filho na forma de afeto e cuidados.

Confiança e Reconhecimento Mútuo

Na Teoria Psicossocial de Erik Erikson, como já vimos na abertura do capítulo III, as crises normativas de cada estágio contribuem para a formação da identidade. Erikson acrescentou às fases psicossexuais de Freud um olhar psicossocial. O princípio epigenético, originário da Embriologia, norteou a sua compreensão de desenvolvimento em todo o ciclo vital.

Para Erikson (1976[1968]), tudo o que cresce tem um plano básico, e a partir dele se erguem as partes, tendo cada uma delas o seu próprio tempo de ascensão, até que todas tenham surgido para formar o todo do funcionamento.

> *Para que um ego global e sadio se estruture, várias partes devem se desenvolver de modo sequencial. Essas partes constituem as forças do ego, que se consolidam através de oito estágios. Em cada fase, há um foco particular em um dos aspectos essenciais do desenvolvimento humano. (Erikson, (1976[1968]), p. 92)*

Erikson mapeou as crises normativas de oito estágios evolutivos durante o ciclo vital. Depois de sua morte, nos anos 90, uma nova edição do livro *O Ciclo de Vida Completo* foi lançada, com a inserção do nono estágio, referente à crise das pessoas com mais de oitenta e cinco anos. O capítulo foi escrito pela psicanalista Joan, sua mulher e parceira de trabalho, e se refere aos dilemas emocionais das pessoas que não têm mais autonomia em seus movimentos corporais.

A primeira aptidão que se configura no desenvolvimento psicossocial é a confiança primordial, que Erikson chamou de *confiança básica*. Até os dezoito meses, o bebê será estimulado a crescer por meio da confiança na mãe, no pai e em seus cuidadores. Movido por isso, ele começa a andar e a se emancipar. É o período em que nascem a aptidão da autoconfiança e o sentido de fé na vida, na própria espécie e em si mesmo.

O *reconhecimento mútuo* é outro aspecto importante dessa fase de chegada ao mundo. Ser percebido pelo outro e, também, vê-lo como ser humano, pessoa, alguém íntimo e afetivo é basilar para o reconhecimento humano e o desenvolvimento de autoestima.

Segundo Humberto Maturana (2006), criador da *Biologia do Amor*, a criança se reconhece como ser humano a partir das emoções transmitidas pelo reconhecimento mútuo. "O emocionar adquirido no crescimento em relação aos pais, aos outros adultos, às outras crianças e ao mundo não humano circundante gera a qualidade do espaço relacional, o modo de viver a intimidade" (p. 12). Esse emocionar não pode ser ensinado. Ele é assimilado pela experiência direta.

A partir do contato corporal com a mãe, da conversação estabelecida entre ela e o bebê, da convivência de aceitação e confiança mútua, é que a criança assimila o emocionar e o modo de se relacionar humano. Segundo Maturana, essa experiência primitiva é o que a pessoa passará a reproduzir em suas relações humanas pelo resto de sua vida.

O reconhecimento mútuo e a confiança infantil se dão por meio da experiência de dependência e da certeza de que as necessidades básicas serão supridas. Erikson (1998 [1997]) dizia que felizes são os bebês que chegam ao mundo com bons genes, pais amorosos e, inclusive, avós que se relacionam com eles entusiasticamente e os apreciam imensamente. "Precisamos reconhecer o fato de que sem uma confiança básica o bebê não pode sobreviver" (p.90), dizia ele.

> *Embora a sobrevivência seja difícil sem um mínimo de desconfiança para nos proteger, a desconfiança pode contaminar todos os aspectos das nossas vidas e nos privar de amor e companheirismo com os seres humanos. (Erikson, 1998, p. 90)*

A confiança se conforma a partir da qualidade do contato afetivo da mãe com o bebê e dos bons cuidados dos pais e cuidadores, com oferta adequada de alimento, afeto, atenção e estímulo. A relação significativa dessa fase é com pessoas maternais, aquelas que oferecem boa maternagem (ou paternagem) à criança.

Quando o bebê chega a uma resolução sadia da primeira crise normativa, *Confiança X Desconfiança,* dentro dele predominará a confiança, que fornece a força necessária e o sentido de esperança e fé na continuidade do seu desenvolvimento.

O aspecto patológico dessa etapa é a instalação de um forte registro de *desconfiança.* Ocorre quando o bebê não encontra respostas às suas necessidades essenciais de vinculação e sustentação. Embora, como observa Susan Cloninger (1999 [1996]), seja impossível que o sentido de desconfiança não venha a se desenvolver em alguma medida:

> *Um montante de desconfiança básica é inevitável, até porque nenhuma provisão parental pode ser tão confiável quanto o cordão umbilical. Ao mesmo tempo, ela também é necessária para a futura adaptação do bebê ao mundo. (Clooninger, 1999, p. 154).*

Um tanto de desconfiança, entretanto, tem o valor de estimular o desenvolvimento e preparar os pequenos para lidar com o mundo. Porém, se a desconfiança for maior que a confiança, a criança poderá iniciar sua vida com defasagens de baixa autoestima, medo, depressão, descontrole emocional e negatividade.

A pessoa que teve problemas graves em seu desenvolvimento inicial, na gestação ou no início da vida, pode revelar dificuldades em dar e receber afetos. A sua tendência será o isolamento, embora necessite e queira se vincular afetivamente. Ou, então, poderá desenvolver um modo de amar que deseja apenas receber e não sabe dar, com comportamentos de onipotência que contrastam com o estado carencial manifesto.

Afetividade, Mãe e Pai

No primeiro ano de vida ocorrem os primeiros registros de afetividade no ser humano. A alegria e os afetos se formam por meio da satisfação gerada pelo vínculo seguro. São aprendizados primais que embasam a referência interna de humanização, segundo René Spitz (1979), psicanalista e pesquisador sobre a Infância Inicial. A condição amorosa da mãe/cuidador levará a criança a reconhecer-se, comportar-se e respeitar-se como humana.

> *Os primeiros dezoito meses de vida são de extraordinária importância para o desenvolvimento psicológico posterior. Constituem os passos pré-humanos no caminho da humanização. (Spitz, 1979, pg.63)*

A expressão *mãe suficientemente boa* nasceu da alma afetiva de Donald Winnicott (2006 [1988]), em suas pesquisas sobre a relação mãe-bebê. Esse conceito torna-se uma orientação para pais e cuidadores. A estrutura da própria casa em que o bebê passará sua Infância também precisa ser *suficientemente boa*.

Para Winnicott, a *adaptação ativa da mãe*, absoluta no início da vida do bebê, é decorrência do estado psicológico especial vivido durante a gravidez. A mãe oferece segurança, tranquilidade e faz seu bebê sentir-se protegido e seguro, sendo sustentado de maneira calorosa e firme.

O sustentar suficientemente bom traz benefícios surpreendentes ao desenvolvimento do bebê. Todavia a revivência materna dos cuidados infantis recebidos na sua própria Infância, e gravados na memória corporal, estará presente no modo como a mãe interpretará os sinais que capta, tanto do bebê quanto do seu mundo interno, e como responderá a eles.

> *A razão pela qual esta característica especial dos cuidados aos bebês deve ser mencionada, mesmo resumidamente, é que angústias muito fortes são experimentadas nos estágios iniciais do desenvolvimento emocional, antes que os sentidos estejam organizados, e antes que ali exista algo que possa ser chamado de um ego autônomo. (Winnicott, 2006 [1988], p. 31)*

O *pai suficientemente bom* é uma analogia, uma apropriação da expressão original de Winnicott. Porém é uma expressão que pode ser aplicada também ao homem do nosso tempo, que exerce o papel e a função de cuidar do filho, de um modo mais afetivo e materno do que ocorria antigamente.

O pai é uma figura importante na vida do bebê e, também, da gestante e da mãe de uma criança pequena. Inicialmente, na gestação e nos primeiros meses de vida, ele auxiliará no desenvolvimento sadio de seu filho, apoiando emocional e fisicamente a mãe. Muitas vezes, também estará no papel de mãe e poderá desenvolver uma *boa paternagem*, estando presente, atento e suficientemente bom.

A partir dos três meses, cresce a importância da presença direta do pai em relação ao bebê. Além de ser um importante vínculo, a sua presença será decisiva no futuro processo de desmame. O pai é também uma figura de prazer e ajudará o bebê a conhecer outras formas de satisfação e novas experiências, por meio de brincadeiras, cuidados e trocas afetivas.

Objeto Transicional

Winnicott pesquisou a importância do *objeto transicional*. Trata-se de um objeto que tem sentido psíquico para o bebezinho, que traz conforto emocional e afago. Muitos objetos são significativos e de grande importância durante a Infância Inicial: ursinhos, paninhos, travesseiros macios e pequenos, fraldinhas, ou outro objeto macio e com cheiro de mãe que a criança escolhe, apega-se e usa para dormir, ou ainda como conforto quando chora.

O objeto transicional não deve ser substituído, nem lavado, a não ser que a criança o faça. É importante que ele seja preservado, até que os pequenos se desfaçam dele. Às vezes, ele é guardado até a fase adulta, como uma memória infantil. Ao entrar na escola, a criança tende a deixá-lo de lado, mas, diante de qualquer crise, poderá retornar a ele, pontualmente, como símbolo de segurança e afeto.

Se os pequenos se apegam a esse objeto de modo excessivo é porque estão substituindo algum modo de contato afetivo. Durante a Segunda Guerra Mundial, Winnicott atuou como pediatra em centros que acolhiam crianças órfãs. Foi quando percebeu que os meninos e as meninas que tinham seus objetos transicionais se confortavam com seus ursinhos e paninhos e passavam com mais facilidade pela crise de afastamento ou perda dos pais. A partir de então, estudou o papel desse objeto como auxiliar na transição da criança do vínculo fusional com a mãe em direção à autonomia.

Amamentação Suficiente

O tema central da fase oral é a qualidade do contato mãe-bebê, sustentado pela presença indissociável do pai. Na verdade, desde o momento da concepção, o casal tornou-se uma tríade. São eles os progenitores, que passam pelo grande desafio – nem sempre fácil - de sustentar os tantos cuidados de que necessita uma nova vida. Até mesmo para amamentar com sucesso é preciso que o casal se prepare para a tarefa. É necessário informar-se como manejar a ordenha, assim como "preparar a cabeça" para lidar com as prováveis interferências emocionais que possam afetar o êxito da amamentação, em especial nos primeiros três meses.

Já se foi o tempo em que essa era uma função basicamente materna, acompanhada à distância pelos homens, mais preocupados com o prover do que com o nutrir. Os tempos são outros, felizmente. Hoje, cabe ao casal dar conta do processo da amamentação, que abarca as funções de nutrir física e emocionalmente a criança pequena, mas também é determinante para regular o seu organismo imaturo e suprir todas as suas demandas biopsicológicas. De fato, nada é mais saudável e efetivo para atender a muitas das necessidades de um bebê do que dar o peito, ou o colo, com contato, serenidade e presença, para que o novo ser encontre gradualmente os caminhos de auto-organização física e psíquica. Entre os muitos benefícios, a amamentação também protege o bebê de diabetes, da doença celíaca, de infecções respiratórias, alergias, diarreias, infecções urinárias, obesidade, hipertensão, cáries e má oclusão dentária, por exemplo.

Tanto o processo de amamentação com qualidade quanto o desmame bem feito exigem atenção, informação e cuidado. Vivemos um tempo em que a mulher perdeu um tanto do contato com o seu saber instintivo, assim como se reduziu o elo familiar de transmissão dos conhecimentos maternos, comum no passado. Na atualidade, necessitamos de ajuda e orientação para assegurar um bom processo de amamentação. Precisamos aprender como amamentar com abundância, prazer e sem dor. Para isso, existem os técnicos em amamentação, as doulas pós-parto, as mulheres da família que conhecem o assunto, além de muitos outros recursos, tais como cursos, palestras, redes sociais e sites de orientação adequada, que podem ser decisivos para um processo de amamentação largo e suficientemente bom. O mais importante é buscar informação de qualidade, afinada com as abordagens mais atualizadas e humanizadas. Vale observar, também, que amamentação é diferente de aleitamento materno. Amamentar é quando a mãe alimenta seu filho em seu peito. Aleitamento é quando se usa o leite materno vindo de bancos de leite, de outras fontes ou mesmo o leite da própria mãe dado em mamadeira. Ou seja, amamentar é mais do que oferecer leite humano, é dar o peito, o próprio corpo, e assim nutrir o bebê com contato, vínculo e segurança afetiva.

Muitos fatores, entretanto, interferem no processo da amamentação. Por exemplo, o término do período de licença-maternidade e a necessidade de a mulher retornar ao trabalho, sem conseguir trabalhar e amamentar; ou, ainda, o estresse emocional da mãe, fator que pode afetar drasticamente a produção de leite; e, também, as orientações equivocadas sobre como manejar a ordenha ou as corriqueiras crenças de que o leite de determinada mãe seria fraco, levando à adoção precoce do leite industrializado. Muitas vezes, as pessoas entendem que o leite "é fraco" pelo fato de o bebê não suportar ficar três horas sem mamar. Fatos assim são mais comuns quando a família adota, rigidamente, a regra de amamentar a cada três horas. Espaçamentos desse tipo não são compatíveis com o leite materno, que é composto basicamente de água. Essas regras faziam sentido quando os bebês eram alimentados com leite de vaca que, devido à caseína, leva três horas para ser absorvido pelo sistema digestivo. A antiga e ainda vigente indicação de intervalos de três horas entre as mamadas não tem qualquer sentido quando se trata de aleitamento humano.

Sempre que um bebê é amamentado no peito, a regra adequada é a livre-demanda, ou seja, sem regras e sem horários. Isso é especialmente importante nos primeiros seis meses, em que o bebê deve ser amamentado exclusivamente com leite materno. Esse é o alimento perfeito para os lactantes humanos, pois contém 97% de água e, exatamente por isso, é facilmente digerível por um organismo frágil e ainda em formação.

As mamas são preparadas naturalmente quando a mulher engravida. As auréolas escurecem e ficam mais resistentes. Determinadas glândulas passam a lubrificar os mamilos. Quando o bebê começa a sugar, um impulso aciona a hipófise anterior, que libera a prolactina no organismo da mãe. O bebê deve ser levado a abocanhar todo o mamilo, a auréola, e não apenas o bico do seio. Com a sucção continuada, a hipófise posterior é acionada, e, se a mãe estiver tranquila, ocorre a liberação de um hormônio fundamental à amamentação e à vinculação mãe-bebê: a oxitocina. Ela age nas células que ejetam o leite, liberando o seu fluxo. A oxitocina gera sensação de bem-estar, prazer e relaxamento.

Por ser exatamente a oxitocina que libera o fluxo do leite, precisamos compreender o que favorece e o que prejudica a sua ativação. Por exemplo: o olhar mãe-bebê, a tranquilidade e a sensação de bem-estar e prazer do ato de amamentar estimulam a oxitocina. O peito de uma mãe tranquila e em contato com seu bebê produz leite em abundância. Ao contrário, os estados de ansiedade, tensão e dor podem inibir o reflexo, gerando a conhecida "perda repentina do leite". Orientações adequadas, apoio emocional do marido e da família podem ser decisivos para que a mãe se sinta tranquila para voltar a liberar o leite e retomar a amamentação.

Há muitos benefícios para o organismo da mulher que amamenta.

O primeiro deles é que se acelera o processo de recuperação pós-parto. O corpo volta mais rapidamente ao normal, principalmente o útero. A mulher perde menos sangue e, com isso, reduz as chances de ter anemia. Além disso, a mãe que amamenta tem menos depressão pós-parto, câncer de mama e de ovário e osteoporose. E também volta mais rapidamente ao seu peso original, já que perde cerca de 500 calorias por dia pelo simples fato de estar amamentando.

■ Desmame

Há posições muito distintas sobre o tempo ideal de amamentação e as formas adequadas de desmame. No entanto, é consenso que o desmamar é um processo a ser conduzido de modo gradual, com muito cuidado. A OMS (Organização Mundial da Saúde) indica o ideal de dois anos de amamentação, ou seja, com desmame em torno do término da fase oral e início do período de autonomia. Na verdade, o ideal é que essa decisão seja tomada pela díade mãe-bebê. Naturalmente – a não ser que a mulher não queira desmamar para assim compensar outras faltas e carências - há um momento em que a mãe passa a desejar parar de amamentar, sentindo-se cansada de aleitar. Quando isso ocorre, ela percebe que chegou a hora de parar. Geralmente, esse processo se dá em torno dos dois anos de seu filho, exatamente a idade em que pequenos deixam de ser bebês e se tornam crianças.

Para os pós-reichianos da Escola de Federico Navarro, o desmame inicia a partir dos seis/nove meses de vida, na medida em que o bebê começa a ter dentes e a se alimentar com papinhas, mingaus e alimentos mais sólidos. Navarro (1995) observa que uma das questões centrais da fase oral é o cuidado com o desmame brusco, fato comum logo que o bebê começa a ter os primeiros dentes e frequentemente passa a morder o seio da mãe. Quando isso ocorre, e a criança é desmamada abruptamente, ela pode associar sua agressividade natural como causadora da perda do seio, um luto marcante em seu desenvolvimento psicológico.

Donald Winnicott (1975) revela a mesma posição de Navarro, de que o início gradual do processo de desmame ocorre a partir dos seis/nove meses de idade, período da primeira dentição:

> *A época para o desmame difere muito de cultura para cultura, variando dos seis aos dezoito meses. Acredito que a criança está apta a iniciar o processo de desmame quando ela começa o jogo de deixar as coisas cairem no chão. E isso se dá, regularmente, entre os seis e os nove meses. (Winnicott, 1975, p.45)*

A Academia Norte-americana de Pediatria recomenda que, durante os seis primeiros meses de vida, os bebês sejam exclusivamente amamentados no peito. Em 2002, foram publicados os resultados de uma pesquisa longitudinal no Journal of the American Medical Association, indicando que os bebês amamentados no peito podem-se tornar adultos mais inteligentes.

Os estudos, realizados pela Universidade de Chicago, abrangeram uma amostra de 3.253 homens e mulheres. A pesquisa revelou que quanto mais tempo as pessoas haviam sido amamentadas durante os primeiros nove meses de vida, mais altos eram os resultados de seus exames de QI. Esses testes foram aplicados quando essas pessoas estavam no final da Adolescência.

Segundo a Academia Americana de Medicina, os resultados podem ser explicados pelos efeitos nutrientes do leite materno no cérebro em desenvolvimento e pelos benefícios da proximidade física e psicológica que a amamentação traz. As mães que amamentam geralmente dedicam mais tempo à interação com os filhos, e isso também pode afetar a inteligência, segundo o relatório.

A Academia ressalta que os resultados estão associados apenas ao aleitamento até os primeiros nove meses de vida. Nos meses posteriores, segundo a pesquisa, o aleitamento não revelou qualquer diferença adicional. O aspecto psicológico da amamentação tem um papel importante nos primeiros noves meses de vida e depois vai, gradualmente, perdendo sua determinância, segundo a pesquisa.

Além de ser a melhor alimentação, o aleitamento materno tem a qualidade de gerar vínculo. Segundo Xavier Hortelano (1994), o melhor desmame seria aquele que o bebê mesmo largaria o seio, por estar ávido de novas fontes de prazer e independência. O processo de desmame deve ser lento e gradual. A criança que foi alimentada com êxito sente alegria em ser desmamada no devido tempo, quando isso é acompanhado da ampliação de seu campo de experiências.

Algumas mulheres, por perturbações internas, não estabelecem um bom contato com seus bebês nem se comunicam com eles enquanto dão de mamar. Entre elas, existem as que escolhem não amamentar, mesmo tendo leite em seus seios. O bebê sofre a falta de vínculo seguro e de continência vital e amorosa.

Ao mesmo tempo, certas mães desejam dar de mamar e perdem o leite, passando a alimentar seus bebês com mamadeira. Porém fazem isso com contato, atenção e vinculação. Quando permanecem presentes e vinculadas, o bebê sente a perda do seio, mas não perde o contato materno com seu cheiro e calor. Independente do que possa ocorrer na vida, de a mulher ter ou perder o leite, a maternagem sempre é o mais importante.

Segundo Navarro (1995), é necessário distinguir os aspectos da insatisfação dos de frustração ligados à perda do seio. A falta ou a insatisfação nesta etapa determina uma tendência à depressão em certas situações.

> *Naqueles que sofreram um desmame brusco, surge a forma raivosa de reagir. A raiva é uma tentativa consciente de autoterapia. De certa forma, a raiva serve para evitar a depressão. Nesse sentido, faremos uma breve referência a uma biopatia: o câncer, que está ligado a uma situação depressiva que o indivíduo não foi capaz de superar através da raiva e que, no fundo, aceitou, resignando-se. (Navarro, 1995, p. 58).*

O processo de desmame é um momento sensível e necessita de cuidados especiais. Veja, a seguir, os tipos de desmame e os riscos de fixação oral desse processo:

■ Desmame correto

Deve ocorrer em torno dos 24/30 meses, iniciando a partir dos seis/nove meses de idade, gradualmente, na medida em que novos alimentos começam a ser inseridos na alimentação do bebê. A Organização Mundial da Saúde (OMS) sugere que até os seis meses de idade o bebê seja alimentado apenas no peito e que não receba nem mesmo os conhecidos chazinhos. A OMS argumenta que o leite materno contém tudo de que um bebê necessita até completar seis meses de vida. Recentemente foi descoberto que determinados alimentos e líquidos podem gerar doenças nos lactentes.

Em termos psicológicos, o processo de desmame deve ser feito com muito cuidado e de modo gradual, com a substituição de algumas mamadas por outros alimentos. Até os seis meses, em média, o bebê está em unidade fusional com a mãe, quando o desmame inadequado e precoce pode ser traumático. Se o leite acabar, é fundamental que o contato físico intenso entre o bebê e sua mãe seja preservado, o que amenizará a sensação de perda do seio e reduzirá as marcas da oralidade. Mesmo que a mãe passe por momentos estressantes, sem leite, com orientação ela certamente voltará a produzir leite e poderá retomar a amamentação e abandonar o leite substituto.

■ Desmame precoce ou ausência de amamentação

Ocorre quando a amamentação é interrompida antes que o bebê tenha completado seis meses de vida. Ou quando o bebê nem chegou a mamar no peito da mãe e passa ao aleitamento via bancos de leite humano ou leite industrializado. Nesses casos, se a mãe se afasta, e outra pessoa passa a amamentar a criança com mamadeira, ela perde também o vínculo corpóreo-afetivo com a mãe, enquanto ainda está em estado de indiferenciação. Outro aspecto danoso do desmame precoce ou da ausência de amamentação é que isso geralmente ocorre antes da completa maturação dos órgãos associados (boca, maxilares) e de sua integração com os órgãos do segmento ocular (olhos, audição, olfação, pele, sistema nervoso). Na amamentação se dá essa integração, enquanto o bebê mama e focaliza os olhos da mãe.

Danos do desmame precoce: nas fases posteriores e na vida adulta, essa experiência gera sensação emocional de falta, carência e depressão de fundo. Necessidade de comer, fumar, falar, incorporar o que não foi recebido. A pessoa pode ter dificuldades de dar e amar, com expectativas de apenas receber e se amamentar das relações que estabelece.

- Desmame precoce abrupto, por efeito da dentição

Em termos psicológicos, é uma situação delicada e deve ser evitada. Com a fase oral secundária, o bebê morderá e poderá ferir o seio da mãe, sem a intenção de atingi-la. Se a mãe reagir à mordida com irritação e fizer um desmame abrupto, a criança poderá associar a perda do seio à sua agressividade, introjetando padrões confusos de destruição no amor.

Danos do desmame abrupto: crença da perda do amor pela sua agressividade. A pessoa tende a se mostrar eternamente insatisfeita. Uma vez conquistado um objetivo, ele perde o sentido e o sabor. Não há prazer nas conquistas, e tudo vira um poço de defeitos depois que é conquistado. É uma postura que leva ao isolamento. Amar alguém significa destruir esse alguém.

O verdadeiro amor não é declarado, pelo temor de destruir quem ama, com a sensação de não merecimento pela raiva contida.

- Desmame tardio, além da fase oral

É quando a amamentação avança além dos vinte e quatro/trinta meses. Para Navarro, a amamentação somente deve ser postergada se a criança não apresentar o impulso de morder, fato pouco comum. Outro aspecto problemático é o uso extensivo da chupeta, que além de deixar marcas de oralidade causa alterações na arcada dentária. Até os três anos, no máximo, a criança deveria poder abandonar completamente o seio e a chupeta, se sua oralidade estivesse suficientemente satisfeita. No entanto, a amamentação prolongada - além dos 24 meses - pode ser importante em alguns casos. Seguir amamentando pode abrandar faltas das fases ocular e oral, compensando um nascimento precoce ou meses em incubadora, por exemplo. Ou ainda a falta de contato mãe-bebê no início da vida, por situações de força maior.

Danos do desmame tardio: se o período de amamentação se prolongar em demasia, avançando além da segunda etapa do período de produção (vinte e quatro/trinta e seis meses), por exemplo, o bebê poderá bloquear o aparecimento da sua agressividade natural, fundamental ao desenvolvimento de assertividade na vida. As características associadas são acomodação e dificuldade de enfrentar o aspecto competitivo da vida. Mesmo com talento e competência, falta à pessoa impulso de conquista, luta e enfrentamento. A criança pode vir a desenvolver traços de excessiva passividade, como veremos nas páginas seguintes em Consequências Biopsicológicas da Fixação Oral.

FORMAÇÃO DO CARÁTER
CONSEQUÊNCIAS BIOPSICOLÓGICAS DA FIXAÇÃO ORAL

A fase oral organiza a base afetiva de uma pessoa, quando ocorrem os registros primais de confiança no outro e na própria espécie. A qualidade da relação dos cuidadores com seus bebês formará o importante *reconhecimento mútuo* entre eles, criando o alicerce de afetividade e respeito nos relacionamentos humanos.

O desenvolvimento do sentimento humanista tem fortes raízes no período de incorporação, quando pela primeira vez somos vistos, tratados e reconhecidos como seres humanos. O modo como incorporamos essa experiência será importante nas etapas futuras, nos nossos modos de amar e de respeitar o outro.

O registro primal pode ser perturbado pelo processo de desmame inadequado, devido a problemas afetivos da mãe ou do cuidador substituto (ausência afetiva, ansiedade ou frieza, depressão pós-parto, crises profissionais ou amorosas, outras perdas), problemas orgânicos da criança ou acidentes e imprevistos.

Distorções em tal processo materializam fantasias infantis de carência ou destruição. Segundo Alexander Lowen (1982 [1975]), as características orais revelam fortes traços da Primeira Infância. São pessoas que desejam ser levadas pelos outros. Em algumas, a dependência é disfarçada por ações e atitudes conscientemente compensatórias, mas que não se sustentam em situações de tensão.

Os episódios regressivos no final da Infância e início da Adolescência são típicos. A criança oral não mostra o mesmo comportamento autista da esquizoide, ressalta Lowen. "A história revela um desenvolvimento precoce, como, por exemplo, aprender a falar e a andar mais cedo do que o normal" (p.138). Essa é uma tentativa de a criança superar o sentimento de perda, com a independência precoce, num ímpeto contradependente.

> *É comum ter havido outras experiências de desapontamento no início da vida, quando a criança tentou buscar contato, calor humano e apoio com o pai, irmãos e não obteve. Essas frustrações tendem a deixar a marca da amargura na personalidade. (Lowen, 1982, p.138).*

Núcleo Depressivo

A depressão se configura como a consequência mais dolorosa da experiência de privação no início da vida. Como já mencionamos na Introdução do livro, segundo as pesquisas da Organização Mundial da Saúde divulgadas em 2009, dentro de vinte anos a depressão será a enfermidade de maior impacto no mundo, superando as doenças cardiovasculares e o câncer. Esses dados podem ser uma indicação de que algo não está bem no que se refere à qualidade no contato afetivo entre cuidadores e bebês.

A insatisfação ligada ao aleitamento, ao desmame prematuro e à perda do seio materno, segundo Navarro (1995), gera o que chamamos de depressividade do indivíduo, o que marcará toda a sua existência, desde a Infância.

> *Uma criança, teoricamente, nunca deveria entediar-se, porque tem um mundo inteiro a descobrir; quando diz que se entedia, então, é porque provavelmente tem uma situação oral não resolvida, e, portanto, um núcleo de tipo depressivo. (Navarro, 1995, p. 58)*

Ele também observou que na sociedade atual é difícil encontrarmos pessoas que tenham superado completamente a fase oral. É comum que, diante de situações de frustração e perdas, as pessoas regridam às sensações orais depressivas. Segundo Navarro, quando há fixação oral, o modo de reagir é com depressão ou raiva. Podemos distinguir dois aspectos caracteriais orais: o insatisfeito e o reprimido.

■ Oral insatisfeito

Os traços aparecem quando a pessoa, no início da vida, sofreu falta ou insatisfação (aleitamento inadequado ou insuficiente / falta de contato afetivo da mãe) na fase oral primária. Além do desmame precoce, ocorre redução significativa do contato corpóreo e afetivo do bebê com sua mãe. Faltou vínculo seguro na relação mãe-bebê.

A pessoa esconde a situação depressiva, mas, como é plenamente consciente dela, procura compensá-la com alimento, álcool, fumo ou qualquer substituto que possa lhe dar um mínimo de satisfação oral. Há uma tendência à drogadição, ao alcoolismo, a comer, fumar e beber em demasia.

A conduta favorita dessas pessoas é a de *eternos bebês*. Dependentes, os orais insatisfeitos esperam ser atendidos em seus desejos. Revelam sensação carencial e impotência de autossustentação. Também mostram onipotência frente aos desejos insatisfeitos e às suas ideias.

Traços típicos na vida adulta: impaciência, inquietude, euforia, sociabilidade. São pessoas apressadas, dispersivas, fantasiosas, anseiam por liberdade e independência. Acreditam que sempre serão protegidas. Mostram avidez em saber, comer, falar, namorar. Buscam intenso contato corporal.

■ Oral reprimido

É o caso da pessoa que, quando bebê, teve um desmame abrupto e foi obrigada a comer, morder, usar os dentes antes de ter descoberto o prazer da função. Os orais reprimidos *falam pelos dentes* e, frequentemente, têm o queixo quadrado devido à tensão crônica dos músculos masséteres: são raivosos e, às vezes, mordazes.

Contidos, com pouca consciência da depressão oral, defendem-se dela por meio de um comportamento reativo, irritado. São rancorosos e com tendência a falar criticamente dos outros. Segundo Navarro (1995), a defesa de trincar os dentes e ir adiante acaba desenvolvendo traços de narcisismo e obstinação.

O oral reprimido tem como conduta favorita a insistência e o hábito de morder os lábios, engolir com frequência e a propensão a ficar de mau humor. Nessas horas, a raiva se expressa como crítica ao outro.

Traços típicos na vida adulta: pessoas ativas e possessivas, mas que revelam dificuldades de sustentar seus desejos, especialmente porque tem flutuação de humor, sendo mal-humoradas, críticas e irritadiças. Muitas vezes mostram uma amabilidade excessiva, que oculta a agressividade que aparecerá em seguida, na crítica mordaz, no veneno colocado nas palavras, na ironia, no sarcasmo, no pessimismo, na depressão e na ambição sofredora. Reagem ao estado depressivo com raiva.

- Traços de passividade – por excesso

É o caso do bebê amamentado no seio além da fase oral e que depois fica demasiadamente apegado à mãe. A pessoa acaba desenvolvendo uma conduta favorita de passividade, submissão e concordância. Como são crianças que ficaram muito identificadas com a figura materna, podem apresentar dificuldades de quebrar a simbiose psicológica com a mãe na fase genital infantil e abrir-se à socialização.

Essas crianças podem apresentar dificuldades nas fases seguintes, nas quais a autonomia e a iniciativa se manifestam fortemente. São gentis, submissas, suaves, amigáveis, com postura humilde, sempre pedindo desculpas. Revelam uma oposição velada à autoridade (o pai representativo) e uma tendência a ludibriar, buscar acomodação, ter dificuldades em efetivar mudanças e tomar atitudes firmes em sua vida.

Depressão e *Borderline*

Os adolescentes e os adultos que desenvolvem depressão, em suas diversas manifestações e níveis de gravidade, geralmente sofreram experiências marcantes de perda de contato afetivo, privação ou descuido no início da Infância. O primeiro registro importante para a formação da condição depressiva se dá no primeiro ano de vida.

Essa questão, identificada por Freud há um século, foi ratificada com as descobertas recentes da Neurociência, transformando-se em ponto importante da campanha da OMS sobre a saúde mundial.

> *A ciência moderna está mostrando que a exposição a estressores durante o desenvolvimento inicial está associada à hiperatividade cerebral persistente e ao aumento da probabilidade de depressão numa fase posterior da vida. (Relatório Sobre a Saúde do Mundo – Organização Mundial da Saúde, 2001)*

Depressão e mania

A patologia central da oralidade, como já estudamos anteriormente, é o *estado depressivo* e os *transtornos de humor*. O sentimento de privação e a carência afetiva, a depressão e a bipolaridade são marcas da oralidade.

O nosso humor pode ser normal, elevado ou deprimido. Conforme o *Compêndio de Psiquiatria* (1997) e o *DSM 4* (Manual de Diagnóstico da Saúde Mental), as pessoas normais experimentam uma ampla faixa de humores e têm um repertório igualmente variado de expressões afetivas: elas se sentem com certo controle sobre seus humores e afetos.

Os *transtornos de humor* constituem um grupo de condições clínicas caracterizadas pela perda do senso de controle e uma experiência subjetiva de grande sofrimento. As pessoas com humor elevado (mania) mostram expansividade, fuga de ideias, sono diminuído, autoestima elevada e ideias grandiosas. As de humor deprimido (depressão) têm perda de energia e interesse, sentimentos de culpa, dificuldades de se concentrar, perda do apetite e pensamentos sobre suicídio e morte.

Outros sinais e sintomas de transtornos de humor incluem alterações nos níveis de atividade, capacidade cognitiva, linguagem e funções vegetativas (sono, apetite, atividade sexual e outros ritmos biológicos). Essas mudanças quase sempre comprometem o funcionamento interpessoal, social e ocupacional.

Estrutura *Borderline*

Segundo Navarro (1995), o núcleo das estruturas *borderline* (personalidades limítrofes = border-line) tem sua matriz de fixação nos primeiros nove meses de vida. Para o neuropsiquiatra, o *borderline* tenta fugir da situação depressiva, que nesse caso é muito mais temida do que em outros tipos orais.

Dentro da Psicologia e da Psiquiatria, a estrutura limítrofe tem merecido contínuas pesquisas. A personalidade fronteiriça, segundo algumas linhas de pesquisa médicas e psicológicas, está associada às situações extremas que a criança vivenciou, como é o caso dos abusos sexuais e físicos na Infância, assim como exposição à famílias intensamente conflitivas e desagregadas.

Navarro ressalta, entretanto, que a fixação oral primária pode formar uma estrutura de funcionamento altamente temperamental como a *borderline*. O distúrbio associado é a *distimia*, um quadro de desequilíbrio emocional que provoca alterações de humor e tendência à depressão.

Em alguns casos, essa estrutura manifesta a epilepsia idiopática e essencial, característica de um núcleo psicótico que não eclodiu, formado durante o parto ou após o nascimento, bloqueado pela caracterialidade, segundo o neuropsiquiatra.

> *A condição* borderline *está ligada a uma fixação oral do indivíduo que não pôde realizar a 'separação' para chegar à autonomia neuromuscular e, portanto, permanece psicologicamente como personalidade dependente.* (Navarro, 1996, p.49)

Esse modo de agir e reagir limítrofe corresponde a uma fixação oral primária acentuada, cujo mecanismo de defesa é psicótico. O temperamento tanto pode estar sob controle quanto pode explodir de modo descontrolado, a qualquer momento, sempre que as condições existenciais negativas – em especial, as afetivas – fizerem desabar a defesa caracterial, observa Navarro.

Traços *borderline*, dentro da Somatopsicodinâmica, desenvolvem-se a partir de problemas de contato entre bebê e mãe nos primeiros meses de vida, enquanto o necessário estado fusional é perturbado ou não acontece. O bebê experimenta um vínculo frio com a mãe, por meio de um início de amamentação feito de modo impróprio e deficitário.

Nesses casos, pode ocorrer uma separação inadequada da mãe em relação ao seu filho nos primeiros nove meses, assim como pode se dar uma aproximação inadequada dessa mãe junto ao bebê (mãe fria, sem afetividade, ansiosa, brusca), comprometendo a estabilidade emocional da criança. Na vida adulta, a pessoa que passou por isso tende a uma afetividade fria, em que o outro passa a ser visto como objeto e não como sujeito.

Aspectos *borderline*, segundo Navarro, passam frequentemente despercebidos. Muitas pessoas têm essa estrutura, que somente se evidencia após surgirem situações frustrantes graves, e estressantes, que se tornaram crônicas. Então, a depressão oral se desloca para o segmento ocular, e a crise temperamental eclode.

Em seu livro *Somatopsicopatologia* (1996), Navarro observa que na atualidade é grande o número de pessoas que apresentam traços *borderline*, ou seja, orais primários, em suas estruturas. Elas seguem sua vida normalmente, e apenas em momentos de estresse contínuo as dificuldades vão evidenciar a personalidade de fronteira, ou seja, limítrofe.

Biopatias Orais

Relacionadas à fase oral, temos como biopatias principais: bulimia (episódios recorrentes de consumo de grandes quantidades de alimento, acompanhados por um sentimento de perda de controle, além de vômito autoinduzido etc.); anorexia (perturbação da imagem corporal e busca incessante de magreza, a ponto de inanição); vigorexia (compulsão por atividades físicas); drogadição, obesidade e alcoolismo. Também são típicas dessa etapa a asma brônquica, o bruxismo (pressão sobre os maxilares e dentes) e as gengivites.

CONHECENDO AS ETAPAS INICIAIS

- O primeiro mês

Nas primeiras quatro semanas de vida, o bebê passa a maior parte de seu tempo em estado de semissonolência e semivigília. Os processos fisiológicos predominam. Essas semanas têm a função de aquisição do equilíbrio homeostásico do organismo no meio extrauterino.

Quando tensão, fome ou frio incomodam o bebê, ele acorda. Logo que é satisfeito, volta a dormir. Há, naturalmente, uma barreira contra estímulos e uma falta de receptividade. Por meio da mãe, o bebê vai tomando contato com os estímulos externos, e, ao mesmo tempo, vai ocorrendo o deslocamento progressivo da libido do interior do corpo para o mundo externo.

É um momento de sensibilidade similar à fase uterina e, portanto, necessita da delicadeza dos cuidadores e do ambiente externo para que não ocorram excessos sonoros, alterações bruscas de temperatura ou, ainda, modos agressivos de tocar o bebê. É indicado um clima tranquilo, sem excessos de estímulos externos. Todos os cuidados são importantes para que a tendência humana à autorregulação seja preservada e possa-se desenvolver plenamente.

- Do primeiro ao quinto mês

É o período em que o bebê e sua mãe formam um sistema onipotente. Para ele, há total indiferenciação entre seu corpo e o de sua mãe, entre interior e exterior. O bebezinho está mais voltado para dentro do que para fora. Aos poucos, ele começa a perceber, mas somente parcialmente, que o seio pode ser algo separado dele.

O cuidado da mãe e sua proteção absoluta continuam sendo fundamentais ao processo que se inicia. Agora, a preocupação da mãe é ancorar as necessidades do bebê, elemento organizador central da autorregulação do bebê.

- Do sexto ao nono mês

Quando o processo de separação-individuação começa, a relação simbiótica assume novas formas. O bebê agora se volta cada vez mais para fora e passa a ter uma direção mais objetiva de seus desejos. Ele ainda não consegue separar ele mesmo dos objetos, mas começa a distinguir certos objetos de outros objetos. A exploração visual, tátil e auditiva do mundo ao redor aumenta, porém a mãe ainda é a figura central. Também há uma exploração maior do corpo materno, em busca de conhecê-lo e de desfrutá-lo.

Aos seis meses começa o processo de diferenciação da mãe, e isso aparece com o ato de puxar seus cabelos, seu nariz e suas orelhas ou ainda colocar comida na boca da mãe. Se a separação simbiótica entre mãe e filho se dá satisfatoriamente, a criança adquire a confiança básica e consegue ter uma boa relação com estranhos, sem ansiedade.

Nesse momento, o *objeto transicional* (ursinho, paninho, travesseirinho) passa a ser muito importante. Ele terá o cheiro da mãe e será o seu representante afetivo. Trata-se de um objeto macio, flexível, no qual o odor é da maior importância. Por meio dele, a criança também começa a fazer a transição em busca de individuação e independência.

O bebê de cinco a seis meses adquire a habilidade de agarrar um objeto e de levá-lo à boca. Antes, ele tentava fazer isso, mas sem a aptidão de agora. Ele também conseguirá se livrar daquilo de que tirou proveito e não quer mais. É quando começa a perceber que sua mãe também é sensível e passa a se preocupar com ela.

- Dos nove aos dezoito meses

Se a mãe esteve disponível e presente na etapa oral primária, a criança sente segurança em sua presença para começar a se distanciar fisicamente. Aos poucos, passa a explorar o ambiente a partir da locomoção livre e direta. E assim ela dá início aos seus esforços de autonomia, fundamental para a separação intrapsíquica e a formação de fronteiras do eu.

É um período de grande interesse pelos brinquedos e pela locomoção livre. O engatinhar costuma ser o movimento inicial, anterior ao ficar de pé e dar os primeiros passos. Nesse momento de movimentação intencional começa a formação do caráter, segundo Navarro.

Apesar dos desejos de conhecer o mundo engatinhando, a mãe ainda é a figura mais interessante. Se ela for *suficientemente boa*, cuidará para que o bebê esteja em segurança afetiva. Com ela, gradualmente, ele irá afastando-se da dependência e vivendo sua autonomia física e emocional. Na aventura de começar a explorar o mundo, a criança se esquecerá por alguns instantes de sua mãe. Se estiver segura, poderá esquecê-la por mais tempo, já que confia que ela estará por perto e voltará em breve.

Em torno dos onze/doze meses, o bebê começa a dar os primeiros passos. É quando o seu narcisismo atinge o mais alto grau. Apoiado em cadeiras e paredes, ele avança em seu caminhar, caindo e levantando-se. Com a locomoção livre e ativa vai afirmando a sua individualidade. A partir dos dezoito meses, quando ingressa no período de produção (fase anal), o desenvolvimento neuromuscular dará um salto com a aquisição de autocontrole. Então, os passos da criança deambuladora avançarão com segurança, e logo ela começará a correr, pular e dançar. O domínio da fala marcará a nova etapa.

QUESTÕES PARA ESTUDO E REVISÃO

1. Qual é o papel da mãe no processo de autorregulação do bebê durante o primeiro ano de vida?
2. O que caracteriza o período de incorporação/fase oral? Qual é a zona erógena que é ativada e quais as necessidades afetivas do bebê nesse momento?
3. Qual é a outra fase que segue em maturação, paralelamente à oral, segundo a Escola Reichiana?
4. Quais são as duas subfases orais e o que caracteriza cada uma delas?
5. Quais são as aptidões humanas que nascem na fase oral, segundo a teoria psicossocial de Erikson?
6. Em que momento deve ocorrer o desmame e qual é a melhor maneira de conduzir o processo?
7. Quais são as marcas do desmame precoce e do desmame abrupto?
8. Descreva, brevemente, as características de fixações orais que podem aparecer nas pessoas.
9. Na fase uterina-ocular/período de sustentação poderá formar-se o núcleo psicótico. Qual é o núcleo que se forma na fase oral, caso o fluxo do desenvolvimento seja interrompido? Cite as principais psicopatologias associadas e as biopatias orais.

"É mais fácil criar uma criança reprimida do que uma totalmente saudável, que afirme sua independência e exija seus direitos"
Ellsworth Baker

3 ■ PERÍODO DE PRODUÇÃO
DOS DEZOITO MESES AOS TRÊS ANOS

AUTONOMIA, ARTE,
VONTADE PRÓPRIA
E DIFERENCIAÇÃO

Quando o bebê chega aos dezoito meses de vida, o seu processo de individuação é crescente. Os pais percebem claramente que a criança deu um salto em seu desenvolvimento. Ela passa a ter ares de menininho ou menininha. Um forte impulso de autonomia se manifesta, e os pequenos começam a descobrir o mundo por sua própria conta. Ao completarem dois anos, eles deixam de se chamar bebês e passam a ser crianças.

O ímpeto vital de autonomia traz consigo a vontade própria. É a primeira vez que nos autoafirmamos diante do outro. A aspiração agora é de liberdade e diferenciação, desejos que geralmente se chocam com a vontade e o cuidado dos adultos, dando início aos primeiros impasses entre pais e filhos, crianças e cuidadores. Erikson observa, em seu livro *Infância e Sociedade* (1976), que esse é o momento em que a regulagem mútua entre adulto e criança enfrenta o seu mais duro teste.

O bebê agora amplia rapidamente o seu raio de ação e experimenta movimentos mais ousados, não tendo ainda noção do perigo de suas investidas. Para os pais, o teste mais difícil não costuma ser o fato de proteger e dar segurança à criança. O desafio maior é manter a paciência ao lidar com o surgimento de aptidões como autonomia e vontade própria nos pequenos. Especialmente quando eles insistem no que querem, gritam, choram e confrontam os pais, na tentativa aparentemente inegociável de fazer valer suas primeiras decisões na vida.

O nascimento da autonomia inspira na criança atos de rebeldia ou, pelo menos, de emancipação declarada frente aos limites que começam a ser demarcados. O bebê deseja comer sozinho, insiste em vestir suas próprias sandálias e parte de suas roupas, mesmo que trocadas ou invertidas. É quando exige que suas vontades sejam atendidas, prontamente. Os comportamentos de negativismo, o aparecimento do *não* a tudo o que é proposto significam essencialmente uma postura de autoafirmação e diferenciação do outro.

É a fase em que a criança recebe os primeiros valores da família, as noções de certo e errado, bom e mau, aceito e rejeitado, enfim, os primeiros limites. É preciso cuidado na condução do processo. Vale lembrar que, nessa idade, ela atende apenas a uma pequena parte das orientações dos seus cuidadores, já que sua capacidade de assimilar ordens e limites ainda é reduzida.

Lento crescimento físico, rápido desenvolvimento do sistema nervoso e exploração do mundo ao redor caracterizam tal etapa. O cérebro está tão ativo que a criança passa rapidamente de um interesse a outro, do choro ao riso, e não consegue fixar o que dizem pais e cuidadores. A maturação ainda não chegou ao período de internalização de regras, o que se dará no ano seguinte.

Segundo Jean Piaget (2006 [1994]), criador da Teoria Psicogenética, o estágio sensório-motor avança até os dois anos de idade, quando a criança começa o exercício pleno da linguagem, desenvolvendo a função simbólica, o pensamento e a representação. É um período intenso de imitações, porém ainda não é época de *operações concretas* ou de *pensamento lógico*. Isso exigiria a conservação do conhecimento, o que ainda não se desenvolveu. No momento, a criança acredita completamente no que vê e no que dizem.

Nesse estágio, chamado por Piaget de *pré-operacional*, o bebê não guarda as informações por muito tempo e ainda não compreende a reversibilidade das coisas. Se fornecermos à criança, por exemplo, uma porção de massa de modelar na forma de uma bola e posteriormente a transformarmos em uma cobra, ela dirá que a quantidade de massa agora é diferente, provavelmente menor. Essa característica cognitiva leva os pequenos a certas conclusões, que nem sempre correspondem à realidade. Eles acreditam completamente no que veem.

É o *período de produção*, conhecido como *fase anal*. Agora a educação começa a se tornar sistemática, por meio de limites, normas e regras. O treinamento do asseio é um dos aspectos que necessita especial cuidado de pais e educadores, para não se tornar motivo de traumas e fixações, instalando um núcleo compulsivo-masoquista na estruturação do caráter.

Há uma evolução natural das pulsões libidinais a partir das fases oral, genital infantil e genital adulta, capazes de gerar intenso prazer e relaxamento por meio da relação com outras pessoas, provavelmente pela superposição dos corpos. No entanto, o ambiente e o processo educativo e cultural interferem no fluxo natural das pulsões vitais, já na gestação, no parto e nos primeiros anos de vida, especialmente. Como resultado, desenvolvem-se *etapas culturais* entre as fases psicossexuais, chamadas de reativas por Xavier Hortelano, psicólogo e diretor da Escola Espanhola de Terapia Reichiana. Exemplos disso são a fase anal e também a de latência (estruturação), que estudaremos adiante.

Se houver impedimentos, serão criados períodos ou etapas culturais reativas (anal, fálica, latência, reativação edípica na Adolescência e sexualidade compulsiva na fase adulta). (Hortelano, 1994, p.96)

Essas fases reativas são condicionadas pela cultura, por meio do modo de educar e pela interferência no desenvolvimento biopsicológico. Em países europeus e orientais, naqueles que cultivam uma educação rígida, com muita exigência de disciplina, o percentual de personalidades com fixação anal é superior ao de países com cultura primitivista, mais voltada à natureza, com menos repressão e controle, onde as características anais – e as patologias relacionadas – não são representativas.

Em termos de educação e prevenção, é importante compreendermos quais são os temas centrais que tonalizam o desenvolvimento das crianças em cada etapa. Isso estimula o reconhecimento e o respeito adulto ao processo de amadurecimento infantil em seus períodos de maior sensibilidade no desenvolvimento.

ANALIDADE E AUTOCONTROLE

Quando a criança começa a engatinhar e, em seguida, já se coloca de pé, ocorre uma mudança marcante da motilidade à mobilidade. Esse processo inicia em torno dos oito/nove meses de vida, quando ela amplia o seu campo de ação e movimento rumo à independência.

Entre os dezoito e vinte e quatro meses, ela dá outro salto em seu desenvolvimento. O asseio passa a ser um dos focos educativos em nossa cultura, liberando o bebê das fraldas e ampliando seu campo social. Mais significativo do que controlar os esfíncteres é a visível apropriação do corpo e das habilidades físicas de andar, correr, chutar e jogar. Além disso, o desenvolvimento da fala e do pensamento amplia a interação com o mundo, a formação de autonomia e de valor pessoal.

Este é um verdadeiro rito de passagem: os bebês, ao se tornarem crianças, mostram uma espécie de orgulho por tudo o que já conseguiram ser e fazer. Afinal, em pouco mais de um ano, avançaram de uma condição de total receptividade para uma posição ativa, quando passaram a engatinhar, colocaram-se de pé e deram os primeiros passos, assumindo a posição ereta. É uma conquista e tanto!

A norueguesa Gerda Boyensen (1997), criadora da Psicologia Biodinâmica, uma das vertentes da Escola de Wilhelm Reich, observou a dignidade e a postura corporal que a criança adquire nessa idade, que se manifesta por meio da respiração mais livre, da postura ereta e de uma dignidade natural, que é típica do porte de um ser humano independente.

Boyensen relata que o prazer de chutar e o de autoafirmar-se estão intimamente ligados à sensação de fluxo no organismo, alcançando os músculos glúteos que são o ponto de sustentação sobre os pés. Eles erguem o corpo e o tornam independente, assim como erguem o pescoço, produzindo um sentimento de identidade, independência e valor próprio.

Nessa fase de intensa ativação muscular e grande movimentação, os primeiros registros de autonomia – *eu posso, sou capaz, tenho valor* – são absorvidos pelo sistema emocional e corporal. A criança anda com tanta segurança a ponto de começar a correr, subir escadas e cadeiras e a vencer o gradeado do berço, dos portões e das sacadas. No período dos dois aos cinco anos, também se define a lateralidade na criança. Pesquisas indicam que 10% da população é *canhota*.

Na etapa de produção a criança usa, pela primeira vez, controle, vontade e intenção para produzir algo. Diante disso, ela espera aprovação e validação dos pais, cuidadores e educadores. O primeiro produto pode ser suas fezes, seus rabiscos ou a conquista de autocontrole e autonomia.

Agora, o treinamento do asseio e a alimentação – que se torna cada vez mais sólida – intensificam a atenção às sensações anais, envolvendo o reto e adjacências. As manifestações características das crianças são o prazer da defecação, o gosto pela produção dos próprios excrementos e a obtenção de controle sobre seus esfíncteres. A zona anal também produz agradáveis e intensas sensações corporais de prazer.

A representação biopsicológica da etapa de produção (anal) formará um sentido de poder pessoal, normal ou perturbado; uma atitude diante da sujeira e da limpeza, adequada ou inadequada; e, especialmente, princípios de autonomia, liberdade e autovalor. Ou, então, o seu inverso: compulsão, submissão e inferioridade.

O desenvolvimento pleno da analidade possibilita a afirmação do amor sobre o ódio, da cooperação sobre a obstinação; e da liberdade e da expressividade sobre o hipercontrole e a ocultação, traços originários dessa fase na formação do caráter.

As Fases de Expulsão e Retenção

Como as fezes representam a *primeira produção* do bebê, elas passam a ter um sentido de adequação ou inadequação ao mundo, de acordo com a forma que a família vai conduzir o processo do asseio. Mas não é apenas o asseio que importa. Falar e andar, afirmar a vontade pessoal, controlar a expulsão das fezes e também obter o controle urinário são os primeiros grandes feitos absolutamente pessoais, gerados pelo empenho dos pequenos em evoluir.

Emocionalmente, a criança passa a assumir o domínio do que deseja. E anseia que aquilo que produz e realiza seja aceito e valorizado. Fazer força para defecar em determinado momento e não em outro, reter a urina e impedir a distensão do esfíncter significa um importante processo de autodomínio em troca de maior socialização e emancipação.

Havendo receptividade à sua produção, o bebê internalizará que é capaz de produzir coisas boas, que é alguém de valor. Nesse caso, avançará em seu desenvolvimento biológico e psicológico. A fase anal é formada por duas etapas principais: a de *expulsão* e a de *retenção*. Cada uma delas traz determinados desafios à criança e, também, marcas em seu desenvolvimento.

- Fase primária: expulsão

É o momento em que o bebê obtém o máximo prazer na passagem das fezes por meio do ânus. Expelir é extremamente prazeroso. A criança ainda não sente o prazer de conter e controlar, que marcará a fase secundária.

Para ela é mais fácil provocar a expulsão do que controlar a retenção. A necessidade infantil é que os pais respeitem o tempo natural do processo de expulsão, para que depois a criança comece o treino da retenção.

Nessa etapa, são comuns as cenas do bebê pegando as fezes, explorando o seu produto, amassando-o e espalhando-o pelo ambiente. Por isso, é interessante oferecer à criança materiais como massa de modelar, barro e areia. Brincando com o barro, por exemplo, ela integra as fantasias exploratórias com seus excrementos.

A representação psíquica da fase primária, segundo a Psicanálise, é uma tendência à agressão, a destruir o objeto. Em termos reichianos, podemos dizer que é a experimentação da própria força, dos ímpetos de liberdade e autonomia que começam a se configurar e ainda não estão autorregulados.

Quando há fixação anal na fase expulsiva – devido à exigência de que a criança passe a reter as fezes antes da maturação neuromuscular (vinte e quatro meses) – geralmente o campo familiar exerce também um supercontrole sobre a autonomia da criança.

Nesses casos, na fase adulta, a pessoa revelará um caráter com alto nível de agressão contida, desenvolvendo traços obsessivo-compulsivos ou um perfil psicopático (associado à mentira e ao jogo de sedução de pais e cuidadores), como veremos a seguir, no item *Formação do caráter*.

- Fase secundária: retenção

A fase retentiva não traz as manifestações de destruição e de exploração que caracteriza a primária. Ao contrário, agora as fezes passam a propiciar maior prazer quando retidas, com a intensidade de sensações geradas pela ampliação das paredes do reto. O controle urinário também costuma se dar nesse estágio. É um bom momento para brincadeiras com líquidos, brinquedos para colecionar, peças para serem colocadas umas dentro de outras, etc.

O segundo estágio anal geralmente se dá a partir dos vinte e quatro meses. É fortemente marcado pelo controle e pela retenção, tanto das fezes quanto da urina. A representação psíquica é a tendência a reter o objeto, aprisioná-lo, dominá-lo, restringi-lo. Às vezes, há tanta retenção das fezes que o prazer se mistura à dor. A fixação na fase anal formará traços sádicos e masoquistas, provocativos da agressão alheia, além de autocontenção e submissão na fase adulta.

O Asseio e a Mentira dos Pais

A criança necessita de respeito biológico, apoio emocional e tranquilidade para avançar do processo de expulsão à retenção, sem traumas. Antes de tudo, ela deve ter condições orgânicas de conseguir contrair o esfíncter, para então começar o gradual treinamento do asseio. A autorregulação é fundamental para que os pequenos não desenvolvam padrões que criem prisão de ventre e outras biopatias, comprometendo sua saúde física e psíquica.

Somos naturalmente seres continentes. Não é necessário um treino tão severo, marcado por tamanha tensão da família, sobre algo que naturalmente vai ocorrer até os três anos de idade, em média. Se o controle esfincteriano puder ocorrer naturalmente, no momento adequado, a criança terá satisfação em obter esse controle por imitação das crianças mais velhas e dos adultos, em troca da valorização recebida pelos pais e familiares.

É importante compreender que, nessa fase, a criança ainda não estruturou o superego. Os sentimentos de culpa não se conservam e não há capacitação cognitiva para assimilar, interiorizar, de modo saudável, uma avalanche de orientações e de *nãos* dos adultos. Os limites são praticamente sempre externos, vindos de pais e cuidadores, e terão que ser repetidos pelos adultos sempre que a criança necessitar recebê-los.

Nessa idade, é comum que os pais se incomodem e se alterem emocionalmente diante das crianças. Por desconhecimento do processo, temem que *a criança tome conta* porque *ela não obedece* e, pior, começa *a impor a sua vontade*, dizem eles.

Reich ressaltava que a etapa anal dos filhos aciona conflitos regressivos da própria analidade dos pais, provocando reações, que podem ser de cuidado excessivo, aprovação ou rejeição, nojo e irritação em ter que limpar as crianças. É quando as mães mostram suas dificuldades em relação à sujeira e à limpeza, à ordem e à desordem, o que influenciará a formação de hábitos na criança.

De fato, é um período que exige compreensão, paciência e alguma firmeza – sempre amorosa – dos adultos. Cabe aos grandes darem sustentação aos pequenos na passagem dessa crise normativa. E assim possibilitarem à criança a experiência adequada que formará seu primeiro registro de autonomia e autovalor. Quando isso não ocorre, e a criança experimenta humilhação e medo diante de seus cuidadores, acaba confusa e atrapalhada e age sem saber ou entender se será punida ou elogiada em suas ações e criações.

A *dosagem ótima* na educação é o grande desafio na presente etapa. Para desenvolver essa medida justa, os adultos precisam compreender que, nessa fase, as crianças ainda não conseguem gravar tudo o que os pais dizem. Não se trata, simplesmente, de desobediência. Elas ainda não desenvolveram a capacidade de *conservar o conhecimento* – como identificou Piaget – e nem de internalizar tudo o que é dito pelo outro.

Quando pais e educadores se tornam muito rígidos com as crianças dessa idade, surge o risco de problemas futuros em seu desenvolvimento. Elas passarão a obedecer e a se conter, sem entender exatamente o que podem ou não fazer, surgindo muitas dúvidas dentro de si. Com medo e vergonha, passam a restringir o surgimento de sua autonomia e a reprimir aquilo que desejam oferecer ao mundo.

Como já estão dotadas de vitalidade e força, resistirão ao máximo, antes de sucumbir. Poderão até mesmo se aquietar, ficando extremamente educadas e obedientes, porém com alta carga de força/agressão contida, o que representará um custo em sua saúde física e emocional. Assim, podemos ter crianças *ultraobedientes*, porém doentes. Padrões educativos desequilibrados podem sobrepor o ato de educar, sem contemplar a autorregulação.

Segundo os pesquisadores argentinos José Eduardo Moreno e Maria Cristina Griffa (1999), tanto as exigências excessivas quanto a permissividade são danosas.

> *O ensino precoce e coercitivo favorece, com suas exigências desmedidas, a formação de atitudes passivas de obediência, além de hábitos formais e rígidos de ordem e de limpeza. Nesses casos, porém, estão contidas fantasias inconscientes que geram comportamentos impulsivos ou de descontrole. A iniciação tardia ou permissiva, por sua vez, favorece as condutas de falta de asseio, de relaxamento, de falta de responsabilidade e de desordem. (Griffa & Moreno, 1999, p.134)*

Outro aspecto delicado do processo educativo é a importância decisiva de jogos, mentiras e outras estratégias de sedução que pais e cuidadores usam como recurso para *driblar* as dificuldades geradas pelos ímpetos rebeldes dos pequenos. A gravidade de tais recursos é que, nesse momento, estão-se constituindo os traços básicos do caráter do futuro adulto, e a criança passa a imitar o adulto em seus comportamentos.

Quando os pais seduzem a criança, ela também passa a jogar e a usar esse recurso para obter o que deseja. Quando é humilhada e submetida, pode adotar o mesmo princípio em seus relacionamentos: submeter-se ou submeter o outro. Se ela é enganada por mentiras, aprenderá a mentir, obviamente. É a etapa em que se forma a raiz dos comportamentos masoquistas e psicopáticos.

O *Não* e a Educação Elucidativa

A partir dos dezoito meses, em média, a criança começa a afirmar sua identidade dizendo *não* a quase tudo o que lhe é proposto. Um dos seus grandes prazeres é aceitar ou negar, ou seja, decidir se quer ou não alguma coisa. Quando o pai fala, com firmeza, que a criança deve fazer algo, ela responde com veemência: *Não!*. Normalmente, logo depois, quando o pai se afasta, ela faz o que ele pediu.

A negação é o seu modo de afirmar que está tomando posse de sua autonomia e internalizando a preservação de suas conquistas, passando da passividade incorporativa (fase oral) à agressividade, uma posição ativa (fase anal). E, se os adultos permitirem, estará ingressando na vida, com alegria e vontade, rumo à sua independência.

Nessa idade ocorrem inusitados embates entre adultos e bebês, pois os pequenos radicalizam a vontade de serem imediatamente atendidos. Usam todos os recursos para fazer valer o que desejam. Se os pais forem firmes ao dar os limites necessários (poucos) e, ao mesmo tempo, não entrarem no embate, o bebê fará o que lhe foi solicitado, logo que os adultos virarem as costas. No entanto, quando o embate se estabelece, com verdadeiras discussões entre bebê e cuidador, teremos choro e gritos, com certeza. Além de culpa, nos adultos.

O uso intenso da pergunta *por quê?* também é marcante a partir da segunda etapa da fase anal e início da genital infantil. Se a mãe diz *isto você não pode pegar,* a resposta imediata será *por quê?* Não significa que a criança esteja querendo entender todas as questões que pergunta e, aliás, nem conseguirá assimilar longas explicações dos pais. Porém necessita compreender porque não pode fazer determinadas coisas. Melhor são as respostas sucintas e amorosas.

A *educação elucidativa* é um dos princípios que contempla a autorregulação. Nessa prática, cada vez que uma ordem ou repreensão é feita, ela é acompanhada de uma explicação que esclareça a criança sobre as consequências da infração e de como ela pode ser prejudicial. É um dos princípios da Educação Democrática, da Educação Humanista, entre outras. Assim, a criança compreende as medidas e os resultados do que faz.

Humberto Maturana (2004) ressalta, em entrevista à *Revista Humanitates,* o fundamento biológico do mover-se de um ser vivo, do prazer de estar onde está, da confiança de ser acolhido, seja pelas circunstâncias seja por outros seres vivos. No caso dos seres humanos, a qualidade da relação do bebê com sua mãe, seu pai e o entorno familiar é um fator decisivo. É o que possibilitará à criança tornar-se um adulto que respeita a si mesmo e ao outro.

> *Se você observar a história de crianças que se transformam em seres, chamemos assim, antissociais, vai descobrir que sempre houve uma*

história de negação do amor, em que elas foram criadas com profunda violação de sua identidade, falta de respeito e negação de seu ser. (Maturana, 2004)

Intolerância à Frustração

Ao mesmo tempo em que a autonomia cresce, diminui a tolerância da criança à frustração. É comum se ver bebês em verdadeiros escândalos quando não são atendidos. Choram e gritam se lhe tiram um brinquedo, e alguns chegam a se jogar no chão, frente à menor frustração. Eles querem ver sua vontade realizada, de qualquer maneira.

Vale observar que antes desse período a criança tinha necessidades orgânicas e emocionais que precisavam ser atendidas incondicionalmente. Se ela chorava, é porque tinha algum tipo de necessidade vital e/ou afetiva urgente. Na fase anal, as necessidades também precisam ser atendidas, todavia a firmeza amorosa e paciente dos pais orientará a criança a discernir entre o que é permitido ou não, o que é possível fazer ou não. Enfim, ela aprenderá os primeiros limites.

Nesse estágio, o choro nem sempre significa uma necessidade vital não suprida. Trata-se mais de uma vontade não atendida no momento desejado. Outro motivo de choro frequente, especialmente no início da fase, é o decréscimo do relativo esquecimento da presença da mãe, uma espécie de recaída momentânea. Aqueles breves momentos de desligamento, que aconteciam no final da fase oral, diminuem abruptamente.

Agora, a criança está descobrindo o mundo e quer – com toda a sua vontade – que a mãe, seu grande amor, lhe acompanhe e veja tudo o que está descobrindo. Estando mais consciente do progressivo desligamento da fusão materna, ela emprega todos os tipos de mecanismos para resistir ao desligamento. O ato de *perseguir*, agarrar-se às pernas da mãe, chorar e ficar furiosa caracteriza o período.

Se ela desenvolve um vínculo seguro com seus pais, em seguida, em torno dos vinte e quatro/trinta meses, compreenderá que a mãe voltará quando ela sair para trabalhar ou passear. Essa compreensão reduzirá a ansiedade de separação que se apresenta no início desse período. Embora a criança continue querendo estar perto da mãe, ela não exigirá mais sua presença física constante. Já compreende que a mãe continua existindo mesmo quando não está presente.

A Fala e a Imitação

Outro evento importante do período de produção (fase anal) é a fala, pois a conversação *deslancha*, provocando um salto no processo de desenvolvimento. A linguagem oral vence o período de *lalação* (o *lalalá* do primeiro ano de vida) e avança rapidamente, a partir dos dezoito/vinte e quatro meses, estruturando o pensamento, ampliando a comunicação e a socialização. Com o ato de nomear objetos, a criança começa a distinguir com clareza o mundo objetivo do subjetivo.

Antes dos dezoito meses, o bebê utilizava expressões como *mama*, *papa*, etc. É o período holofrásico, caracterizado pelo uso de uma única palavra, que segundo pesquisas se dá de modo similar em todas as culturas. Depois dos dezoito meses, ele passa a usar duas palavras, tais como *nenê naná, papá carro, mamá meu*, suprimindo o verbo.

Entre os vinte e os vinte e quatro meses a criança forma frases usando várias palavras e se comunica cada vez melhor. Aos três anos, ela usa a palavra *eu*, período de intenso egocentrismo, em que aprecia dizer *Eu isto, eu aquilo*. Aos quatro anos, passa a socializar a linguagem, quando diz *meus amigos, meu pai, minha família*.

Para Lev Semynovitch Vygotsky (citado por Biaggio, 1991), criador da Psicologia Socioconstrutivista e pesquisador do desenvolvimento cognitivo infantil, os cursos da linguagem e do pensamento se desenvolvem em paralelo até os dois anos de idade, quando se unem por meio da fala.

> *De acordo com Vygotsky, a fala privada se origina da fala social, tornando-se mais abreviada e internalizada, e é chamada de fala interior, que é crucial para a organização do pensamento. Para*

Vygotsky, o desenvolvimento intelectual depende tanto da fala interna quanto da fala social. (Biaggio, 1991, p. 179)

Aos dois anos de idade, a criança dominará cerca de duzentas palavras, e a partir daí o acréscimo de expressões em seu vocabulário será diário e rápido. O principal avanço na cognição infantil dessa etapa, segundo Piaget (2006 [1964]), é o desenvolvimento da capacidade simbólica. A criança não dependerá apenas de suas sensações e movimentos, como ocorria anteriormente, no estágio sensório-motor, mas começará a representar e a simbolizar. Embora a socialização dê seus primeiros passos por meio da fala, o egocentrismo da fase anterior ainda é predominante. Em lugar de sair do seu próprio ponto de vista para coordená-lo com os outros, a criança permanece inconscientemente centrada em si mesma.

Esse egocentrismo face ao grupo social reproduz e prolonga o que notamos no lactente face ao universo físico. Nos dois casos, há uma indiferenciação entre o eu e a realidade exterior, aqui representada pelos outros indivíduos e não mais pelos objetos isolados; esse tipo de confusão inicial estabelece a primazia do próprio ponto de vista. (Piaget, (2006[1964]), p. 27)

É o período em que as crianças apreciam imitar gestos faciais, manuais, atitudes e jeitos dos adultos que as cercam. Também imitam aquilo a que assistem na televisão. Andam pela casa carregando a bolsa da mãe, usando o chinelo do pai, imitam o tom de voz dos adultos, repetem o que eles falam e reproduzem seus gestos e comportamentos. Alguns autores, inclusive Piaget, dizem que a imitação já começa nos primeiros meses de vida. Porém o auge desse processo se dá na etapa anal.

Nasce a Arte

A arte e a criatividade são frutos da analidade, quando o simbólico, a autoexpressão e a primeira produção são os focos do desenvolvimento.

A Psicanálise diz que a sublimação das pulsões anais é fundamental para o desenvolvimento da imaginação criativa e da produção artística.

Nessa etapa ocorre a primeira adequação da produção pessoal em busca de aceitação. É quando surgem os primeiros rabiscos, o desejo de desenhar, pintar e modelar. Anteriormente, a criança não buscava desenhar. Agora faz suas primeiras tentativas espontâneas, sem consciência ou intenção figurativa. Entretanto, internamente, acredita estar-se comunicando por meio de seus rabiscos.

É o momento em que os pequenos apreciam brincar com barro e areia, massa de modelar, pintura com mãos, pincéis, brinquedos com água (passar uma quantidade de água de um recipiente para outro, jogos com líquidos). É importante que os pais permitam essas brincadeiras e valorizem as expressões infantis. Como já vimos antes, tais brincadeiras e explorações ajudam a integração das fantasias infantis relacionadas com explorar e brincar com seus primeiros produtos: as fezes (barro/areia) e a urina (água).

No período de treinamento do asseio, também é importante que a criança *auxilie*, ao seu modo – de preferência como uma continuidade do brincar – na posterior organização dos materiais usados, na limpeza do barro e da água. Afinal, nessa etapa também se formam os primeiros registros de organização, limpeza e senso estético.

Segundo Piaget, a função de representação surge quando a criança passa a distinguir entre pessoa ou coisa e aquilo que ela desenhou ou moldou. Ou seja, entre *representante e representação*. Durante a fase anal, a imitação é importante à função de representação. Cabe oferecer aos pequenos papéis e lápis coloridos, de modo que eles possam dar nascimento em si mesmos ao apreço da expressão artística, inerente a cada ser humano. As canetas, agora, são impróprias.

Autonomia versus Vergonha e Dúvida

Erikson (1976) aborda a crise normativa da fase anal com a polaridade *autonomia versus vergonha / dúvida*. É a fase em que as habilidades físicas de caminhar e agarrar levam a criança a vivenciar novas possibilidades. Se os correlatos psicossociais da fase anal são autonomia, vontade própria e autovalor, o cerceamento excessivo da criança poderá gerar comportamentos patológicos de vergonha e dúvida, segundo o autor.

Na Adolescência e na fase adulta, a pessoa poderá ter dificuldades em sustentar sua posição diante dos outros e firmar sua vontade pessoal. É importante frisar que a criança não poderá experimentar o senso de autonomia sem ter liberdade para seus impulsos expansivos. É também difícil que ela venha a desenvolver um vínculo afetivo seguro em um ambiente de excessivo cerceamento e punição.

Exaltar a vergonha ou provocá-la é uma prática comum de certos adultos com as crianças. Às vezes, essa atitude chega ao âmbito da covardia, devido ao abuso da condição adulta sobre a infantil. Além de não estimular um comportamento genuíno nos pequenos, gera revolta e humilhação e um agir sigiloso e secreto, com o desejo de fazer as coisas impunemente, sem ser visto. Ou, então, leva ao desafio aberto, à rebeldia.

A crescente autonomia, as cenas de birra e a imposição da vontade aparecem claramente. Muitas vezes causam irritação aos pais, que reagem aos gritos. O mesmo se dá com a exigência de limpeza e controle precoce dos esfíncteres. Na fase anal, as crianças necessitam apoio, orientação, paciência e alguns poucos limites, dados com firmeza amorosa. Caso contrário, elas compreenderão apenas que há algo errado com elas, que são inadequadas, tortas, erradas.

Diante das exigências rígidas de regularidade e limpeza, a criança tende a se identificar com as solicitações dos educadores, trocando o prazer da autossatisfação pelo desejo de *ser boa* aos olhos dos pais. Por trás dessa *falsa-bondade*, estará um ímpeto rebelde de autodeterminação, que se manifestará como teimosia nas fases posteriores.

Quando há muita exigência e tensão, a criança não estará controlando seus esfíncteres para obter a aptidão do autocontrole e realizar a sua primeira produção pessoal, decidindo o momento em que deseja evacuar. Com tensão, ela não fará esse controle naturalmente, na hora certa, numa contenção anal saudável e equilibrada. Ao contrário, o controle se dará por medo. O bebê passa a se comprimir, esfriando-se emocionalmente, encouraçando áreas de seu organismo e somatizando prisões de ventre e sérios problemas intestinais.

A obsessividade também se forma na fase anal, em decorrência do processo de tensão familiar sobre a criança. Pesquisadores observam que, nas culturas em que o treinamento para o asseio não é foco de atenção excessiva, as crianças adquirem naturalmente a regulação dos seus esfíncteres. Nessas sociedades, não há casos de crianças maiores de três anos e meio com problemas de controle esfincteriano. Situações problemáticas costumam aparecer na nossa cultura, em crianças de famílias que cultivam o asseio como um valor maior e cercam o tema com ansiedade e tensão.

Pai Bom e Casa Boa

O papel do pai se torna cada vez mais significativo na medida em que o bebê avança em seu desenvolvimento. Desde a gestação, ele é uma figura decisiva para ajudar a mãe a se estabilizar emocionalmente. No parto, a sua presença é fundamental no apoio afetivo à dupla mãe-bebê. Na fase oral, o pai se transforma num importante vínculo de prazer, o que ajudará a criança no afastamento gradativo da sua simbiose com a mãe, auxiliando no processo de desmame.

É comum que no início do período de produção (anal) ocorra uma reaproximação temporária e ansiosa do bebê de sua mãe e, às vezes, um breve afastamento do pai. Com frequência, os pais se sentem rejeitados e estranham que a criança agora não queira mais seu colo e que fique agarrada às pernas da mãe, muitas vezes aos prantos.

É fundamental que o pai permaneça presente e ajude seu filho nesse momento. Também porque a mãe está fisicamente exausta das contínuas solicitações da criança para subir e descer escadas e de acompanhá-la em tudo o que está descobrindo (flores, tomadas de luz, panelas, bicos do fogão, etc.).

A ausência paterna, a severidade excessiva ou os casos de irritação e descarga da agressão do pai sobre a criança podem afetar profundamente a formação de sua personalidade e a estruturação do masculino em sua identidade. Na etapa seguinte, de três a cinco anos, a erotização genital vai trazer o período de identificação. O vínculo seguro com o pai, estabelecido anteriormente, será decisivo no processo.

Outro aspecto importante para o desenvolvimento motor de uma criança durante o período de produção é o espaço em que vive. A casa dos pais também precisa tornar-se suficientemente boa para a criança viver. Não se trata de um espaço luxuoso, mas de um espaço vital e com liberdade. É frustrante sermos proibidos em tudo o que ansiamos fazer, apenas para nos moldarmos ao espaço. Nesse momento, em função da expansão dos movimentos infantis, por um ou dois anos cabe guardar relíquias, peças decorativas, mesas com pontas perigosas, vidros e outros objetos quebradiços, etc.

Ao mesmo tempo, a criança começará a compreender que em algumas coisas ela não pode tocar. Não compreenderá exatamente as razões desse limite, mas saberá que não pode tocar em algumas coisas. Vale frisar: *os locais vetados devem ser poucos*. Assim, a criança aceitará que algumas coisas lhe são vetadas e poderá passar pela fase de modo satisfatório: afinal, o resto do espaço estará disponível.

Os *lugares-tabu* (televisão, fogão, escada, piscina, etc.) precisam ser demarcados e observados por todos da casa como proibidos, explicando à criança sobre o perigo de se machucar. Mesmo assim, por prevenção, é apropriado que as tomadas de luz sejam vedadas com os tampos apropriados, assim como as piscinas devem ser cercadas. Os pequenos apreciam colocar garfos ou outros objetos pontudos nos buracos das tomadas, assim como ousam movimentos que podem ser fatais.

Amado e Mutilado

Embora a idade adequada de ingresso da criança nas escolinhas infantis seja em torno dos três anos, é comum que já na fase anal, ou antes, os cuidadores (babás, avós, maternais, creches, pessoas da vizinhança) se tornem os substitutos dos pais na maior parte do dia. É um período em que eles estão-se voltando, cada vez mais, ao trabalho e às suas atividades cotidianas.

Nesse momento, os *objetos transicionais* passam a ter ainda maior importância. Como já vimos na parte 2 do capítulo III, trata-se do paninho, do pequeno travesseiro, do ursinho, que já estavam presentes na fase anterior e servem de apoio emocional na transição entre o vínculo fusional da criança com a mãe e sua crescente individuação.

Tendo o cheiro da mãe, o nenê se agarra a esse objeto substituto quando fica triste ou inseguro, sem ter a figura materna por perto. Cabe lembrar que, por isso, o objeto não deve ser lavado ou substituído, a não ser que a própria criança o faça. Geralmente, quando o bebê começa a ensaiar a linguagem, ele dá um nome a esse objeto: *nãna; piupiu, titi, cheirinho* etc.

Segundo Donald Winnicott (1978), a criança assume direitos sobre tal objeto, que é afetuosamente acariciado e amado, assim como pode ser mutilado. Para o adulto, é um objeto oriundo do mundo exterior, mas para o bebê é uma parte de si mesmo. Ao mesmo tempo, outras fontes também servem de objetos transicionais, pois o campo de socialização cresce com novos amiguinhos e o apreço por outras pessoas da família.

É tempo de novas brincadeiras ao lado de outras crianças, de passear com o papai, de ingressar em escolas maternais ou creches, de ir às aulinhas de natação ou à praça de brinquedos com os avós ou a babá. Agora a mãe já não é mais a única figura geradora de satisfação, fator decisivo para a gradual quebra da fusão psicológica que se desenvolveu nos três primeiros anos de idade.

FORMAÇÃO DO CARÁTER
CONSEQUÊNCIAS BIOPSICOLÓGIAS DA FIXAÇÃO ANAL

A etapa de produção (anal) configura os primeiros registros de autonomia, liberdade, organização, autodeterminação, vontade própria e autovalor no processo de formação da identidade. Porém o amadurecimento dessas aptidões pode ser comprometido se não existir reconhecimento e compreensão de pais e cuidadores sobre o ímpeto de independência que brota nesta etapa.

Se o processo educacional não considerar a importância de tais aptidões, a criança experimentará os primeiros registros de vergonha, humilhação, contenção e dúvida. A fixação acontece, geralmente, devido à atenção excessiva dos pais à alimentação, à evacuação, ao asseio e à obediência, em detrimento dos aspectos emocionais da criança e da sua necessidade de afirmar sua individualidade. Os pequenos acabam se submetendo às situações repetitivas de contenção, oposição direta à sua autonomia e expressividade.

Também ocorre fixação quando há negligência dos pais com os filhos, a partir de postergação, desleixo e irresponsabilidade com o asseio. Nesses casos, por exemplo, o bebê pede para *fazer cocô*, e os pais dizem *faça na fralda*. Ou, então, a criança vive sem os cuidados mínimos de asseio e de responsabilização. Esse padrão forma traços de desleixo e descuido.

Em outras ocasiões, a criança é ridicularizada, às vezes publicamente, por *fazer cocô nas calças* ou por *ser teimosa*. São sentimentos de humilhação, causados pelos próprios pais ou familiares. Em muitos casos, adultos sádicos provocam experiências de vergonha e inadequação às crianças, até mesmo para se divertirem com outros adultos.

Para obter amor e aprovação dos pais, os pequenos podem reter seus desejos, prazeres e seus ímpetos de independência. E até mesmo deformarem seu corpo, forçando o controle de seus esfíncteres antes de terem condições físicas para tanto. Passam a ser obedientes, submissos e ansiosos, adotando a teimosia como recurso para sustentar sua vontade.

Os caracteres anais apresentam traços de avareza, ruminação de pensamentos, retentividade e mesquinharia, manias de limpeza e ordem, perfeccionismo, raiva contida, autoexigência, tensão e alto grau de ansiedade. Ou o seu inverso: desleixo, sujeira, desajeitamento, etc.

Núcleo Compulsivo-Masoquista

Dentro da visão reichiana, se o desenvolvimento é comprometido na fase anal, teremos a formação de traços de caráter obssessivos, masoquistas ou psicopáticos. Os padrões de comportamento que se formam em cada etapa aparecem de modo brando (traços) ou como psicopatologias que necessitam ajuda terapêutica, que pode levar à psiquiatria.

- Obsessivo – compulsivo

Esses traços se originam quando as crianças recebem um treino severo e precoce no controle dos esfíncteres por parte da mãe, antes mesmo de terem adquirido capacidade apropriada e maturação muscular anal (dezoito/vinte e quatro meses). Elas não chegam a desfrutar o intenso prazer da expulsão e são levadas a antecipar o processo de retenção.

Também, essas mães costumam ser exigentes no ordenamento e na segurança da criança, não respeitando os princípios de autorregulação. O treino exigente e precoce provoca contrações em toda a musculatura do corpo. Somente assim a criança consegue realizar o que lhe é solicitado. Para tamanha empreitada, ela fará grande esforço físico. Com isso, o corpo ficará tenso, e, ao mesmo tempo, surgirá um bloqueio emocional, com a sensação de constrição.

No futuro, serão pessoas com tendência acentuada à prisão de ventre e problemas intestinais. Durante a fase anal, o uso de supositórios deve ser um recurso a ser ministrado somente quando realmente for necessário. É importante que a criança sinta que é capaz de fazer a autorregulação de seu corpo.

Os problemas da analidade, dentro da abordagem corporal, é que o corpo é dividido ao meio. As contrações pélvica e abdominal comprometem a natural erotização genital e o desenvolvimento posterior da genitalidade sadia. Segundo Navarro (1995), a educação repressiva corta energeticamente o corpo ao meio: a criança deve exprimir-se falando bem e deve reprimir-se pelo controle precoce dos esfíncteres.

A caracterialidade anal compulsiva foi sempre a mais estudada, porque é o exemplo mais evidente de que a pessoa assume um comportamento que lhe dá, ao mesmo tempo, defesa e segurança.

> *A analidade de tais pessoas é consequência da repressão do erotismo anal e, como forma reativa, podemos encontrar aspectos contrapostos: da desordem à perdularidade e à exaltação do erotismo anal, com suas consequências óbvias. (Navarro, 1995, p.78)*

As pessoas com estrutura de caráter obsessivo-compulsivo são regidas por um plano preestabelecido e imutável. Desagradam-se quando as coisas saem do previsto. Elas temem o caos, a desordem e a imprevisibilidade das coisas. Buscam controlar a vida em todos os seus campos, e essa rigidez as torna mecânicas e pouco criativas.

Tendem a ser graves, sérias e com dificuldades em regular a intensidade do pensamento e da preocupação conforme o valor do tema em questão. Costumam dar importância exagerada aos detalhes e não enxergam o que é mais importante. Quanto mais neurótica é a pessoa, mais ela se torna séria e coloca gravidade em assuntos secundários.

Geralmente, esses traços já aparecem na idade escolar. São as crianças que deixam de brincar e dedicam-se a estudar, sendo excessivamente obedientes, certinhas, responsáveis e sérias. Na puberdade, os traços obsessivos vão-se revelar fortemente. Se no processo de desenvolvimento ocorrer um abrandamento das exigências sobre a criança, ela terá maiores chances de amenizar sua compulsão. Porém, geralmente, ela se torna mais exigente do que os próprios pais desejavam.

Traços típicos na vida adulta: pensamento ruminante; obsessividade; avareza. São pessoas cautelosas, controladoras, obstinadas e reservadas afetivamente. Revelam um sentido pedante de ordem e limpeza, além de teimosia acentuada. A rigidez militar, o rosto duro e o trabalho excessivo fazem parte do perfil que cultua a competência no trabalho executivo, em detrimento da criatividade. Elas mostram alto nível de ansiedade; avareza econômica; frieza e, em estresse, brutalidade no trato com os outros. O sentido de controle parece estar relacionado ao temor de sujar-se.

■ Psicopático

Exatamente quando a criança entra na fase anal, entre os dezoito meses e os dois anos de idade, no período expulsivo, é que ocorre a fixação em ter autonomia e não permitir ser controlado, de jeito algum. É quando se configuram os traços do caráter psicopático, a partir de uma educação cercada de jogos, mentiras, manipulações e abuso biopsicológico. Embora essas características se formem na mesma subfase em que surgem os traços obsessivos e compulsivos, estes se configuram a partir de uma situação diferenciada.

A criança que desenvolve um comportamento obsessivo-compulsivo é exigida precocemente e sofre pressão contínua da mãe com relação à limpeza, ao controle esfincteriano e à ordem. Os traços psicopáticos, por sua vez, também surgem quando a autonomia está nascendo, porém o controlador é o genitor do sexo oposto, que seduz, joga e negocia com a criança para obter o que deseja.

A criança se sente usada, seduzida e manipulada. Passa, então, a usar o jogo para obter autonomia e não ser cerceada. Diante da figura sedutora, ela aparentemente se submete, fazendo um jogo no qual não se deixa efetivamente submeter. O psicopático aprende a seduzir e a manipular, negando os próprios sentimentos, assim como os das outras pessoas. Quando esses traços são intensos poderão levar à psicopatologia (Psicopatia), fruto de um processo de educação infantil marcado por jogos, mentiras, sedução e abuso.

Traços típicos na vida adulta: negação de sentimentos; controle e sedução; busca de poder; alto investimento na imagem e intensa sedução. Essas pessoas querem que os outros necessitem e dependam delas para se sentirem seguras. Apreciam *estar por cima*, em condição de superioridade, para não sentirem a própria fragilidade e insegurança. Para elas, a intimidade e a entrega amorosa ameaçam a independência.

Para Alexander Lowen (1982 [1975]) – que foi aluno de Reich e criador da Terapia Bioenergética – o indivíduo psicopático somente consegue se relacionar com os que precisam dele. "Enquanto for alguém necessário e detentor de uma posição de controle sobre os relacionamentos, pode permitir um grau limitado de intimidade" (p.149).

■ Masoquista

Os traços masoquistas surgem, geralmente, na fase anal retentiva, a partir dos dois anos de idade. Desenvolvem-se como estrutura em crianças que são humilhadas dentro de casa e, às vezes, expostas publicamente a situações de vergonha. Acabam suprimindo a assertividade e a autonomia pessoal por submissão.

Trata-se de uma educação em que existe afetividade e cuidados com a criança, porém isso se dá com excessivo controle e repressão, impedindo a autorregulação. Geralmente, são crianças sufocadas por uma mãe dominadora e ansiosa, que se sacrifica por todos dentro de casa. Esse aspecto deixa as crianças extremamente culpadas para se arriscarem a ter liberdade e a se afirmarem diante da mãe.

Em tais casos, a autonomia é impedida pela mãe controladora e também pela atenção excessiva que mulheres com esse perfil dão à alimentação, à ordem e ao controle dos esfíncteres. A pressão é grande, e a criança se submete. Por medo, ela engole a raiva e a agressão, na intenção de agradar aos pais. Torna-se submissa e *boazinha,* mas sempre prestes a explodir. Como está perto da fase genital-infantil, deseja exibir-se. Porém, como é frequentemente humilhada, sente-se achatada. Então fica defensiva e rancorosa, acumulando raiva e queixas.

Quando a criança – mesmo violentando-se no esforço de atender às exigências paternas – ainda assim não é bem sucedida, terá o que Reich chamou de *irrupções das tendências originais do caráter*. Então, teremos manifestações de extremo desleixo, incapacidade de poupar dinheiro e pensamentos detalhados. Simbolicamente, a pessoa estará *metida em suas próprias fezes*.

Alexander Lowen observa (1982 [1975]) que o traço predominante do masoquista é a submissão. A estrutura masoquista, em geral, pode ser descrita como um caráter que sofre e se lamenta, queixa-se e permanece submisso. Entretanto, essa atitude submissa é apenas externa. Internamente sustenta um forte orgulho, que o defende da humilhação, enquanto espera ser valorizado pelo outro. A estrutura corporal adensada do masoquista restringe a expressão assertiva de contrariedade, permitindo somente as queixas e os lamentos.

> *No nível emocional mais profundo, a pessoa acolhe sentimentos intensos de despeito, negatividade, hostilidade e superioridade. Contudo esses sentimentos estão fortemente aquém dos ataques de medo, que explodiria num violento comportamento social. O medo de explodir é contraposto a um padrão muscular de contenção.* (Lowen (1982 [1975]), p.143)

Traços típicos na vida adulta: o resultado dessa fixação cristaliza a inibição das sensações de prazer, modificando-as para desprazer. A pessoa vive entre a permissão e a proibição, apresentando um exibicionismo inibido. Ao invés de ser assertiva, torna-se queixosa. Mostra traços de sofrimento autoinfringido. É compulsiva, com sentimentos de culpa; trabalha excessivamente para agradar aos outros; é desajeitada, com tendência à depreciação; tortura e irrita o outro através de provocações, para assim justificar a expressão da própria agressão.

A pessoa de estrutura masoquista consegue estabelecer intimidade em seus relacionamentos, mas baseados na submissão. O dilema interno é que a desejada proximidade produz perda da liberdade, devido ao perfil dominante de submissão nos relacionamentos íntimos.

Biopatias da Fase

Entre as biopatias anais estão: prisão de ventre e suas consequências físicas; hemorroidas; pólipos intestinais; problemas renais; diabetes, hipertensão e ansiedade. Como a fixação nessa etapa é marcada pela ansiedade, surgem também os quadros de inquietação, falta de ar, fadiga, dores corporais, problemas no estômago (úlceras e gastrites) e no baço.

QUESTÕES PARA ESTUDO E REVISÃO

1. Por que a etapa anal é um estágio com forte viés cultural?
2. O que caracteriza a criança quando entra na etapa de produção (anal)? Quais as principais mudanças que ela apresenta em seu comportamento?
3. Por que Erikson dizia que a regulagem mútua entre o adulto e a criança passa, nessa etapa, pelo seu mais duro teste? O que acontece na fase anal, que leva o autor a fazer tal afirmação?
4. Quais aptidões nascem no estágio de produção?
5. Quais são as subfases anais e como a criança encontra prazer em cada uma delas?
6. Como pais e cuidadores podem estabelecer os primeiros limites à criança de modo autoregulado? Por que, nessa idade, não adianta exigir que a criança obedeça e se lembre de todas as orientações dadas pelos adultos?
7. Quais as perguntas que as crianças mais fazem nessa etapa?
8. Por que o nascimento do sentido artístico está associado à analidade?
9. Quais as sensações que surgem na criança quando sua autonomia é impedida?
10. Qual é o papel do pai no estágio anal?
11. Quais são os tipos de caráter que surgem das fixações anais? Descreva cinco características de cada um deles.
12. Quais são as biopatias relacionadas à analidade?

"Quando tivermos uma sociedade em que o respeito pela integridade de todos os indivíduos, incluindo todas as crianças, for realizado, o Complexo de Édipo, tanto quanto seu mito, pertencerá ao passado"
Erich Fromm

4 ■ PERÍODO DE IDENTIFICAÇÃO
DOS TRÊS AOS SEIS ANOS DE IDADE

CURIOSIDADE
SEXUALIDADE
E INICIATIVA

Entre os três e seis anos de idade ocorre uma espécie de fusão entre corpo e pessoa. A criança assume a sua exuberância, com a visível apropriação de suas capacidades motoras e cognitivas. O domínio da fala amplia a sua relação com o mundo, e o imaginário alcança um ponto áureo de fantasias e experimentações.

Se as fases anteriores foram transpostas sem maiores dificuldades, as aptidões já desenvolvidas estimulam novas investidas, até mesmo no desconhecido. Depois de estabelecer o vínculo primal (fase ocular), a confiança básica (fase oral) e a autonomia (estágio anal), desenvolve-se uma nova e importante virtude: a *iniciativa*, fruto da forte curiosidade dessa idade.

Descobrir o corpo da mãe foi o primeiro impulso de curiosidade que o bebezinho sentiu logo após o nascimento. Depois de aprender a engatinhar, caminhar, falar e se apropriar de suas inúmeras habilidades motoras (na fase anal), a criança chega à fase genital infantil com uma curiosidade intensa e explícita: quer saber quais são as diferenças anatômicas entre os sexos para depois efetivar a identificação sexual.

A curiosidade anatômica, quando satisfeita, vai despertar outras tantas curiosidades e possibilidades de expansão e prazer. Por isso, é especialmente importante o modo como os adultos lidam com a sexualidade infantil, pois, além do impulso sexual e de sua potência orgástica (capacidade de desfrutar o prazer), nesse momento também está amadurecendo o impulso epistemofílico (a busca por conhecimento).

Junto com a sexualidade infantil, amadurece uma constelação de aptidões essenciais à vitalidade humana: iniciativa, espontaneidade, criatividade, inventividade, assertividade e capacidade de desfrutar o prazer em todas as áreas da vida. Em nenhum outro momento, provavelmente, os pequenos estarão tão dispostos a aprender como agora por meio de experiências inundadas de inspiração e entusiasmo.

Nessa idade, as crianças desejam fazer muitas coisas em cooperação com outras pessoas e sentem prazer em propor atividades como os jogos de faz-de-conta, a interpretação de músicas, o contar histórias e a criação de personagens. É tempo de *shows* musicais e teatrais, feitos sobre palcos improvisados em camas, cadeiras, mesas, etc.

A criança aprecia experimentar diversos papéis e a se imaginar em diferentes personagens e cenas. É a época de imitar mamãe e papai, de colocar-se no papel de homem ou mulher, brincar de médico, vestir-se de super-herói e criar histórias e amigos imaginários.

Desde que Freud descobriu a sexualidade infantil e apresentou o *Complexo de Édipo*, esse período do desenvolvimento ficou conhecido como fase edípica, quando as crianças descobrem o prazer genital e fantasiam vínculos de amor com os genitores do sexo oposto. Reich também se referia a tal etapa como *Primeira Puberdade*, devido à intensidade de prazer genital que se acorda nos pequenos. Até então, essa parte do corpo não despertava sensações tão diferentes das outras, mas agora se torna foco de atenção, experimentações e intenso prazer.

A curiosidade sobre as diferenças sexuais passa a ser tão marcante que o mundo se divide entre quem tem um tipo de genital ou outro. Esse é um momento decisivo no amadurecimento emocional da criança, com a formação do núcleo da identidade sexual e a ruptura da simbiose psicológica com a mãe (a relação dual), iniciando de fato a socialização.

Os movimentos corporais agora se tornam vigorosos, o egocentrismo chega ao auge, e o vocabulário se amplia diariamente. É a idade do brincar e da imaginação ilimitada, com expressão vigorosa da própria vitalidade e de seus muitos desejos. Ao mesmo tempo, a criança começa a perceber a realidade exterior, os diferentes papéis assumidos pelas pessoas e os problemas dentro da família. Entende então que o mundo tem regras e valores diferentes dos seus.

É um tempo de empatias e antipatias por pessoas, reveladas claramente, sem disfarces. A amplitude da comunicação e a maior interlocução com diferentes personalidades fazem com que os pequenos também passem a compreender que nem tudo pode ser do jeito de que gostariam. Essas experiências amenizam a obstinação da etapa anterior, a de produção (anal) e tornam a criança mais flexível e brilhante.

Iniciativa versus Culpa

Aos três anos, o cérebro infantil entra numa fase de estabilidade entre a intensa produção de sinapses e suas podas, inaugurando um tempo de crescente elaboração cognitiva, imaginação e de intenso prazer em relacionar-se. Até os seis anos a criança necessitará desenvolver maior regulação de suas emoções para ingressar na fase escolar e dar início aos estudos e à alfabetização.

Vale relembrar que durante a fase anterior, o período de produção (anal) (capítulo III – parte 3), os pequenos não conseguiam memorizar a maioria das orientações de seus cuidadores. Naquele momento, o *não faça isto* ou *não mexa aqui* precisavam ser repetidos diversas vezes, pois o limite era sempre externo. No *período de identificação*, o limite passa a ser cada vez mais internalizado, consolidando certas medidas de autorregulação da impulsividade e da reatividade do temperamento.

É a etapa em que a pré-escola, os amigos, os vizinhos, além dos familiares, geram importante influência no estímulo da iniciativa e na geração de culpa na criança. O perigo desse processo, segundo Erikson (1976), é quando o sentimento de culpa passa a ser dominante e inibe a iniciativa e a autoexpressão, cerceando em demasia a assertividade natural da fase e a construção da autonomia infantil.

A criança reprimida e culpada não tem apenas medo de ser descoberta, mas escuta a voz interna da autopunição, às vezes de modo exacerbado. Ela também se sente culpada quando seus pais – antes muito vinculados – passam a rejeitá-la, ou a não dar a atenção esperada, quando mostra seu inocente erotismo infantil misturado ao seu modo de amar e de se relacionar. Nessa idade, os valores da família e da cultura são facilmente assimilados pelos pequenos. Em alguns casos, eles se tornam mais contidos e obedientes do que os próprios pais desejavam.

Se a dosagem ótima entre satisfação e frustração (capítulo II) não for observada, em caso de pais exigentes e punitivos, a criança não conseguirá fazer a autorregulação das pulsões e acabará acuada, tornando-se um adolescente/adulto contido e reprimido, com dificuldades de iniciativa, expressividade intelectual, espontaneidade e entrega amorosa. Ou então, se houver negligência dos pais, será uma criança sem limites, impulsiva e reativa, sem autorregulação de suas emoções.

Erikson (1976) observou que essa fase apresenta três grandes mudanças no desenvolvimento motor e mental, que geram a ampliação notável das capacidades infantis. A primeira delas é que os pequenos aprendem a se movimentar *mais livre e violentamente* e, portanto, estabelecem um vasto raio de ação e de objetivos. Depois, o seu sentido de linguagem se aperfeiçoa de modo que a criança entende e pode indagar incessantemente sobre inúmeras coisas, escutando apenas o bastante para formar noções inteiramente errôneas. O terceiro aspecto, segundo o autor, é a junção das duas habilidades:

> *A linguagem e a locomoção permitem a ampliação de sua imaginação a tantos papéis que não pode deixar de se assustar com o que ela própria ganhou e imaginou. (Erikson, 1976, p. 115)*

Erotismo Genital

Os genitais recebem, pela primeira vez, uma carga forte e concentrada de excitação. No caso dos meninos, as ereções frequentes dão início à masturbação. Nas meninas, a libido vai ativar sensações intensas no clitóris, pois a erotização interna da vagina vai-se dar somente na puberdade.

A dinâmica de autorregulação lida agora com a forte sensação do órgão genital, o que despertará a passagem do simbólico ao real. Ativados, os genitais começam a formar sua função, que será completada até a Adolescência. Segundo Elsworth Baker, aluno de Reich, essa etapa corresponde a um dos três picos energéticos do desenvolvimento humano, com a mesma potência da puberdade.

É o momento em que os pequenos apreciam se encostar, roçar e explorar as sensações do corpo em seus pais. Começam também a explorar seus genitais através da masturbação, o que pode ocorrer em qualquer local ou hora, para desconforto de muitos adultos.

Da mesma forma que as crianças colocam seus dedos na boca para descarregar o excesso de tensão na zona erógena oral, agora elas mexem nos genitais para descarregar a tensão das pulsões genitais, próprias dessa idade. A partir desse momento, os genitais serão o canal natural e saudável da descarga de excitações do organismo.

Quando se tornar necessário – em caso de masturbação infantil considerada *ostensiva* pelos adultos – as crianças poderão ser orientadas, com zelo e naturalidade, sobre o aproveitamento de espaços privados e seguros para a sua intimidade sexual. Isso as protegerá de reações nefastas do contexto social diante da expressão de sua inocente sexualidade.

Cabe à família permitir que seus filhos conheçam seu próprio corpo, sem promover estímulos nem repressão, mas também proteger sua privacidade. Pais que não são afetados sexualmente por crianças podem lidar naturalmente com as pulsões sexuais infantis, sem responder sexualmente a elas, mantendo-se na posição de pais e não na de *namorados* ou na de *castradores*. A intensidade sexual dessa fase encontrará seu ponto de regulação à medida que a criança puder saciar sua curiosidade inicial e ampliar seus campos de interesse.

Com o amadurecimento da genitalidade infantil surgem fantasias amorosas associadas aos pais, numa continuidade natural dos vínculos afetivos existentes. Os pequenos inicialmente erotizam a relação com pais e cuidadores, para depois reconhecerem sua identidade sexual e abrirem seu campo de relacionamentos para as mulheres e os homens do mundo.

A criança está buscando um vínculo amoroso, com a totalidade expressiva de seu corpo, que agora sente a vibração de seus afetos tanto em seu coração quanto em seu genital. Se ela não sofrer repressão e nem estimulação de parte do adulto, terá tempo e espaço para desenvolver a autorregulação, sem promover a separação entre afeto e sexualidade, nem a cisão entre impulso sexual e impulso para o conhecimento, típico dos caracteres neuróticos. A sexualidade genital infantil desperta também uma expansão criativa sem limites.

Vencido o período de identificação sexual, os pequenos avançam para a etapa de estruturação do caráter (dos seis aos doze anos), quando as pulsões sexuais e epistemofílicas continuam presentes, porém com maior amplitude. No primeiro momento, o erotismo genital desenvolverá, naturalmente, fantasias de prazer e vínculo em relação ao maior objeto de amor da criança: a mãe, o pai ou seus cuidadores íntimos. Em seguida, por economia sexual, essas pulsões serão direcionadas a outras crianças, que farão parte do campo social e serão os *primeiros namoradinhos*.

Quando falamos em sexualidade infantil, não estamos nos referindo a um vínculo estritamente genital, como muitos adultos entendem e temem. As relações amorosas com os pais ocorrem no campo da fantasia infantil e geralmente são a três (pai-mãe-filho), absolutamente normais na fase. Como diz o psiquiatra gestaltista Cláudio Naranjo (palestra/2007), "trata-se mais de um anseio de amor da criança do que de um desejo sexual".

A repressão da sexualidade infantil – que agora avança de seu funcionamento pré-genital (fases anteriores à etapa genital infantil) para o genital – poderá promover diversas perturbações à saúde biopsicológica, configurando os conhecidos conflitos edípicos identificados pela Psicanálise.

Vale lembrar que para Freud a etapa fálico-genital (dos três aos cinco anos) revela o *Complexo de Édipo*, que consiste em um desejo sexual pelo genitor do sexo oposto acompanhado de hostilidade ao genitor do mesmo sexo. Segundo o pai da Psicanálise, esse complexo é biológico e universal (presente em todas as culturas), o que passou a ser questionado desde o século passado por muitos autores, entre eles o antropólogo Bronislaw Malinowski e o próprio Reich, que refutaram o aspecto universal de Édipo.

A resolução do complexo, segundo a Psicanálise, passa pela figura simbólica de um genitor castrador (a presença do genitor do mesmo sexo) que leva a criança a ter medo da castração. Esse temor faz ela desistir de seus investimentos libidinais, por meio da sublimação dos desejos e do recalcamento de suas pulsões sexuais para os subterrâneos da latência (fase entre os seis e os doze anos, identificada pela Psicanálise). Os desejos edípicos latentes seriam reeditados na puberdade.

Reich, entretanto, compreendeu que a resolução edípica poderia se dar de outra forma e sem hostilidades ao genitor do mesmo sexo. A latência, segundo ele, é fruto de uma educação repressiva e moralizante, ou abusiva. Apoiado nas pesquisas antropológicas de Malinowski e em suas próprias descobertas sobre o núcleo saudável da energia vital, ele passou a defender que a autorregulação é o caminho saudável no amadurecimento das fases, gerando a sublimação natural dos investimentos libidinais de cada estágio por satisfação e não por repressão ou medo da castração.

Quando Reich voltou sua atenção ao resgate da saúde e da potência orgástica (potência de prazer na vida), passou a dedicar-se à prevenção das neuroses. Desde então, o cerne do enfoque reichiano passou a ser que o núcleo é saudável, pró-vida, em busca de prazer e expansão; e que a cultura molda a energia saudável que brota desse núcleo, desviando sua direção e formando a camada intermediária.

Em casos de repressão, a energia vital ficará bloqueada e causará a doença biopsicológica. A partir dessas revelações, o trabalho reichiano voltou-se cada vez mais à prevenção durante a gravidez e a Infância. Como já vimos na parte 2 do capítulo III, as pulsões destrutivas, que Freud afirmou serem biológicas e inerentes ao humano (*pulsão de morte*), para Reich são apenas as reações à frustração e à repressão gerada pelo contexto social, formando a segunda camada, a intermediária (que pode ser relacionada com o processo secundário da Psicanálise).

Período de Identificação

Nessa fase, o desenvolvimento vai cumprir mais uma tarefa em seu plano básico: finalizar a mielinização (encapamento) do sistema nervoso, ativar as sensações genitais e dar início à elaboração dos conteúdos psicológicos relacionados à construção da identidade sexual. Esse fator será importantíssimo quando a criança chegar à Adolescência.

Dentro do olhar reichiano, a fase genital infantil avança dos três aos doze anos, dividida em subfases (*identificação e estruturação*). O tempo de amadurecimento biopsicológico da sexualidade genital servirá de espaço de autorregulação ainda antes de nos tornarmos biológica e psicologicamente maduros para o sexo e o amor. É um momento-chave no processo de amadurecimento emocional e psicossocial.

Se as etapas do desenvolvimento foram vivenciadas em condições suficientemente boas, o organismo experimentará maior integração entre os sete segmentos. O corpo sadio pulsa em uníssono, integrando pensamentos, sentimentos e instintos. O neurótico é fragmentado, com cisões funcionais entre os segmentos e oposição entre pensar, sentir e agir.

O *período de identificação* forma o sentido de feminino e masculino em nosso psiquismo. Entramos no mundo dos novos amigos e das novas possibilidades, como criança/homem ou criança/mulher. O momento é tão marcante que a preferência passa a ser pelos grupos unissexuados, ou seja, o *clube do Bolinha* ou *da Luluzinha*.

É a época em que ser do sexo masculino ou do feminino se torna instigante, promovendo o que Erikson chamou de *livre experimentação de papéis*. A curiosidade sobre as diferenças anatômicas aparece nas brincadeiras *de médico e enfermeira* e de *papai e mamãe*. O faz de conta que sou isso ou aquilo possibilita experimentar as sensações eróticas da fase. É comum que os pequenos desejem ver pais e irmãos despidos e assim discriminar quais são as diferenças entre os seus genitais.

Inocente, a criança não separa amor e sexualidade, nem distingue o seu genital como algo tão diferente de qualquer outra parte de seu corpo. A sexualidade infantil está presente desde o nascimento, porém não é tratada como tal pelo meio familiar, por estar misturada às necessidades biológicas. Nesse sentido, o amadurecimento sexual infantil inicia quando um bebezinho mama e busca o corpo da mãe como fonte de satisfação e relaxamento. Então, a sexualidade é oral, pois o prazer está na boca. Agora ela passa a ser genital, pois o foco de satisfação chegou aos genitais.

O processo central da fase é o estabelecimento da identidade sexual e a ruptura da simbiose psicológica com a mãe. É a primeira vez que os pequenos se descobrem *homens ou mulheres* diante de si mesmos e dos outros. Até então, isso não tinha importância. Agora, o mundo passa a ser visto assim: os homens e seus jeitos e as mulheres com seus modos de ser e estar. Os pais serão os primeiros a serem atentamente percebidos, sentidos e reconhecidos como tal.

O espelhamento será importante para a identificação de gênero e posterior conservação. Por gênero podemos entender algo mais do que sexo feminino ou masculino, mas toda a gama de comportamentos associados. Para a menina, o pai se torna objeto de atração e, também, o homem a quem a mãe dirige seu amor e sua atenção. A pequena desejará ser reconhecida por ele como a mais encantadora das mulheres.

Para o menino, o pai se torna um modelo inspirador de masculino, já que é capaz de suscitar admiração, amor e desejo na mãe. Ela, por sua vez, naturalmente será objeto de atração para o menino, que anseia ser visto por ela como o homenzinho mais interessante da família. Para a menina, a mãe será um modelo de identificação sexual, já que é a mulher escolhida por seu pai.

É possível que outras figuras femininas e masculinas possam ter maior importância na identificação sexual do que os próprios pais, desde que estejam na condição de substitutas nessa relação central de amor ou que sejam figuras de importância no seio familiar.

O modo como a mãe enxerga o pai de seu filho influirá no desenvolvimento da fase genital infantil. Se a mãe desqualifica o pai da criança, será difícil ao filho reconhecer a importância do masculino. Do mesmo modo, se ela mostrar estima baixa diante desse homem, o feminino não será reconhecido como valoroso. O mesmo ocorre se o pai desvaloriza a mulher.

Em tal momento, os pequenos compreendem claramente as relações de poder entre os sexos, assim como o ódio e o rancor que correm nos subterrâneos das relações patriarcais ou matriarcais, instituídas no seio familiar. O respeito entre os adultos e destes com as crianças formará o princípio ético nas relações de amor, integrando de modo igualitário – e sem hegemonia de um sobre o outro – a base amorosa nos modos de se relacionar.

O Primeiro Amor

A fase genital infantil traz consigo a primeira aprendizagem amorosa, que vai formar o modo de amar um homem ou uma mulher no futuro. O período entre os três e os doze anos será um tempo de experimentação das pulsões genitais, com integração e elaboração das fantasias infantis, desenvolvimento funcional e aquisição de autorregulação.

Nessa idade, além de explorar os próprios genitais, as crianças querem ver também os *pipis dos amiguinhos*, como dizem. Quando elas estão na mesma faixa etária, é importante que isso possa ocorrer naturalmente, sem repressão nem estimulação de parte dos adultos. Porém, quando há diferença acentuada de idade entre as partes, é necessário cuidado para não se configurar abuso.

Não são raros os casos de abuso de adolescentes com crianças menores. Mas também são comuns as fantasias de *namoro* das crianças dessa idade com adolescentes. Cabe aos adultos terem atenção e cuidado na avaliação, preservando os pequenos de eventuais abusos, e os adolescentes, de julgamentos injustos.

O problema mais comum, entretanto, não é gerado por crianças e adolescentes, mas por pais ou cuidadores que se sentem afetados sexualmente por crianças ou que temem manifestações sexuais. Diante de uma sociedade reprimida – portanto, cheia de perversões –, a carga negativa que recai sobre o tema costuma alcançar o âmago da maioria das famílias, na forma perturbada da dualidade puritanismo/pornografia.

Nesses casos, os pais colocam malícia onde há somente inocência, e perversão onde há sexualidade ainda sadia, comprometendo negativamente o desenvolvimento dessa importante fase na formação do psiquismo adulto. A criança então sofre uma decepção amorosa profunda, quando o seu modo de amar é interpretado de forma torpe, sentindo-se rejeitada, usada e desrespeitada.

Para os pequenos, é difícil compreender por que os adultos mudaram abruptamente seu modo de abraçar, beijar e acariciar. Então, resta-lhes apenas a sensação da rejeição afetiva. Também lhes é difícil entender por que os pais não reconhecem o seu masculino ou seu feminino, aspectos essenciais da identidade em formação. A criança se sente traída e, em tais casos, haverá fixação nessa etapa.

A rejeição à identidade sexual em formação fere profundamente uma criança em desenvolvimento, gerando agressividade, sentimentos de ódio e descontrole emocional. Essa etapa é normalmente vivenciada dentro da família, que é quem poderá permitir sua superação saudável, como observa Xavier Hortelano (1994).

> *Uma vez que os pais estejam presentes com uma autoridade racional e não com autoritarismo; e que houve acesso ao sexual por espontaneidade e não por posturas reativas ou situações reprimidas; e que foram propiciados à criança os meios de vivenciar seu desejo e sua pulsão, sem excluí-la da relação familiar, isso lhe proporcionará encontrar seu espaço. (Hortelano, 1994, p. 96-97)*

Então Eu Era o Herói

O ímpeto infantil de curiosidade e os amplos movimentos assumem agora maior sentido de direção. A expansão corporal e energética é impressionante, surpreendendo inclusive a própria criança. Com tanta expansão, as fantasias também são grandiosas.

É tempo de intenso brincar, do faz de conta que *sou rei, rainha ou mulher maravilha,* quando os pequenos apreciam definir papéis e funções em suas brincadeiras e relações. Dentro do egocentrismo marcante dessa etapa, surge o propósito de ser o melhor, o especial, o preferido dos pais.

As crianças acreditam ser objeto de desejo dos pais, que as abraçam, beijam e amam tanto. Como estão se descobrindo *meninas ou meninos,* espelham-se no genitor do mesmo sexo, dentro da família. Se for um menino, faz de conta que é papai. Se for menina, deseja ser igualzinha à mãe.

Nessa etapa, mais do que em qualquer outro momento, a criança quer ser notada em suas características sexuais (de gênero). Como seu egocentrismo está no auge, pode vir a rivalizar com quem parece ocupar (ou poderá vir a ocupar) o lugar especial dentro da família, o que acontece geralmente em relação aos irmãos. Para conseguir ser a maior, a melhor, a mais interessante, ela pode ousar muitas coisas.

As histórias de faz-de-conta acolhem essas fantasias grandiosas. Afinal, para ser um homem tão interessante como o pai, capaz de conquistar a mãe, é necessário ser maior e muito forte. Então, tornar-se o *Super-Homem* ou qualquer outro poderoso herói parece ser uma bela tentativa.

Processo similar se dá com a menina. Tornar-se uma *mamãe maravilhosa* de suas bonecas, além de passar batom nos lábios, usar saltos altos e ser tão interessante e inteligente como sua mãe, poderá encantar a todos.

As fantasias da etapa são intensas. São comuns as crises de ciúmes, quando os pequenos se colocam entre os corpos dos pais, querendo a totalidade da atenção. Isso ocorre especialmente quando os adultos incitam ciúme e competição nos pequenos e, também, quando a sexualidade natural é reprimida. Ou quando um pai favorece um filho com sua atenção em detrimento de outro. A criança que se sente amada por seus pais não necessita competir nem rivalizar, para obter amor.

Havendo carências afetivas importantes vindas das fases precursoras, as relações de apego e ciúmes terão maior volume. Além da erotização genital, a criança também mostra intensa expressividade corporal, curiosidade e criatividade. Esses aspectos fazem parte do seu amadurecimento sexual e são tão significativos quanto a exploração dos genitais.

É importante que as crianças possam processar seus desejos de amor apenas no espaço da fantasia, em sua privacidade, sem a interferência repressiva, humilhante ou estimulante dos adultos. Inicialmente os desejos amorosos são dirigidos aos pais e, em seguida, passam a ser destinados aos amiguinhos, professores, artistas e figuras de admiração ou atração.

Sempre que um dos pais representa uma ameaça de castração e, dessa forma, interdita os desejos afetivo-sexuais e a expressividade infantil, a criança vai lidar com o medo de perder algo essencial de sua identidade sexual. Essa dinâmica, para os reichianos, é delicada, pois pode promover a formação neurótica. Segundo a Psicanálise, o *Complexo de Castração* leva a criança a sublimar seus anseios de ocupar o lugar do genitor do mesmo sexo na triangulação e recalcar suas pulsões, passando a se identificar com o genitor do mesmo sexo.

Essa seria a resolução parcial do *Complexo de Édipo*, segundo a Psicanálise, seguida do adormecimento das pulsões genitais e amnésia das fantasias edípicas, que seriam reeditadas somente na Adolescência. Para Freud, a sublimação é o resultado do desvio de um empenho libidinal de sua meta original e seu redirecionamento a um objetivo socialmente válido e *mais elevado*, o que se daria por meio da repressão e posterior recalcamento. Se um menino tem desejos de proximidade corporal com sua mãe, por exemplo, mas teme a castração do pai, acaba recalcando tal desejo, sublimando essas pulsões e voltando-se para outras áreas de interesse.

A abordagem reichiana entende que esse é um princípio autoritário e patriarcal. Para Reich, sempre que a sublimação se dá por repressão e por recalcamento, a pulsão fica reprimida e, portanto, adormecida, podendo voltar a se manifestar a qualquer momento, por meio de fantasias, sonhos ou atitudes. Se as relações edípicas não são bem equacionadas no *período de identificação*, segundo Navarro (1995), elas se tornarão *Complexo de Édipo* na puberdade.

> As pulsões sexuais provocam interesse pelo sexo oposto e assim nasce a fase edípica que, se não tiver solução adequada, se transformará, na puberdade, em complexo edípico. É oportuno lembrar que, enquanto a relação incestuosa é uma relação a dois, a condição edípica é uma relação a três, pela presença do genitor do mesmo sexo. (Navarro, 1995, p.52)

Navarro observa que, se essa presença for vivenciada pelo indivíduo como proibitiva, ameaçadora ou punitiva, aparecerá o medo de castração, impedidor do posterior amadurecimento psicológico, que se manifestará como quadro somatopsicológico da psiconeurose: sua ancoragem corporal está no pescoço e no diafragma, como defesa narcisista e ansiedade masoquista.

> *Na psicodinâmica reichiana, deve-se lembrar que o conceito de castração se refere è emoção e ao sentimento (consciente ou inconsciente) de ter sido privado ou de ainda poder ser privado de um valor existencial fundamental à vida. (Navarro, 1995, p.52)*

A psiconeurose é a expressão clínica de um complexo edípico, segundo Navarro (1995). Os conflitos que marcam essa fase se manifestam em somatizações. Segundo o autor, trata-se da atuação simultânea de pulsões, impulsos, desejos ou exigências internas e externas, que se opõem ou se excluem reciprocamente: um instinto que se dirige ao ambiente vai de encontro à crítica que, de várias formas ligadas ao superego, tende a modificá-lo ou bloqueá-lo.

Comportamento Adulto Alterado

Muitas vezes a sexualidade infantil provoca alteração no comportamento dos pais, especialmente quando há neles fixações edípicas, gestadas em sua própria Infância. Então, os pequenos sentem o afastamento repentino dos adultos e, sem entender o porquê, experimentam a dor profunda da rejeição à sua identidade como homens ou mulheres, *aspecto sensível* dessa etapa do desenvolvimento. Como já estão dotados de força física e capacidade de reação, respondem com raiva e agressão, na tentativa de serem reconhecidos.

A livre experimentação do corpo, o respeito entre os pais e a preservação da liberdade de expressão da criança geram meios de regulação biopsicológica e a equação natural e gradual das relações triangulares da fase. Isso possibilita o processo de identificação sexual, sem a necessidade de um castrador, de repressão sexual ou do adormecimento das pulsões genitais infantis.

Pais psicologicamente saudáveis naturalmente delimitarão as fantasias eróticas de seus filhos, sem a necessidade de vestirem a carapuça do castrador. A presença afetiva e respeitosa dos pais, que não temem a manifestação integrada de amor e sexualidade em seus filhos – porque não são afetados sexualmente por crianças – possibilita que eles se mantenham na posição de pais e não de *namorados* ou de *castradores*.

Segundo Xavier Hortelano (1994), nessa idade é importante potencializar a relação infantil em atmosferas permissivas, em um ambiente afetivo e desinibido, que possibilite a dinâmica sexual, de tal modo que a criança vivencie suas pulsões em seu mundo infantil.

> *Para tanto, são necessários uma estrutura familiar aberta e um ambiente social permissivo. Se essas duas variáveis se realizarem sem repressão, por economia sexual a criança vai se apaixonar por seus amigos. Desse modo vemos que o incesto é um receio cultural, que não ocorreria se não houvesse repressão, carência e confusão. (Hortelano, 1994, p.97)*

Na atmosfera neurótica da nossa sociedade, entretanto, o *tabu do incesto* se tornou necessário, devido às inclinações e pulsões sexuais dos próprios pais em relação às crianças. Como ressalta Hortelano, é fundamental que socialmente se tome consciência da importância de se modificar – para o bom desenvolvimento sexual da criança – "as tendências individualistas, de abrir o núcleo familiar e respeitar realmente os desejos sexuais das crianças e de evitar as tendências possessivas e/ou as pulsões sexuais dos pais com os filhos" (p. 97).

DIFERENÇAS SOBRE ÉDIPO

Embora tenha nascido do ventre da Psicanálise, a abordagem reichiana avançou para outros campos. A alma revolucionária de Reich acreditava que o núcleo da natureza humana é bom, harmônico e racional. Nesse sentido, aproximava-se do ideário romântico de Jean-Jacques Rousseau de que a essência humana está *adormecida* em função de milênios de repressão sexual. Resgatar essa essência, para Reich, é resgatar a capacidade pulsional biopsicológica, moldada e neurotizada pelo contexto social.

Vale lembrar que as diferenças entre Reich e Freud se radicalizaram a partir do conceito de *pulsão de morte* freudiano. Reich passou a defender que tanto os impulsos destrutivos quanto o *Complexo de Édipo* não são inerentes ao homem. Para ele, trata-se de formações neuróticas construídas pela cultura e pela educação, por meio da repressão da sexualidade e da espontaneidade infantil.

Segundo Albertini (1994), a tese reichiana é de que a repressão sexual teve sua origem "na passagem do matriarcado primitivo (proto-comunista e sexualmente livre) para o patriarcado, caracterizado pela acumulação e apropriação pessoal de bens e pela repressão sexual" (p. 47).

As escolas reichianas reconhecem o erotismo genital dessa fase, mas contestam a necessidade de castração e recalcamento para o desenvolvimento equilibrado da personalidade. A conduta moralizante sobre a expressão natural da criança não permite que ocorra a autorregulação das pulsões sexuais. Com a repressão, as pulsões são contidas e por meio do recalcamento elas permanecem proibidas.

Quando o desenvolvimento é comprometido no *período de identificação*, e a criança sofre interferência adulta sobre o nascimento natural de sua sexualidade – com repressão ou estimulação imprópria –, os conflitos edípicos marcarão a formação do caráter. Nos casos de abuso sexual, poderemos ter psicopatologias graves. Como já vimos nas consequências biopsicológicas da fase oral, diversas pesquisas psiquiátricas e psicológicas sobre o transtorno *borderline* indicam abuso sexual na Infância.

Reich passou a refutar a repressão da sexualidade infantil, fortalecido pelas investigações antropológicas de Bronislaw Malinowski sobre os trobriandeses, povo matrilinear habitante das Ilhas Trobriand, na Melanésia, e tendo por base a obra *A Origem da Família, da Propriedade Privada e do Estado*, de Friedrich Engels, de 1884.

> As crianças trobriandesas não conhecem a repressão sexual, nem há para elas segredo sexual. A vida sexual das crianças trobriandesas desenvolve-se naturalmente, livremente e sem interferências, através

de todos os estágios da vida com satisfação sexual plena. ... Precisamente por essa razão, a sociedade trobriandesa, na terceira década deste século (1930) ignorava quaisquer perversões sexuais, enfermidades mentais funcionais, psiconeuroses e o assassínio de origem sexual. (Reich, citado por Albertini, 1992, p. 47).

Reich observa que nessa sociedade existia apenas um pequeno grupo de crianças excluídas do processo de liberdade, que foram reservadas para um casamento pré-arranjado, economicamente vantajoso, com um primo cruzado. "Exatamente como as nossas, essas crianças são obrigadas a viver uma vida ascética; demonstram as mesmas neuroses e traços de caráter que conhecemos nos neuróticos de caráter". (Reich, citado por Albertini, 1992, p. 47).

Nos anos 70, com a publicação do livro *Antiédipo*, o sociólogo Giles Deleuze e o psicanalista Félix Guatarri retomaram o questionamento sobre o aspecto universal dado ao *Complexo de Édipo*. Eles negaram a afirmação psicanalítica sobre a necessidade do ser humano de ser coagido, desde os seus quatro anos de idade, por uma instância autoritária cerceadora de prazer e criação, como único meio de regular suas pulsões.

Antiédipo critica a Psicanálise pela interpretação reduzida do imenso potencial de fluxos desejantes do inconsciente, como diz Deleuze, ao considerar universal (em qualquer cultura) e inerente ao humano a precoce negação dos desejos pessoais por medo de castração. Isso já se daria no universo da família, nos primeiros anos de vida, gerando a submissão a uma única grande figura: o pai, o patriarca.

Os autores trouxeram questões instigantes. Além da crítica de que o *Complexo de Édipo* reduz sobremaneira o entendimento sobre o potencial desejante do inconsciente, eles alegavam que a Psicanálise escravizaria o sujeito ao enredo familiar ao remeter o paciente, constantemente, ao reduzido universo dos vínculos parentais.

Deleuze e Guatari (1976) alegavam que essa leitura psicanalítica teria sido influenciada pela condição cultural da época, marcada pelos regimes fascistas e totalitários, que dominaram o mundo pela coação e pela carência, na época de Marx e Freud. Reich, no final de sua vida, também criticava a Psicanálise da época por ter se tornado retórica e ter se afastado das suas origens biológicas e de sua função social.

> *O projeto do livro Anti-Édipo é pensar o inconsciente não como um teatro de representação e sim como uma fábrica, uma máquina para produzir, eliminando assim a redução do desejo ao problema da falta e da representação, para pensá-lo como uma lógica de fluxos. (Deleuze, 1995, p.25).*

Dentro de algumas linhas da Psicanálise, autores como Karen Horney e Erich Fromm também associam o *Complexo de Édipo* às restrições educativas. Em *A Personalidade Neurótica do Nosso Tempo*, Horney observa que o *Complexo de Édipo* é uma formação neurótica causada por fatores culturais. A autora cita que as causas culturais mais frequentes são: desarmonia do casal devido às relações conflitivas entre os sexos, poder autoritário ilimitado por parte dos pais; tabus sobre qualquer meio de expressão sexual da criança; tendência para conservar o filho em estágio infantil e emocionalmente dependente dos pais.

Para Erich Fromm (1992 [1990]), o *Complexo de Édipo* deve ser interpretado não como o resultado da rivalidade sexual da criança com o pai do mesmo sexo, mas como a luta da criança contra a autoridade irracional representada pelos pais. Fromm relacionava o vínculo inseguro da criança em fases anteriores, pré-genitais, como fatores decisivos ao apego excessivo dos pequenos à mãe e ao pai, na fase edípica.

> *Quando tivermos uma sociedade em que o respeito pela integridade de todos os indivíduos, incluindo todas as crianças, for realizado, o Complexo de Édipo, tanto quanto seu mito, pertencerá ao passado. (Fromm, citado por Mullahy, (1965 [1952]) p. 302)*

Maturana (1993) também remete as questões edípicas à cultura patriarcal. Segundo o autor, a legitimidade da raiva de um menino diante de um pai patriarcal, que abusa de sua mãe por meio de força e de autoritarismo, é completamente obscurecida e desconsiderada ao ser tratada como expressão de uma suposta relação de competição biológica entre pai e filho pelo amor da mãe.

O autor ressalta que em nossa cultura *europeia patriarcal* se criou uma negação aos fundamentos matrísticos no desenvolvimento da criança. Ou seja, um ser humano precisa crescer no autorrespeito e na consciência social, por meio de uma relação mãe-filho fundamentada no livre brincar, em total confiança e aceitação mútuas.

> *Na relação mãe-filho matrística, não perturbada, a criança jamais tem dúvidas sobre o amor de sua mãe. Também não há competição entre pai e filho pelo amor da mãe deste, pois para ela essas relações ocorrem em domínios completamente diversos. E o homem sabe que a relação vem com os filhos e que só durará enquanto durar o seu amor por eles. (Maturana, (200[1993]), p. 79)*

Parricídio e Infanticídio

O *Complexo de Édipo*, na Psicanálise, também está associado ao desejo simbólico de *parricídio* (eliminar os pais ou os antecessores da família), anseio velado que a criança sentiria em relação ao genitor interditor de seus supostos desejos incestuosos. O ódio aos pais seria um dos geradores da culpa que os pequenos sentiriam nessa etapa, já que também amam esse pai com quem disputam e rivalizam.

Cláudio Naranjo falou do assunto de modo peculiar quando esteve no Brasil, em maio de 2007, em Belo Horizonte (Minas Gerais), para a palestra *O Verdadeiro Édipo*. Ele ressaltou que os pais não imaginam que ferem tanto seus filhos na Infância.

> *Se há parricídio e sentimentos de ódio dos filhos em relação aos pais,*

> é porque antes disso houve infanticídio. Os adultos, geralmente, não se dão conta da traição que fazem aos filhos, de como os desrespeitam e os machucam durante a Infância. Não percebem o ódio que revelam em seus modos de reagir com os pequenos e depois se surpreendem com os sentimentos de revolta dos filhos. (Naranjo, 2007)

Ao analisar o mito grego do Édipo Rei, Naranjo observou que Édipo era um herói tão respeitado quanto os deuses, na Grécia Antiga. E que tinha boa índole, pois passou pela vida sempre tentando ser correto, fugindo das situações e dos lugares em que pudesse cumprir as profecias da esfinge. Quando se descobriu vítima do destino, furou os próprios olhos, tamanha a dor que sentia.

A palavra Édipo significa *pés inchados*, nome dado ao herói quando ele foi encontrado por um camponês, com os pés amarrados, ainda bebê e em total abandono. O sentido simbólico da reatividade de Édipo – que o leva a matar Layo – é que durante o combate corporal entre os dois, o seu desconhecido pai biológico o atinge, ferindo exatamente seus pés. A ferida primordial, quando novamente atingida, gera uma reação desproporcional de ódio e dor, pois traz a carga emocional do passado.

Freud relacionou o mito de Édipo Rei ao desejo que os filhos alimentariam, em seu íntimo, de eliminar o pai interditor e amar livremente o genitor do sexo oposto. Na Psicanálise, o parricídio é obviamente relacionado ao conflito edípico. Naranjo, entretanto, observa que na tragédia de Sófocles jamais aparece o desejo parricida de Édipo e nem o desejo incestuoso por sua mãe.

> Édipo passa a vida fugindo dessa profecia. Acaba matando Layo, sem saber que ele é o seu pai, e se casa com Jocasta, sem saber que ela é sua mãe biológica. Uma situação trágica para Édipo, que ele jamais aceitou, já que fora criado por pais adotivos e desconhecia suas origens. Somente no final de sua vida, durante os vinte anos em que viveu solitário e cego, ele se desapega da culpa de ter feito algo que

desconhecia e nem queria fazer. (Naranjo, 2007)

Dentro da abordagem reichiana, o *Antiédipo* de Deleuze e Guatarri, assim como os conceitos de Naranjo sobre *O Verdadeiro Édipo* e as ideias de Maturana encontram ressonância. Especialmente porque, nessa visão, a instância reguladora das pulsões não é o medo da castração e muito menos a culpa por desejos parricidas. Ao contrário, a autorregulação somente é possível por meio da liberdade e do respeito que se desenvolvem no campo amoroso das relações humanas. Baseada no medo, ela não se chamaria autorregulação (processo consciente), mas simplesmente repressão ou, então, recalcamento (processo inconsciente).

Reich dizia que *existem coisas as quais não se educa* (capítulo II) e que essas coisas a criança somente aprende a autorregular a partir da liberdade de sentir e de saciar suas necessidades básicas. A experiência direta construirá o reconhecimento da necessidade de limites e equilíbrio, orientados pelo exemplo dos pais e cuidadores. Esse aprendizado, ancorado pelos adultos, será aceito e internalizado pela criança como uma boa medida para estar no mundo.

Como já vimos no capítulo II, em *Cultivo de Autorregulação*, basta olharmos ao nosso redor e veremos, facilmente, os problemas de falta de autorregulação que assolam a sociedade atual. Para conter a impulsividade e a reatividade, que vem sendo transformada em violência, o Estado busca meios cada vez mais repressores para fazer o controle social daquilo que não pôde ser autorregulado na Infância dos delinquentes.

Curiosidade e Bloqueio Epistemofílico

No século passado, na década de 20, Freud relacionou, pela primeira vez, sexualidade e busca de conhecimento. Mais tarde, Reich afirmou a vinculação entre sexualidade e prazer no trabalho. De lá para cá, as pesquisas sobre as origens do impulso epistemofílico (impulso por conhecimento) e o prazer obtido no trabalho evidenciam cada vez mais que sexualidade não é apenas genitalidade, mas toda a relação que propicia prazer, criação e autorrealização.

Importa-nos considerar esse aspecto, porque é exatamente na fase genital infantil que a sexualidade assume o formato de curiosidade, abrindo campo para o impulso intelectual, o desejo e o prazer de criar, pesquisar e avançar na área do conhecimento.

Se a criança é satisfeita na sua busca de saber e conhecer, sem ser reprimida nem desqualificada, essa curiosidade seguirá expandindo-se, em ritmo ascendente, alcançando outras áreas de aprendizagem, novos campos de conhecimento, cada vez mais diversos e amplos.

O impulso epistemofílico ganha força com a curiosidade sexual ou pode ser bloqueado junto com a repressão dessa curiosidade. Os resultados do processo aparecerão posteriormente, no início dos anos escolares. Se a repressão à sexualidade for marcante, a busca de conhecimento poderá ficar seriamente comprometida, a ponto de gerar problemas cognitivos, como veremos amplamente na parte 5 do capítulo III.

Em 2005, no *1º Simpósio Internacional do Adolescente*, em São Paulo, a psicanalista Maria Cecília Pereira da Silva – autora do livro *A Paixão de Formar* – alertou sobre a importância do professor na vida do pré-adolescente, no sentido de reacender o desejo epistemofílico, em muitos casos bloqueado desde a fase fálica ou genital infantil.

> *Quando a curiosidade sexual não é atendida adequadamente, esse fato pode desencadear dificuldades no processo escolar e no desenvolvimento afetivo e emocional. É por meio da curiosidade sexual que compreendemos de onde e como viemos ao mundo, e isso nos leva a querer entender como funciona o resto das coisas do mundo. Assim começamos a conhecer e a pensar. (Silva, 2005).*

No momento em que podemos levantar hipóteses, unir ideias, construir teorias, podemos pensar, observa a psicanalista. Quando podemos pensar, podemos conhecer e estabelecer relações afetivas. Os vínculos afetivos também são ligações relacionadas ao desejo de saber.

> *Se estivermos atentos, em algum momento, a criança vai querer saber como veio parar neste mundo. Se essa curiosidade sexual puder ser atendida, respondida, toda a curiosidade epistemofílica será despertada, e a capacidade de aprendizagem poderá desenvolver-se com facilidade. (Silva, 2005).*

Se no *período de identificação* a curiosidade sexual anatômica for satisfeita e não repreendida pela família, essa curiosidade não ficará fixada no genital e se ampliará, abrindo diversos campos de conhecimento, com novas aprendizagens e intensa criatividade. A curiosidade sobre as diferenças anatômicas é o fio condutor que acionará o impulso para o conhecimento, que nasce junto com a sexualidade.

Como veremos na parte 5 do capítulo III – que se refere ao período escolar e de estruturação do caráter – o desenvolvimento cognitivo e moral avançará estruturando o pensamento, o caráter e a identidade pessoal. No início de qualquer etapa do desenvolvimento infantil, a criança passa pela crise de ingresso na fase. Ou seja, há muita intensidade focada na zona erógena em amadurecimento.

Se o desenvolvimento ocorrer naturalmente, essa mesma intensidade encontrará seu caminho de regulação pelo próprio processo do ciclo vital, que leva sempre à busca de novos focos de prazer, atendendo às leis naturais de desenvolvimento e evolução, que despertam o desejo por novas aptidões e experiências.

Reich (1949) já observava que, em análises bem sucedidas, os avanços do paciente alcançavam um nível elevado somente depois que ele conseguia obter satisfação sexual plena. "A durabilidade das sublimações depende também da regulação da libido", segundo ele (p.182).

> *Pacientes que se libertam de suas neuroses apenas por meio da sublimação mostram condição muito menos estável e têm uma tendência muito maior à recaída, do que aqueles que não só sublimaram, mas também alcançaram uma satisfação sexual direta.*

> *Assim como a satisfação incompleta, isto é, fundamentalmente pré-genital da libido interfere na sublimação, da mesma forma a satisfação orgástica genital a estimula. (Reich, 1998 [1949], p.182)*

Em casos de vinculação excessiva da mãe com o filho, de um pai que é desqualificado pela mulher, por exemplo, a relação triangular pode não ser resolvida. Se o pai é fraco ou pouco respeitado pela mãe, ele também não é um bom representante para a identificação do filho. Se a mãe é fraca ou desqualificada pelo pai, também não será um bom modelo de identificação para a menina.

Exemplos de fixação edípica são os meninos que ficam apegados à mãe e se tornam passivos e femininos; ou de meninas que se identificam com o pai e se tornam agressivas e masculinas. Ou, ainda, de crianças fixadas no genitor do sexo oposto, com fantasias de que eles serão seus namorados ou amantes e não suas referências paternas ou maternas. Nesse caso, um modo infantil de viver a sexualidade é mantido, por meio de uma identidade feminina ou masculina imatura e infantilizada.

O Pai, os Irmãos, os Amigos

Até ingressar na fase genital infantil, meninos e meninas brincavam juntos, mas cada um com seus brinquedos, lado a lado. Aos três anos passam a interagir mais nas brincadeiras, ainda sem dar importância à distinção entre os sexos. No entanto, a partir dos quatro anos, em média, a diferenciação sexual será progressiva e marcante, com a separação entre a turma dos meninos e o grupo de meninas.

A mãe e o pai são referências de autoridade, não no sentido de superioridade ou de uma posição dominadora, mas como modelos de masculino e feminino, respeitosos e afetivos. A palavra autoridade tem suas origens na palavra autor, o criador. É diferente de autoritarismo, a marca confusa e violenta da sociedade patriarcal. Ou mesmo do domínio feminino dos sistemas matrilineares.

Anteriormente, ainda na *fase oral*, a mãe era a figura central para o bebê. Na *fase anal*, o pai ganha importância, e a relação com os pais tende a ser excludente: ora a preferência é estar somente com a mãe, ora com o pai. Na *fase genital infantil* surge a possibilidade de integração dessas duas figuras, que ganham importância similar, formando a tríade mãe-pai-filho, liberando a criança da relação dual e fusional com a mãe e fortalecendo o vínculo com a figura masculina.

Os irmãos também assumem lugar de destaque, admiração e conflito, já que a criança passa a brincar e a interagir mais com o outro. O sentimento de fraternidade nasce quando ela aprende a dividir seus brinquedos, seus chocolates e começa a receber do outro o fruto do seu compartilhar. Os conflitos entre irmãos também são importantes geradores de traços de inveja, competição e medo. Porém é a relação com os pais que tem maior peso na formação do caráter.

Pré-Escola: a Base da Educação

O período ideal de ingresso na pré-escola é em torno dos três anos de idade, exatamente quando a criança entra na fase *genital infantil*. A partir dos trinta/trinta e seis meses, ela compreende que, quando a mãe sai de perto, ela não partiu para sempre e que voltará em algumas horas. É o momento em que o processo de adaptação será fácil e sem traumas, também porque a criança já consegue se comunicar com clareza.

No entanto, na atualidade, com as mudanças na vida urbana e a presença efetiva da mulher no mercado de trabalho, reduziram-se os meios familiares para que a criança permaneça até os três anos de idade sob os cuidados da família. Como relatamos no capítulo I, um dos importantes e recentes alertas da Organização Mundial da Saúde e das novas pesquisas da Neurociência refere-se às graves consequências da baixa qualidade nos cuidados das crianças durante os três primeiros anos de vida.

Diante dessa realidade, resta aos pais ou responsáveis por crianças pequenas procurar a melhor escola de educação inicial. Um lugar onde a rotatividade dos cuidadores não seja significativa, que apresente uma linha pedagógica consistente e cuidadores afetivos e atentos, capazes de criar vínculos positivos com os pequenos.

Caberá aos pais uma investigação minuciosa e um acompanhamento atento, até porque a criança ainda não consegue comunicar de forma clara o que sente na escola. Nessa idade, os pequenos necessitam de um cuidador suficientemente bom e saudável, como vimos no capítulo II.

Alan Soufre, junto com uma equipe de pesquisadores da Universidade de Minnesota, nos Estados Unidos, vem acompanhando há cerca de vinte anos centenas de pessoas, com o propósito de verificar a importância da pré-escola no desenvolvimento escolar posterior. A equipe verificou que o bom desempenho escolar dos jovens de dezesseis anos parece estar relacionado ao nível de sustentação e estímulo que esses jovens receberam no período pré-escolar.

Segundo Soufre (citado por Shore, 2000) "um grande número de pesquisas mostra que, quando a criança não tem uma boa assistência nos anos iniciais, se torna mais difícil e custosa essa reparação posterior" (p.44). Por isso existe uma frustração crescente com relação a investimentos e pesquisas educacionais para crianças em idade escolar.

> *Há um grande reconhecimento de que como sociedade não conseguimos suprir as necessidades de nossas crianças mais jovens, e nenhuma de nossas estratégias para ensiná-las posteriormente poderá ser efetiva. (Shore, 2000, p. 44)*

Como veremos na parte 5 do capítulo III, escolas com propostas educativas humanistas vêm ganhando espaço diante do evidente fracasso de um modelo de educação que não contempla uma das importantes propostas da Unesco: *Educar para Ser* e *Educar para Conviver*.

O que caracteriza as escolas e os profissionais humanistas é que eles consideram a subjetividade humana como um dos aspectos prioritários. Em tais casos, a criança, além de aprender a conhecer e a fazer também será estimulada a aprender a Ser e a Conviver.

Essas escolas estão ancoradas em diferentes propostas pedagógicas, porém têm em comum o cultivo de amorosidade, respeito, solidariedade, incentivo à criatividade e ao desenvolvimento integral da criança. Entre elas estão as escolas abertas, que se diferenciam das escolas tradicionais e das escolas voltadas ao desenvolvimento de habilidades.

Entre as escolas abertas, que geralmente também se voltam à *Educação para Ser e Conviver*, além do aprender e do fazer, podemos citar experiências importantes: nas que seguem a pedagogia Waldorf, criada por Rudolf Steiner, a educação integral é o princípio central. Nelas, o uso do computador, por exemplo, é restringido às crianças menores de seis anos de idade. A razão é preservar o desenvolvimento simbólico, que vive um tempo rico nas fases de produção (anal) e durante o período de identificação sexual (fálico-genital).

Na pedagogia Waldorf, o primeiro setênio na vida de uma criança corresponde ao período ápice do desenvolvimento do corpo, que deve ser estimulado por meio de atividades tais como ritmo, movimentos, calor e alimentação sadia. O desenvolvimento intelectual precoce, antes dos sete anos, é considerado prejudicial. A causa é o desvio das forças vitais do corpo para o saber e o pensar. Tal condição deve ser evitada já que a maturidade intelectual se dá somente aos sete anos.

As escolas construtivistas também defendem que a liberdade e o afeto são a base do desenvolvimento integral, amplo e humanizado. O cultivo do conceito de que o aluno é um ser criador – e não um instrumento que repete o que diz o professor – é a filosofia dessas escolas. Nelas, o conhecimento é construído pela experiência.

Também as escolas orientadas pela linha Montessori, fortemente identificadas com o ideário da *Escola Nova e Ativa*, sistematizado por Ferrière, respeitam o crescimento natural das crianças e desenvolvem, sobretudo, a educação sensorial na pré-escola. Para Montessori (2003), educar é favorecer o desenvolvimento, e, para isso, a liberdade torna-se fundamental. O verdadeiro desenvolvimento, segundo a italiana, depende das possibilidades disponíveis em cada momento do desenvolvimento infantil.

Educação Democrática e os Limites

Na atualidade, existem muitas novas escolas, que buscam diferenciar sua abordagem por meio de uma educação voltada ao Ser, em que a liberdade é primordial ao desenvolvimento. No Brasil, tivemos a contribuição histórica de Paulo Freire, um dos grandes teóricos da educação voltada à mudança e à liberdade, conhecida como *Educação Democrática*, presente em diversos países. Freire (1981) dizia que um educador que restringe o educando a um plano pessoal impede-o de criar. E que isso significa tornar o aluno um instrumento e não um educando.

> *O ímpeto de criar nasce da inconclusão do Homem. A educação é mais autêntica quanto mais desenvolver esse ímpeto ontológico de criar. A educação deve ser desinibidora e não restritiva. É necessário darmos oportunidade para que os educandos sejam eles mesmos. Caso contrário, os domesticamos, o que significa a negação da educação. (Freire, 1981, p. 32)*

Nas escolas que usam esse tipo de orientação pedagógica, desde os quatro anos de idade a criança começa a participar das decisões escolares, a partir das pequenas assembleias de crianças, com vistas ao desenvolvimento de responsabilidade, regulação de limites, coletividade, respeito e solidariedade. Em tais abordagens, o conceito de autorregulação também está presente, por meio do respeito ao tempo da criança e ao desenvolvimento de equilíbrio interior.

O desenvolvimento de limites é essencial, mas eles abarcam um sentido maior do que a obediência às ordens externas, dadas por adultos cuidadores. Como já vimos no capítulo II, existem três tipos de limites que necessitam ser aprendidos pela criança para que ela possa ser uma pessoa autorregulada.

O primeiro deles é o limite que a criança precisa aprender a observar e a respeitar na *relação com o outro*, o que vai ajudá-la em seu desenvolvimento moral, ético. Há ainda os limites *que precisam ser transpostos*, fato que promove o amadurecimento e o desenvolvimento de capacidades e virtudes. O terceiro tipo de limites é da maior importância: é o *limite interno*, aquele que a criança precisará desenvolver para proteger sua intimidade e privacidade.

A criança autorregulada aprende a lidar com os três tipos de limites. Se a educação for rígida demais, ela terá excesso de limites e, se a educação for negligente, revelará excesso de falta de limites. Esses extremos impedem o desenvolvimento de autorregulação e de equilíbrio entre os três tipos de limites.

Segundo Piaget (citado por Biaggio, 1991), na fase *pré-operacional* do desenvolvimento cognitivo, dos dois aos seis anos de idade, é ainda difícil à criança colocar-se no lugar do outro. O egocentrismo é uma das características marcantes, além da tendência dos pequenos de fixarem impressões momentâneas como rígidas e estáticas. A compreensão sobre a reversibilidade das coisas ainda não existe.

Outro aspecto significativo apresentado por Piaget é o *pensamento transdutivo* dessa etapa, em oposição ao *pensamento dedutivo*, lógico. O modo de pensar *transdutivo* parte do particular e alcança outra vez o particular, contribuindo para que a criança chegue a conclusões logicamente incorretas. Um exemplo citado por Piaget é que, se a criança vê o pai aquecer água para fazer a barba, passa a pensar que sempre que se aquece água é para fazer a barba. A criança ainda não diferencia um ato intencional de um ocasional.

Sexualidade e Liberdade: Saúde Emocional

Vale lembrar que na abordagem reichiana a fase *genital infantil* segue em maturação até a Adolescência, quando se transforma em genital adulta, devido à instauração da capacidade reprodutiva. Entre os três e seis anos, a criança passa pelo *período de identificação* e, gradual e naturalmente, concluirá um ciclo importante de seu desenvolvimento biopsicoafetivo. Dos seis aos doze anos estará na segunda etapa da fase genital infantil, passando pelo *período de estruturação do caráter*.

No primeiro período (identificação), a autorregulação possível pode ser contemplada com a permissão de que a criança descubra seu corpo, além do cuidado de pais e cuidadores com a atuação educativa tonalizada por suas próprias fixações infantis. Por isso, Reich enfatizava tanto que era necessário *educar o educador* e que os pais deveriam passar por processos terapêuticos para não reproduzirem suas fixações nos filhos.

Os pais são os ancoradouros temporários e seguros do despertar da sexualidade infantil, desde que deixem as crianças livres para explorar e maturar – com naturalidade e respeito à sua privacidade – as aptidões e os prazeres da fase. Se não houver engajamento sexual dos pais, naturalmente as fantasias ganharão nova dimensão, sendo dirigidas a outras crianças ou figuras de admiração. Os pais se tornam, então, modelos respeitáveis e sólidos para que a criança efetive a identificação.

Na etapa seguinte, no período de ensino fundamental, a sexualidade infantil seguirá amadurecendo com evidenciada masturbação e fantasias amorosas direcionadas aos namorados escolares. Não havendo castração da expressividade e da curiosidade sexual e nem experiências de estimulação sexual ou abuso, não se desenvolverá a *latência* (fase identificada pela Psicanálise, entre os seis e os doze anos, em que o impulso sexual fica recalcado). Como já vimos, dentro da abordagem reichiana, ocorrerá latência sempre que a criança receber uma educação repressiva ou sofrer abuso.

FORMAÇÃO DO CARÁTER
CONSEQUÊNCIAS BIOPSICOLÓGICAS
DA FIXAÇÃO FÁLICA

O *período de identificação* organiza pontos centrais da personalidade: a identidade sexual, a regulação dos limites, a relação com o feminino e o masculino, a criatividade, as relações de domínio/entrega, o desejo de conhecer por meio da liberação do impulso para o conhecimento, além de estabelecer códigos básicos de convivência e efetiva socialização.

Entretanto, a moral sexual ainda atinge os pequenos em muitos sentidos. A fixação de pais e educadores, que não conseguem ver a sexualidade infantil como natural e não aceitam a manifestação integrada de amor e sexualidade na criança, deixa marcas profundas nos pequenos. Da mesma forma, a relação com o feminino e o masculino, as relações de respeito e valoração entre os sexos serão fundamentais à identificação sexual que ocorre nessa etapa.

> *Um menino ou uma menina do futuro, educados numa perspectiva reichiana, não deveriam ter Complexo de Édipo, sendo o período edípico praticamente superado em torno dos oito, nove anos. (Navarro, 1995, p.20)*

As pessoas com fixação na etapa de identificação sexual (chamada também de fálica ou fálico-genital) sofreram um desapontamento profundo com seus pais no despertar de sua sexualidade genital ou não tiveram uma presença adulta respeitável, do mesmo sexo, para fazerem a identificação sexual. Geralmente, ocorre fixação porque o genitor do sexo oposto não suporta a expressão inocente e integrada de sexualidade e amor na criança e nem sabe lidar com isso.

Em outros casos, a fixação ocorre devido à vinculação excessiva entre mãe e criança, quando o estado simbiótico é mantido, e os pequenos não fazem a ruptura fusional. Geralmente, nas etapas anteriores, eles se sentiam inseguros afetivamente para avançar em seu processo de independência. Muitas vezes isso ocorre devido ao autoritarismo paterno contra a criança e/ou sua mãe.

Também pode ocorrer fixação quando os pais incentivam a permanência de vínculos erotizados e/ou fantasiosos entre eles e seus filhos, dizendo você é a *minha namoradinha, você é o grande amor da mamãe, você é o homenzinho da mãe e vamos viver juntos por toda a vida*. Ou ainda quando se configuram situações de abuso sexual.

Vale lembrar que a fixação fálica ocorre em um momento mais avançado do desenvolvimento. Nesse caso, as pessoas fixadas em tal fase tendem a estar mais adaptadas ao meio do que aquelas que tiveram fixações oculares, orais ou anais, por exemplo, com formação de núcleo psicótico, depressivo ou compulsivo-masoquista. Em geral, a maior dificuldade das pessoas com conflitos no estágio genital infantil é a entrega amorosa.

Questões Edípicas

As pessoas com fixação nessa etapa tendem a desenvolver o que Freud chamou de *Complexo de Édipo*, como vimos no estudo de tal fase. Ou seja, os conflitos edípicos, as questões de identificação sexual e as ligações erotizadas com os pais vão tonalizar o caráter e sua atuação no mundo. Na fase adulta, os vínculos conflitivos do homem com sua mãe e da mulher com seu pai podem confundir e dificultar suas relações amorosas.

Embora possam desenvolver perfis de personalidade bem distintos, as pessoas com fixação fálica têm em comum grande agilidade corporal e tendência a erotizar todos os aspectos da vida. A impulsividade desse tipo de caráter revela uma forte carga sexual contida em sua estrutura, que extrapola facilmente na forma de irritação e histeria.

A competitividade, as oscilações de humor, a impaciência, a irritabilidade, a infantilidade, as atitudes sexuais invasivas (ou seu inverso, o recato sexual) são típicas. São característicos os comportamentos afetivos infantis e os desejos de poder. A sedução é intensa e há uma divisão entre amor e sexo. É comum a busca de desempenho sexual e os conflitos de amor e ódio nas relações amorosas.

Vale lembrar que na etapa de identificação da fase *genital infantil*, o que se ativa na menina é o clitóris, pois a vagina será erotizada somente na Adolescência. Então, a estimulação e a fixação serão clitorianas, o que remete à sensação de querer ter um pênis, ter um falo, ter poder.

- Fálico-narcisista (nos homens)

A estrutura de caráter fálico-narcisista se forma quando a mãe, que era anteriormente afetiva, rejeita ou se afasta do menino logo que emerge a sexualidade infantil. Ela não tolera a manifestação integrada de amor e sexualidade em seu filho. Como a criança nesses casos tem um pai forte, que a incita à competição, ela precisa se enrijecer para não fracassar. Passa, então, a temer tornar-se vulnerável e sensível. Para isso, separa coração de sexo.

Segundo os psicólogos reichianos Sandra Mara e José Henrique Volpi (2003), "na Infância do fálico encontra-se um pai forte, visto pelo menino como o vencedor da luta pelo amor da mãe. Este mesmo pai tolera a agressividade do menino que está-se sentindo rejeitado em sua sexualidade e o incita à competição. Assim o menino, quando adulto, será capaz de expressar a sua agressividade" (p.114).

O tipo fálico, também chamado de fálico-narcisista, costuma ser de algum modo agressivo com as mulheres, resultado da raiva que acumulou diante da rejeição da mãe. A figura materna, no caso, é central na formação desse tipo de caráter.

> *Sua busca, vida afora, é reconquistar a mãe perdida. Quer provar que é tão potente quanto o odiado pai, por este ser a causa da rejeição materna. A hostilidade em relação ao pai pode deslocar--se para as mulheres, como a mãe, que negou a sua sexualidade. (Volpi & Volpi, 2003, p. 114)*

O *fálico* é uma pessoa bem adaptada, com sucesso profissional e atraente ao sexo oposto. O problema dessa estrutura está na separação entre sexo e amor, na agressividade, competitividade e busca de poder. Desenvolveu uma musculatura rígida para conter a raiva e não se tornar frágil.

Traços na fase adulta: rigidez física; potência eretiva, mas pouca satisfação orgástica; dificuldade com descarga sexual completa e entrega amorosa; diante da insatisfação, busca mais e mais desafios; é compulsivo, com ímpetos de vingança e domínio por meio do sexo; fortes traços de competição, desconfiança e reserva afetiva, frieza. Podem ocorrer opções de homossexualidade ativa em tipos fálico-narcisistas, excessivamente masculinos e que nutrem certo desprezo à mulher.

- Passivo-feminino (nos homens)

O homem que apresenta um perfil passivo-feminino é mais delicado, com traços ternos e femininos em seu rosto, mesmo tendo um corpo forte e masculino. Não se trata de homossexualidade, necessariamente. Em sua história de vida, em especial ao ingressar na *fase genital infantil*, ele teve que negar a sua agressividade natural e masculina. Esse menino chegou a viver seus momentos de autonomia e emancipação, mas logo em seguida teve que suprimir seus ímpetos de iniciativa e agressividade natural.

Geralmente, a pessoa teve um pai ausente, que, quando estava presente, era, em alguns momentos, hostil e, em outros, totalmente omisso e voltado ao seu próprio universo. Portanto, acabou sendo um homem que não estimulou seu filho a identificar-se com ele. Incitou medo na criança e assim não se tornou um bom modelo de identificação para o menino. Diante desse pai, ele se torna passivo.

Por outro lado, a mãe é forte e sustenta todas as necessidades do filho. Muitas vezes, ela já cultivava um apego excessivo com o menino por meio da amamentação prolongada (mais de 2 anos) ou de um vínculo excessivamente fusional. Porém afetivamente ela é indiferente à sua masculinidade, que nessa fase necessita especial reconhecimento. Ele acaba identificando-se com o aspecto feminino e materno.

Muitas vezes, a mãe critica o pai e faz com o filho uma espécie de aliança contra os homens, ou seja, contra o masculino. Assim ele se tornará um bom menino, proibido pelo pai de ser agressivo e, pela mãe de ser sexualmente masculino.

Traços na vida adulta: passividade; delicadeza no modo de lidar com as pessoas; extremamente educado e agradável; negação da agressividade natural masculina; sente raiva de suas necessidades sexuais, tornando-se atrativo e sedutor, mas, posteriormente, rejeitador e frio; estrutura corporal forte, pois chega até a fase genital, mas em conflito. São pessoas que desenvolvem uma capa de gordura, que disfarça sua forte sexualidade reprimida. Homens com muitas fantasias sexuais, devido à repressão. Um dos temores do passivo-feminino é a homossexualidade.

■ Histeria (nas mulheres)

Essa estrutura se desenvolve quando a menina sente rejeição ou afastamento abrupto do pai, logo que mostra anseio de aproximação com a figura paterna, insinuando desejos de ser sua namorada e de ocupar o lugar da mãe. É quando ela compreende que o motivo do afastamento repentino do pai foi a sua sexualidade. Então recolhe suas fantasias para um espaço secreto. A partir daí, passa a insinuar-se e, no momento seguinte, nega seus anseios e suas fantasias.

Como percebe que a mãe – ou outra mulher – é objeto do desejo do pai, identifica-se com ela, mas, em competição, como uma rival a ser derrubada. Quer superar a mãe, sendo parecida com ela, todavia melhor. Como mantém um desejo secreto pelo pai, vive sua sexualidade como proibida. Sabe que o pai se afastou por temer sua sexualidade infantil e entende que ele percebe, secretamente, os seus desejos. De forma velada, a triangulação se instala e se mantém.

Mulheres com esse perfil mostram alta carga de sexualidade e sedução e, ao mesmo tempo, um acentuado moralismo. Essa oposição gera muita ambiguidade na relação com os homens, com frequentes fantasias e temores de incesto, conflitos que povoam seu imaginário.

Traços na fase adulta: pessoas sedutoras; uma sedução difusa em toda a comunicação; seduz e depois friamente se afasta, *cai fora* numa espécie de vingança; muitas vezes argumenta não perceber que seduziu; fica furiosa quando é vista como objeto sexual. Muito orgulho, determinação e raiva contida. O rancor sustenta o orgulho. Conquistar e seduzir torna--se mais importante do que amar. Tendência a desenvolver triangulações nos relacionamentos amorosos. Ou o extremo oposto: teme o sexo e evita intimidade com outros homens, mantendo-se emocionalmente vinculada ao pai, o homem idealizado.

- Mulheres agressivas

A fixação que vai gerar esse tipo de caráter ocorre quando o pai, durante a *fase genital infantil*, rejeita especificamente a manifestação da sexualidade na menina, entretanto não se afasta dela. Ele gera uma forte aliança com a criança, estimulando-a e valorizando-a em seus aspectos intelectuais e operacionais, porém não faz o reconhecimento de seu aspecto feminino. O pai segue próximo e desenvolvendo diversas atividades com ela, como ocorria anteriormente, no entanto o aspecto sexual-afetivo é desconsiderado, não reconhecido.

Ao mesmo tempo, a mãe de uma mulher agressivo-masculina é fraca ou afetivamente ausente. Muitas vezes não consegue impor-se frente à agressividade crescente da criança. Diante desse quadro, ela não se tornará um modelo inspirador para a identificação feminina, já que a criança terá o pai como referência afetiva.

Segundo Volpi & Volpi (2003), a menina, ao mesmo tempo em que tem sua sexualidade rejeitada pelo pai, espelha-se nele para construir seu modelo de mulher. Na verdade, sua sexualidade não é acolhida, mas também não é completamente rejeitada ou reprimida, nem pelo pai, nem pela mãe.

Caberá à criança lidar sozinha com a intensidade de suas pulsões, sem qualquer ancoragem dos pais. Então, como o pai se mantém presente e valoriza a capacidade assertiva e competitiva da menina, ela canalizará suas pulsões e o seu modo de obter amor e valor como mulher, sendo empreendedora, ativa, brilhante intelectualmente, assertiva e fálica. Lembremos que – assim como no passivo-feminino – esse traço não se retrata, necessariamente, em casos de homossexualidade.

Traços na vida adulta: assertividade; busca de poder; competitividade; sentimentos de ódio ou aversão aos homens e, ao mesmo tempo, forte identificação com eles; expressão corporal pouco ou muito masculinizada; pode ser bela como mulher, mas como alguém de perfil forte; desenvolve-se muito intelectualmente e busca seduzir por suas capacidades profissionais e jamais como uma mulher do lar, feminina, esposa ou algo similar.

Para alguns homens, uma mulher agressiva é intimidadora na vida sexual. Elas podem ser atraentes e sensuais, ao seu modo, porém a carga de excitação no clitóris é tão forte que, em muitos casos, intensificam em demasia a relação sexual, inibindo certos homens.

Biopatias da Fase

No âmbito das biopatias do período de *identificação,* temos problemas como frigidez, impotência, ejaculação precoce, dificuldade de conseguir ejacular, varizes, além de problemas nos ovários, no útero, nos genitais e na bexiga. O vaginismo (fechamento da vagina na hora da penetração), as dificuldades com o orgasmo, o bloqueio pélvico, a falta de dilatação na hora do parto e o desenvolvimento de tumores e miomas uterinos são algumas das biopatias comuns associadas ao bloqueio pélvico.

QUESTÕES PARA REVISÃO E ESTUDO:

1. O que caracteriza o período de identificação sexual, também chamado de fálico-genital ou de fase fálica? Qual processo biopsicológico acontece nessa etapa?
2. Quais são as aptidões humanas que florescem em tal fase?
3. Como Reich e Elsworth Baker chamam essa idade? Por quê?
4. O que é o *Complexo de Édipo* dentro da Psicanálise?
5. Quais são as críticas dos que abordam o *Antiédipo,* citadas no texto?
6. Por que Reich não reconhecia a latência como saudável?
7. Do que, segundo Xavier Hortelano, a criança necessita para desenvolver uma sexualidade sadia?
8. Por que o impulso para o conhecimento está associado à sexualidade e como ele aparece no período de identificação?
9. O que caracteriza a crise normativa dessa etapa, segundo Erikson?
10. Quais traços surgem da fixação em tal etapa? Descreva, brevemente, as características centrais de cada um dos tipos descritos e o genitor associado à formação das estruturas de caráter da fase.
11. Quais são as biopatias associadas ao período de identificação?
12. Descreva o argumento de Naranjo sobre parricídio.

"Neste estágio, a motivação para o desenvolvimento e a atualização da capacidade intelectual é tão grande que, se houver desinteresse ou falhas no desempenho escolar, algo deve estar errado com a escola ou com os pais da criança".
Jean Piaget

5 ■ PERÍODO DE ESTRUTURAÇÃO
DOS SEIS AOS DOZE ANOS DE IDADE

IMPULSO INTELECTUAL
GOSTO PELO TRABALHO
ESTRUTURAÇÃO DO CARÁTER

Quando o desenvolvimento de uma criança transcorreu bem nas fases iniciais, ela chega ao período escolar com certa estabilidade emocional. A relação afetiva com os pais, erotizada no período de identificação sexual, aos poucos encontra seu caminho de autor-regulação, despertando novos focos de desenvolvimento.

A partir dos seis anos, gradualmente, o egocentrismo infantil cede espaço ao desejo de fazer parte do grupo, por meio de maior flexibilidade e cooperação. Agora, o desenvolvimento da personalidade avança a passos largos. É o período de estruturação do caráter, cujos alicerces foram assentados durante os primeiros seis/sete anos de vida.

A sexualidade segue sua maturação natural, com masturbação evidenciada, até alcançar seu ponto de maior intensidade: a Adolescência. Antes disso, o feminino e o masculino são reforçados com novas identificações, a partir do espelhamento com figuras do mesmo sexo (pais, professores, amigos, líderes, artistas ou atletas).

O impulso epistemofílico (busca por conhecimento), despertado juntamente com a curiosidade sexual, agora se transforma no motor do desenvolvimento intelectual. A criança também estará percebendo suas aptidões e defasagens evolutivas, e, pela primeira vez, a estima pessoal estará especialmente sensível ao sentido de *capacitação operacional* e *identificação com a tarefa*.

Nessa idade, os pequenos observam a cultura de seu povo e identificam o que os adultos fazem dentro da sociedade. Então, revelam desejos de aprender a fazer aquilo que os maiores são capazes de realizar, com a expectativa de serem posteriormente inseridos no meio social, de modo ativo e dignificante.

As crianças agora estão ávidas por saber o que poderão vir a ser no futuro. Desse anseio surgem as primeiras escolhas, temporárias ou definitivas, de uma profissão futura. É quando manifestam o desejo de serem professores, musicistas, cantores, bombeiros, astronautas, modelos, etc.

Se a criança já apresentava alguma dificuldade de aprendizagem, até então não percebida pela família, na escola ela ficará evidenciada. Se a limitação se tornar motivo de críticas e desqualificação de familiares e colegas, certamente deixará marcas de desvalorização na formação da personalidade infantil.

Rito de Passagem

O ingresso no ensino fundamental pressupõe o estabelecimento de certa ordem interna, pois a criança necessitará centrar sua atenção nos novos desafios do desenvolvimento cognitivo e na relação com seus pares. Para tanto, é importante que ela já tenha adquirido certa regulação de suas emoções e relativa estabilidade psicológica e corporal, para que o processo de aprendizagem possa ser pleno.

Entrar na primeira série promove um sentimento de maioridade e emancipação. Preparar a mochila, arrumar livros, cadernos e o estojo de lápis, vestir o uniforme e depois viver a excitação do primeiro dia de aula é um verdadeiro rito de passagem. A criança se depara com uma escola fisicamente maior, tempo reduzido para brincar em troca de horários de estudo, além de colegas de faixas etárias, sociais e culturais distintas.

Aprender a ser mais cooperativa, a ver as necessidades do outro e a transitar no mundo a partir das regras grupais é parte da importante aprendizagem do período escolar. Quando a criança evita a socialização, tende a sofrer algum tipo de reação do grupo de colegas. O ambiente escolar é uma representação do mundo, com suas crueldades e generosidades. Os jogos grupais tornam-se intensos nessa etapa e cumprem importante papel no treinamento à sociabilidade.

Durante esses anos, o desafio contínuo – e, às vezes, doloroso – é socializar-se e obter reconhecimento dentro do grupo. O desejo de aceitação integral sofre seus choques de rejeição, já que sempre há certos colegas e professores que não atendem às expectativas de valorização e atenção da criança.

Ainda não temos, na maioria das escolas brasileiras, uma educação que contemple os quatro princípios sugeridos pela UNESCO: *aprender a conhecer; aprender a fazer; aprender a conviver e aprender a ser*. A educação vem-se afastando de suas origens de sabedoria e desenvolvimento ético. Questões subjetivas como desenvolvimento de intimidade, amorosidade, respeito, verdade, cooperação e solidariedade costumam ser negligenciadas em uma educação voltada ao *ter*.

Por tudo isso é praticamente inevitável que, na passagem do universo familiar ao escolar, a criança esteja exposta a momentos de animosidade, competição, medo e, às vezes, de crueldade entre as crianças. Ocasionalmente, os pequenos vão-se defrontar ainda com o desequilíbrio emocional dos próprios professores. Essa é uma época tão marcante que, quando adultos, costumamos ter nítidas lembranças dos tempos de escola, com suas alegrias e dissabores.

Para a maioria dos pesquisadores, a fase escolar sempre foi considerada o período mais tranquilo da Infância, porque a criança já teria passado pelas fases de maior suscetibilidade – da gestação aos seis anos de idade – formadoras do sistema nervoso, das funções básicas do cérebro e da estrutura psíquica; e ela ainda não teria ingressado na Adolescência, quando a organização final da Infância promove uma forte crise normativa, balançando a estabilidade anterior.

Entretanto, recentemente, essa etapa passou a ser um importante foco de preocupações de pais e professores, não somente pela identificação de uma gama de problemas cognitivos e de aprendizagem, mas também por déficit de atenção e hiperatividade, depressão infantil, falta de regulação das emoções e agressividade.

Segundo o neuropsiquiatra Federico Navarro (1996), comportamentos psicopatológicos importantes ainda podem-se desenvolver nessa idade. Devido ao caráter imaturo, em fase de estruturação, a criança pode vir a incorporar *pseudovalores,* cultivados dentro da família e da escola, que confundem, por exemplo, cooperação com competição e amor próprio com vaidade.

Durante a longa fase genital infantil (dos três aos doze anos), gradativamente, a criança passa a assumir mais responsabilidades, a considerar os desejos do outro e a internalizar limites e regras sociais. A partir dos cinco/seis anos, a personalidade avança rápido em sua maturação psicológica e assume uma condição de maior firmeza em seus desejos e posicionamentos.

Ocorre uma mudança significativa na relação dos pequenos com os brinquedos, substituindo parte deles por atividades apreciadas no mundo adulto (esportes, línguas, música, artes marciais, dança, teatro, etc.). Muitas vezes, o excesso de atividades infantis, associado às atribulações dos pais, gera um espaço doloroso de falta de intimidade e trocas afetivas.

Há diferenças perceptíveis no desenvolvimento ao longo da fase genital infantil. São características facilmente observáveis, que estabelecem marcos dentro dessa etapa. O desenvolvimento do cérebro, as novas habilidades cognitivas e motoras, a maturação sexual, moral e psicossocial contribuem no estabelecimento desses pilares.

O primeiro momento da fase genital infantil – como já vimos na parte 4 deste capítulo – é o *período de identificação*. Desenvolve-se dos três aos seis anos, em média. A elaboração primária das relações erotizadas e triangulares (mãe-pai-filho) possibilita que a criança tenha recursos psicológicos para a saudável ruptura da condição simbiótica com a mãe, estabelecendo a identificação sexual e abrindo seu universo interno para os homens e as mulheres do mundo.

Também podemos identificar claramente, devido à pontual maturação cognitiva, um segundo período dentro da fase, dos seis aos nove anos, em média. O ingresso na escola fundamental traz os primeiros testes e avaliações do desenvolvimento cognitivo. Há uma mudança marcante de conduta da criança pré-escolar para a escolar, com maior responsabilidade e desafios efetivos de socialização.

O terceiro momento corresponde à pré-adolescência, quando a capacitação pessoal, a imagem corporal e a condição familiar passam a ser aspectos sensíveis. Nessa idade, o cultivo de pseudovalores pode derrubar princípios éticos e humanistas nos relacionamentos.

Segundo Lawrence Kohlberg (citado por Biaggio, 1991), que se dedicou ao estudo do desenvolvimento moral, a maior preocupação da criança em fase escolar costuma ser a aprovação do grupo de pares e de líderes apreciados por estas *tribos*.

Sexualidade ou Latência?

Dentro da abordagem psicanalítica, a fase entre os seis e doze anos é chamada de *latência*, marcada por certa amnésia do passado e sublimação temporária dos impulsos sexuais infantis, seguida da canalização da atenção da criança à busca de conhecimento, aprendizagem e socialização. Segundo a Psicanálise, a latência é fruto da resolução do *Complexo de Édipo*, com o assentamento do superego e um período de descanso da intensidade sexual da fase fálico-genital.

Como já vimos na parte 4 do capítulo III, esse foi um dos pontos de divergência entre Reich e Freud e continua sendo uma diferença importante entre a abordagem reichiana e a psicanalítica. A Escola Reichiana defende que a erotização da fase genital infantil somente entra em latência diante de forte repressão educativa sobre a sexualidade e a expressividade infantil.

Nessa abordagem, a fase genital infantil (fálica) é mais longa e avança gradualmente até alcançar a puberdade e a etapa genital adulta. A masturbação continua evidenciada, e as fantasias amorosas agora são redirecionadas para professores, colegas e crianças da rede familiar (ex: primos mais velhos, tios, amigos, etc.).

Se o desenvolvimento for saudável, sem repressão ou abuso, não haverá latência, e a criança flutuará – naturalmente – entre momentos de intenso movimento motor e sexual e outros de estimulante atividade intelectual. Os impulsos sexual e o epistemofílico irão desenvolvendo-se juntos, de modo alternado mas não excludente.

No entendimento reichiano, o período de latência poderá ocorrer ou não, de acordo com o processo educacional e cultural de cada época e grupo social. Quando Freud revelou a descoberta da sexualidade infantil, por exemplo, o moralismo europeu era extremo, e a manifestação da sensualidade era fortemente reprimida, em especial nas mulheres e adolescentes. O ideal de pureza excluía o sexo.

Hoje, um século depois, o quadro é oposto: as meninas urbanas costumam mostrar uma sensualidade plástica, produzida por um modismo pontual, antes mesmo que a própria maturação sexual se conclua, e a menina se sinta efetivamente mulher e sensual.

Os corpos pré-adolescentes na atualidade desenvolvem-se cada vez mais cedo, porém as crianças dessa idade continuam emocionalmente imaturas. Ao mesmo tempo e apesar das mudanças ocorridas nas últimas décadas, a sexualidade continua perigosa: agora é a AIDS, a pornografia, a pedofilia, o tráfico de crianças e as drogas que estão diretamente associadas.

Alberto Tallaferro, médico e psicanalista argentino, fez observações elucidativas sobre a questão em seu clássico livro *Curso Básico da Psicanálise*, no qual reproduziu uma frase de Reich: "Quando aparece um período de latência, este deve ser considerado um produto artificial, não natural, da cultura" (p. 163).

> *Freud afirmou que o estudo da latência sexual infantil, entre cinco e doze anos, é um fenômeno biológico. Wilhelm Reich afirmou o contrário: suas observações de crianças em diferentes estratos sociais da população mostraram-lhe que, se elas têm um desenvolvimento sem restrições de sua sexualidade, não existe período de latência. (Tallaferro, 1989, p.163).*

As pesquisas antropológicas sobre a atividade sexual das crianças das ilhas Trobriand, feitas por Bronislaw Malinowski, revelaram a existência de um processo ininterrupto no desenvolvimento sexual, vivido de modo natural e de acordo com as respectivas idades, sem a existência de um período de latência.

Do mesmo modo, Margareth Mead estudou o comportamento infantil e adolescente em diversas sociedades não ocidentais, onde a passagem da Infância à Idade Adulta é suave, com permissão de jogos sexuais infantis. Essas sociedades tratam o ciclo vital como uma continuidade. Nesses grupos sociais não existem tormentas durante a Adolescência, nem perversões sexuais, como é comum na nossa cultura.

Durante a longa fase genital infantil, é fundamental que a criança possa continuar maturando sua sexualidade, de modo sadio e não deturpado pela malícia dos adultos. Ou seja: que a família continue a respeitar e a preservar a privacidade da criança em sua autoexploração corporal e na elaboração de suas fantasias erótico-afetivas, sem repressão nem estimulação de adultos. Antes de ser um genitor biológico, ela necessita de um tempo natural e protegido para a maturação psíquica e física de sua sexualidade.

Situações de abuso sexual, infelizmente, não são raras. Os centros de pesquisa sobre abuso infantil revelam dados alarmantes e identificam que, na maioria dos casos, o abuso é praticado pelo próprio pai da criança. Tallaferro, em sua atividade profissional em Buenos Aires, observou alterações precoces nos genitais de crianças abusadas, que sofreram estimulação sexual continuada.

Segundo o médico, as crianças que são abusadas continuamente apresentam alteração de tamanho em seus órgãos genitais (típicos da puberdade), antes do que ocorre com outras crianças da mesma idade.

> *O caso por mim estudado, no Hospital de Niños de Buenos Aires, permite a afirmação de que o período de latência é, em grande parte, uma consequência do ambiente e da cultura em que se vive e que, se não existisse uma repressão social, esse período de latência não se produziria ou não chegaria a ser tão nítido como é na sociedade atual. (Tallaferro, 1989, p. 164)*

SAÚDE: SEXUALIDADE + CONHECIMENTO

Quando a criança entra em latência, ou seja, sublima as pulsões sexuais por repressão, ocorre a *transdução* do impulso sexual. Literalmente, transdução é o processo de transformação de um tipo de sinal em outro, com o objetivo de transformar uma energia em outra.

O processo ocorre quando a criança recalca sua sexualidade natural por medo de castração, ou seja, da punição. Então, o fluxo intenso da libido sofre uma alteração. O impulso sexual (sublimado por recalcamento) sofre transdução (o sinal sexual vai para a aprendizagem) inaugurando, então, a latência e a fase escolar.

Na nossa abordagem, porém, o processo de transdução acontece somente quando há fixação edípica. Se o desenvolvimento infantil for saudável e pleno, a latência não será promovida, coexistindo as pulsões sexuais e as pulsões epistemofílicas. Não ocorrerá a troca do sinal sexual pelo intelectual ou vice-versa. Então, o impulso epistemofílico se desenvolverá junto com o sexual, de modo oscilante e alternado.

Cabe lembrar que Reich passou a defender a autorregulação depois de verificar que a sublimação por satisfação é mais efetiva do que a sublimação por repressão. Ou seja, quando as pulsões naturais podem ser suficientemente satisfeitas e reguladas, não estarão reprimidas e prestes a serem reativadas.

Hortelano (1994) ressalta que, quando as premissas de liberdade e presença afetiva dos pais permitem a dinâmica de autorregulação da criança, não ocorrerá o período de latência.

> *Nesses casos, acontecerá a combinação – desde essa idade até a Adolescência – de períodos de forte desejo de atividade intelectual com períodos de forte atividade motora e sexual, devido ao fluxo energético céfalo-caudal oscilante, necessário para culminar o processo de estruturação do organismo. Este se finalizará com a funcionalidade neuro-hormonal na Adolescência, não existindo, propriamente, o período de latência freudiano.* (Hortelano, 1994, p.98)

Se a família possibilitou à criança a livre experimentação do seu corpo e de suas habilidades de criar e fazer, o processo de funcionalidade do seu psiquismo culminará com a possibilidade de integração de conhecimentos vinculados ao prazer de conhecer, trabalhar, criar e amar. Então, importantes áreas da vida, como *amor, trabalho e conhecimento*, segundo Reich, terao desenvolvimentos equilibrados entre si.

Porém, quando há repressão e falsa-moralidade, acontecerá a latência e o surgimento de um terreno fértil para o nascimento de personalidades patológicas, como explica Hortelano:

> *Neste caso, gesta-se o assentamento do superego, com o processo de auto-repressão/sublimação reativa compensatória e a norma-*

> *lização/adaptação ao social, com a consequente cisão entre pulsões genitais e ânsia de conhecimentos (bloqueios nos segmentos ocular e pélvico). (Hortelano, 1994, p.98).*

Quando os dois impulsos são reprimidos conjuntamente, a criança terá a expressividade e a sexualidade natural contidas. Do mesmo modo, bloqueará sua curiosidade e o impulso intelectual, causando problemas emocionais que prejudicam o processo cognitivo, já a partir do ensino fundamental. Muitas vezes, a relação com o conhecimento acaba comprometida para o resto da vida, causando sérios danos ao exercício profissional e à valoração pessoal.

A criança ainda poderá priorizar o exercício intelectual em detrimento do afetivo e do sexual, desenvolvendo relacionamentos impessoais e frios, enquanto o conhecimento se torna erotizado e a única fonte de grande prazer (gênios matemáticos, grandes jogadores de xadrez, grandes cientistas).

> *É típico do caráter neurótico, separando trabalho de prazer e substituindo a capacidade de contato pelos contatos secundários, gerando, nos casos extremos, processos desadaptativos e quadros psicopatológicos. Ocorre, assim, o período de latência estudado por Freud. (Hortelano, 1994, p.98)*

Impulso Epistemofílico versus Negação de Saber

A primeira tentativa de explicar o fenômeno epistemofílico (a relação das pessoas com o desejo de saber e conhecer) foi feita pela psicanalista de crianças Melanie Klein, em 1921. Grosskurth (1992) relata que ela escreveu um artigo sob o título *Distúrbios de Orientação em Crianças*, "quando expôs a teoria de que o crescimento do impulso epistemológico teria sua origem na curiosidade da criança a respeito do corpo de sua mãe" (p.114).

Em 1923, através do texto *O Papel da Escola no Desenvolvimento Libidinal da Criança*, Klein dizia que o temor à castração, na fase fálica, é o que leva as crianças a temerem exames e professores. A ansiedade, então, é deslocada do sexual para o intelectual, e disso surgem as inibições e os diferentes níveis de aversão à aprendizagem.

Posteriormente, Wilfred Bion se dedicou especialmente a estudar o tema, que ele chamou de *Vínculo K,* identificando o bloqueio ao conhecimento em pessoas inteligentes e a negação desse desejo nos psicóticos. Chamou de *Patologia do Conhecimento* a negação parcial ou total da pessoa em conhecer e aprender sobre o novo.

Com essa patologia, segundo Bion (citado por Zimerman, 2004) a pessoa substitui a busca de conhecimento por prepotência, não desenvolvendo a aptidão de discriminar entre verdades, falsidades e mentiras. Ou, então, constrói pensamentos falsos para justificar a negação de conhecer.

O bloqueio do impulso de conhecer pode comprometer seriamente a etapa de estruturação do caráter, assim como a vida futura. É comum observarem-se situações paradoxais em crianças aptas que apresentam problemas de aprendizagem devido ao seu total desinteresse em aprender. Esse histórico pode levar à *patologia do conhecimento*, que se traduz pela tendência da pessoa a evitar a pulsão epistemofílica. Segundo Zimerman (2004), a violenta repressão parental contra a ânsia das crianças por novos conhecimentos pode gerar um desvirtuamento das pulsões epistemofílicas.

A maturação saudável do impulso por conhecer é um dos frutos do impulso sexual. Entre os três e os doze anos, esse anseio é especialmente estimulado e verificado por meio da descoberta do próprio corpo (capítulo III, parte 4), da relação com o outro e da aprendizagem sobre a cultura em suas diversas manifestações.

Segundo Navarro (1996), nessa etapa a vigência sexual é evidente devido à masturbação presente e intensa, um fenômeno fisiológico em todos os animais de sangue quente. A masturbação serve para descarregar o excesso de energia vital, que se manifesta como excitação. Se não é descarregada, ela se transforma em agitação, ressalta ele.

Este lapso de tempo, que a Psicanálise chama de período de latência, pode ser a base para a instauração de algumas psicopatologias, se o amadurecimento sexual-genital for obstaculizado por uma educação sexo-repressiva e moralista. (Navarro, 1996, p. 26)

Engenhosidade versus Inferioridade

A crise normativa dessa idade, segundo os estudos psicossociais de Erikson, é *engenhosidade x inferioridade*. O aspecto sensível é exatamente o autoconceito sobre as habilidades pessoais que irá refletir-se no campo dos estudos e do trabalho. Agora, a sensibilidade da criança está especialmente aguçada para o sentido de capacitação pessoal e reconhecimento de seus valores dentro do grupo de convívio.

A engenhosidade passa a ser uma importante medida de valor e comparação, podendo ocasionar sentimentos de boa estima funcional ou de inferioridade pela criança sentir-se incapaz. É o momento em que se cristalizam imagens negativas do tipo *não consigo aprender, não sei fazer*. Ou, então, a estima pessoal cresce e se afirma com a sensação de *eu posso, sou capaz, tenho valor*. A virtude que se fortalece é a competência, que polariza com a sensação de inferioridade.

As crianças dessa idade se interessam pelas ocupações dos adultos. Muitas vezes se empenham, compulsivamente, em adquirir as mesmas aptidões. Quando a introdução à engenhosidade é frustrada, elas sofrem a sensação de malogro. O receio de não conseguir êxito em suas buscas ocupacionais costuma incrementar esforços de compensação, com fixação no trabalho excessivo ou na sensação de inferioridade.

O aporte trazido por Erikson é elucidativo, tornando-se especialmente didático para pais e cuidadores. Na fase entre os seis e doze anos, a criança passa por uma delicada crise entre a necessidade de ser produtiva e a inferioridade de não se sentir apta (*Produtividade ou Engenhosidade versus Inferioridade*). Ser capaz é um registro de autoestima que se afirma, ou não, nesse momento.

A diligência é outro aspecto da competência que se desenvolve.

Manifesta-se como cuidado ativo, zelo, aplicação, atividade, rapidez, presteza, investigação, pesquisa, busca de eficiência e identificação com as tarefas. Quando a criança é estimulada e consegue terminar o que começou, o sentido de produtividade é promovido. Caso contrário, quando seus esforços são desconsiderados, a tendência é que predomine o sentimento de inferioridade sobre o de competência.

Erikson (1976) observou, em suas pesquisas antropológicas, a vida em tribos e outros grupos étnicos e sociais. Ele relatou que, quando alcançam a idade escolar, as crianças de todas as culturas recebem instrução sistemática, mesmo que isso ocorra em modelos de escolas muito distintas dos povos alfabetizados. Elas ingressam na tecnologia de sua tribo gradualmente, mas também muito diretamente.

> *Nos povos pré-letrados, muito é aprendido através dos adultos que se tornam professores mais por aclamação do que por nomeação. Muitas coisas também são aprendidas com as crianças mais velhas. Os conhecimentos adquiridos se relacionam com as aptidões básicas de tecnologia simples, que podem ser entendidas no momento em que a criança está pronta para manejar os utensílios, as ferramentas e as armas usadas pelos adultos. (Erikson, 1976, p.123)*

Gosto pelo Trabalho versus Estresse

Uma das importantes brotações desta etapa é o *gosto pelo trabalho*, o prazer na realização de coisas, com desenvolvimento da atenção fixa e da perseverança. É tempo de ingresso no mundo das letras, de aprender a ler e a escrever. Muitos esforços começam a ser feitos pela criança, que espera orientação e espelhamento da família e da escola no desenvolvimento de suas aptidões pessoais.

A pesquisadora Susan Cloninger (1989), quando analisa a teoria de Erikson, ressalta a questão das experiências de discriminação e destaca que a ênfase excessiva no trabalho pode assumir o sentido de identidade pessoal, em detrimento de outros aspectos pessoais. Essa identificação confusa entre o trabalho e a identidade nuclear imprime uma tendência ao estresse profissional, um foco compensatório no trabalhar, em detrimento do amar e do desfrutar.

> *O senso de competência que se desenvolve na quarta fase é apoiado pelos elementos tecnológicos da cultura, especialmente pelo modo com que o trabalho é dividido entre as pessoas. As injustas limitações de oportunidades, devidas à discriminação, são particularmente prejudiciais para o desenvolvimento dessa fase, bem como a ênfase excessiva no trabalho como base da identidade. (Cloninger, 1989, p. 159)*

Da mesma forma, nessa etapa do desenvolvimento infantil, a saúde pode ser seriamente afetada quando a criança passa a adotar atitudes compensatórias, criando um perfil altamente identificado com o estresse por excesso de atividades. A delicadeza emocional do momento, segundo Erikson (1976), está exatamente nas experiências que podem atingir a autoestima operacional da criança, no que tange à capacitação cognitiva, ao impulso por conhecer e aprender e às aptidões desenvolvidas até então.

Wilhelm Reich sustentou em *A Revolução Sexual* – livro que inspirou o movimento sexual dos anos 60 e 70 – a certeza de que uma pessoa, quando não é reprimida sexualmente, desejará uma vida de prazer; que terá maior discernimento e não se submeterá ao sofrimento contínuo, ao autoritarismo, ao fascismo, aos processos emocionais doentes e não amorosos.

O olhar educacional de Reich (1994, citado por Albertini) era de um médico, ou seja, alguém que contemplava também o aspecto da saúde no processo pedagógico. Como vimos anteriormente, podemos educar uma criança para que ela se torne extremamente organizada, asseada, econômica e controlada, porém também criaremos meios de ela vir a desenvolver traços obsessivos, tensão e somatizações como prisão de ventre crônica, devido às exigências. Assim, os riscos de câncer intestinal e estresse emocional serão maiores.

Além do Adulto Rudimentar

Na fase escolar, o desenvolvimento cognitivo dos pequenos passa a ser um ponto central de estimulação e observação. No entanto, as dificuldades emocionais que se revelam geralmente são pendências de fases anteriores que, somadas aos novos desafios, dificultam as tarefas atuais do desenvolvimento.

Ao mesmo tempo em que as crianças estão muito sensíveis à valoração de suas capacidades pessoais, é corriqueiro que elas não sejam suficientemente reconhecidas em suas aptidões e em seus esforços de estudar e aprender a fazer as coisas.

Mesmo quando a família tem recursos, os pequenos não são levados a sério em suas perguntas ou no desejo, por exemplo, de aprender um tipo de instrumento musical e não outro, uma prática corporal específica, entre outras habilidades. Erikson destacava que a criança não quer ser um adulto rudimentar e – se não for cerceada – buscará ser produtiva, empenhando grandes esforços em aprender como as coisas podem ser feitas.

> *O cenário interior parece estar preparado para a entrada na vida, independente de que a vida deva começar na escola, seja a escola no campo, na selva ou na sala de aula. (Erikson, 1976, p. 238)*

O raciocínio dos pequenos agora se torna lógico e coerente. A relação com os demais é cada vez mais cooperativa. Essa etapa corresponde ao que Piaget chamou de *período das operações concretas*, caracterizado pelo pensamento lógico, compreensão da reversibilidade das operações, observância de regras grupais e flexibilidade na compreensão do ponto de vista do outro. A conservação do conhecimento é uma das aquisições importantes da fase entre os seis e os doze anos, em média.

Para Vygotsky (1998), o professor (o mediador) tem um papel fundamental no desenvolvimento cognitivo, exatamente por trabalhar com o potencial da criança e não com aquilo que ela já sabe. Ele ressaltou a importância de a escola estimular aquilo que os pequenos estão prestes a ser, saber e aprender.

Para esse construtivista, é importante que o potencial para o desenvolvimento seja mais valorizado do que o conhecimento efetivo. É dele a expressão *Zona de Desenvolvimento Proximal (ZDP)*. A educação deve ocorrer exatamente sobre a curiosidade crescente da criança, o que a levará ao conhecimento efetivo. É mais importante estimular o potencial de aprendizagem do que verificar o conhecimento adquirido.

Um bom ensino, segundo Vygotsky, é aquele que adianta o desenvolvimento de uma pessoa e atua sobre o potencial prestes a desabrochar. A aprendizagem ativa uma série de processos internos, que só ocorrem quando a criança está em interação com outras pessoas e é respeitada e estimulada em suas potencialidades. Porém esse processo não é apenas uma atribuição da escola, como pensam muitos pais. A formação pessoal se desenvolve num misto de influências lar-escola, pais-educadores-cuidadores.

Educação para Ser

Ao contrário do que pensam certos pais e professores – aqueles que investem pouco em uma *Educação para Ser* e apostam todas as fichas em uma *Educação para Ter e Aparentar* – a repressão sistemática de pulsões e necessidades da criança pode ser deformadora. A educação moralizante não estimula e nem capacita os pequenos a viver melhor.

Uma educação em que o educador – seja pai, professor ou cuidador – não cultiva em si mesmo valores como ética e solidariedade, e também não permite que a criança experimente bons vínculos em seu desenvolvimento, não possibilitará a ela os meios para um crescimento em equilíbrio.

Uma educação repressiva, autoritária e sem afeto impede que *as coisas as quais não se educa*, citadas por Reich (capítulo II), consigam ser educadas pela própria criança por meio de autorregulação. A educação autoritária e moralizante, ao contrário, pode ser cerceadora a ponto de ceifar todo o potencial criativo e afetivo de uma criança em desenvolvimento.

Também poderá estimular o desenvolvimento de um perfil agressivo, em especial quando a expressão da raiva também é proibida.

Da mesma forma, o contraponto *tudo pode* também não é formador, com uma educação sem orientação nem limites. Muitas vezes, pais que foram muito reprimidos por seus genitores evitam cometer o mesmo erro com seus filhos e se tornam negativamente permissivos. Reich dizia que as condutas educacionais são tingidas pelas dificuldades pessoais de pais e educadores e, devido a isso, afastam-se de seu real objetivo. É comum que as práticas educativas estejam mais voltadas aos desejos do adulto do que ao desenvolvimento infantil em si.

Como vimos no capítulo 4, poucas são as escolas que adotaram as orientações da UNESCO para esta década: ensinar/aprender a ser, a fazer, a aprender e a conviver. Entretanto, a cada dia surgem mais escolas novas, com linhas pedagógicas distintas, mas que se assemelham por adotarem condutas de humanização na educação, com ênfase no desenvolvimento psicoafetivo e psicossocial das crianças.

Entre as mais conhecidas, estão a Escola Idejo (Montevidéu), a Escola da Ponte (Portugal), e, a mais antiga, a Escola Summerhill (Inglaterra), criada em 1913 por Alexander Neill. No Brasil, as escolas Waldorf – que seguem a pedagogia de Rudolf Steiner – são cada vez mais procuradas por sua proposta de educação integral e ecológica. Da mesma forma, cresce a busca por escolas construtivistas, que seguem Piaget ou Vygotsky, pois elas respeitam as características de cada aluno em seu processo de construção do conhecimento.

As escolas que seguem a linha de Maria Montessori cultivam princípios bastante similares aos da abordagem reichiana, em que a liberdade é um aspecto basilar na construção de tempo e espaço para o desenvolvimento de autorregulação. Além dessas, existem muitas outras novas escolas de abordagem neo-humanista e que criam meios para o autoconhecimento da criança. Em todas elas, que muito se distinguem das escolas tradicionais ou das que se voltam ao desenvolvimento de habilidades, a subjetividade da criança, o Ser, é uma prioridade.

Nesses projetos educativos, a autorregulação, a arte, a música, a ciência, a convivência, a ecologia, o cuidar de si e da própria casa, o respeito às potencialidades e às características individuais são tão cultivados quanto o ensino das demais disciplinas. O Ser é tão importante quanto o Saber, o Conviver e o Fazer. As crianças também são preparadas para o mundo do trabalho, porém sem ênfase na competição ferrenha e desumana.

Do outro lado, temos as escolas conservadoras, incluindo as de caráter público, que vivem um momento crítico devido ao cultivo de uma educação totalmente voltada ao mercado e carente de humanização. O professorado sofre diante das limitações do exercício de sua missão, que é, em essência, uma profissão humanista.

A escola nasceu para ser uma referência de valor e sabedoria, mas muitas estão-se tornando centros de competitividade, discriminação social e autoritarismo. O alarmante é que os próprios pais exigem que a escola tenha como prioridade uma educação para o mercado e não para a vida, em todos os seus campos. É comum que certas famílias desqualifiquem os professores que alertam sobre os problemas emocionais das crianças e que questionam a falta de humanização nas relações.

É frequente, também, a soturna demissão de profissionais – aqueles que não se calam diante dos fatos que corrompem os princípios educativos. Infelizmente, vivemos um tempo em que o aluno é também um cliente, e muitas escolas se transformaram em estabelecimentos comerciais, corrompendo seu mais nobre ancestral: o mestre, o verdadeiro professor.

Interioridade e Educação Contemplativa

A criança agora aprecia ficar sozinha em alguns momentos, fazendo surgir maior interioridade e espaço reflexivo. A tendência é a redução da expressão espontânea dentro da família, em troca da preservação de intimidade. Isso é mais acentuado quando a criança está em latência, com sexualidade e espontaneidade contidas.

É comum que o relato detalhado, costumeiramente feito aos pais, seja agora reduzido, fruto do processo de individuação. Por outro lado, aumenta a estabilidade afetiva, com menos choro e medos e mais coragem. Tendo conquistado algum distanciamento dos pais, a criança pré-adolescente atinge certo grau de autodeterminação e autonomia.

O psicólogo Paul Osterrieth (1962) dizia que o pré-adolescente revela uma espécie de sabedoria e torna-se mais profundo em suas reflexões. A sua maturidade demonstra que ele já sabe como buscar seus objetivos pessoais de modo mais responsável. Sabe guardar segredos, admira pessoas com representação cultural e começa a demonstrar preocupações.

Segundo Piaget, a partir dos doze anos, o desenvolvimento cognitivo avança para o estágio das *operações formais,* que se caracteriza pela aquisição da capacidade de pensar em termos abstratos, formular hipóteses e testá-las. É quando o adolescente começa a cogitar outros caminhos, a desenvolver noções científicas e a ter preocupações com questões abstratas, filosóficas e ideológicas. Como dizia o mestre do construtivismo, a criança *aprende a raciocinar sobre o raciocínio.*

Algumas práticas introspectivas podem ajudar no desenvolvimento de interioridade e equilíbrio emocional. Além de ser importante para sua vida, fará diferença quando a criança ingressar na Adolescência e em etapas posteriores. A chegada da puberdade é um dos picos energéticos do desenvolvimento e tende a gerar certa desestabilização emocional.

Além da prática de esportes, artes plásticas, artesanato e do aprendizado de um instrumento musical escolhido pela criança, é fundamental que a escola e os pais criem espaços para contemplação, silêncio, reflexão e crítica, fora de contexto religioso. Agora, a criança está ávida por novos aprendizados no campo da interioridade.

Os pré-adolescentes costumam questionar, criticar e rejeitar os temas doutrinários e religiosos. É um momento de questionamento de valores como onipotência divina, existência de bem e mal, sentido da vida, crenças paternas e familiares. Mas, também, é um período de curiosidade por novas práticas e caminhos.

Na Escola Idejo (Instituto de Jovens, Montevidéu – Uruguai), por exemplo, as crianças meditam dez minutos ao chegarem à sala de aula e mais dez minutos antes de saírem da escola. É uma das práticas de centramento aplicada aos alunos, ano após ano. Por instantes, sentados em suas classes, fecham os olhos e ficam em silêncio. Em outros momentos, praticam yoga, danças sagradas, artes marciais e desenham mandalas, além de todas as atividades comuns às escolas formais.

O princípio norteador é a afetividade e a solidariedade. A diferença no desenvolvimento de autoequilíbrio nas crianças é evidente. Felizmente, cresce o número de escolas que começam a inserir o desenvolvimento interior (e não apenas o religioso) no processo educativo.

Desenvolvimento Ético e Moral

O desenvolvimento moral e ético se dará gradualmente, com o espelhamento e o cultivo de valores amorosos e respeitosos entre os adultos, entre adultos e crianças e entre crianças e crianças. Para Reich, o processo curador está calcado no resgate da *capacidade natural de amar*. O espaço de autorregulação, ancorado na amorosidade familiar e na sustentação de valores éticos e afetivos, desenvolverá na criança equilíbrio, expressividade, ética e compaixão (colocar-se no lugar do outro).

Segundo o pesquisador Lawrence Kohlberg (citado por Biaggio, 1991), que formulou seus estudos sobre as fases de desenvolvimento moral a partir dos estudos de Jean Piaget, John Dewey e também da Psicanálise, a criança permanece em um nível *pré-convencional* de desenvolvimento moral dos quatro aos dez anos de idade. Alguns adolescentes permanecem nesse nível, a exemplo dos delinquentes. Eles amadurecem fisiologicamente, mas não conseguem desenvolver maturidade ética.

O nível *pré-convencional*, segundo Kohlberg, caracteriza-se por ser uma etapa inicial de orientação à obediência e ao castigo, na qual a criança se submete às normas e leis vindas de fora e somente obedece a elas por medo de ser castigada, de alguma forma. No momento seguinte, a criança ainda revela que o medo do castigo delimita suas condutas e continua egocêntrica, todavia começa a reconhecer que os outros têm seus próprios interesses e necessidades. Então, age de acordo com as regras morais, mas apenas quando elas coincidem com o seu desejo e interesse pessoal. Ou quando percebe que poderá entrar em conflito.

A socialização dos primeiros anos de ensino fundamental cumpre a função essencial de levar a criança ao segundo nível do desenvolvimento moral: o *convencional*, que vigora dos dez aos vinte anos, em média. Esse nível caracteriza os adolescentes e as crianças pré-adolescentes, que passam a aceitar as regras e as autoridades que surgem do consenso grupal, em busca de aprovação social.

No nível seguinte, o *pós-convencional*, geralmente alcançado após os vinte anos de idade, a característica é a aceitação das regras morais convencionadas pelo grupo social, com base em princípios de reciprocidade. Isso vai-se desfazendo com o amadurecimento, quando o sentido de moral deixa de estar ancorado naquilo que o grupo social aprova ou convenciona e passa a basear-se em princípios éticos universais. A pessoa toma distância das regras e das expectativas dos demais e assume os princípios morais que escolheu. É a conquista do *status adulto*.

Pré-adolescência, Pseudovalores e Estirão

A palavra puberdade vem do latim *Pubertate*, que significa *idade viril*. Também se origina de *pubescere*, que representa o crescimento de pêlos, pois, quando os primeiros e ralos pêlos começam a aparecer nos genitais e em outras áreas do corpo, acontece um fenômeno típico da puberdade: o *estirão de crescimento*, que ocorre antes da maturação sexual em si.

É tempo de pré-adolescência, entre os dez e doze anos, terceiro momento dentro da fase genital infantil, quando aparecem ímpetos de rebeldia, inquietação e mudanças físicas radicais. O desenvolvimento da segunda dentição, que começou entre os cinco e seis anos de idade, completa-se aos onze anos. O corpo da criança, que entre os seis e os nove anos permaneceu em ritmo gradual e estável de crescimento, agora passará por alterações cada vez mais intensas, até alcançar o pico da Adolescência, entre os quinze e os dezesseis anos. Oficialmente, a Adolescência vai dos doze aos dezoito anos.

As meninas entram no *estirão* a partir dos dez anos e meio e chegam ao seu pico aos doze anos, voltando a um ritmo mais lento a partir dos treze. Para os meninos, o estirão se dá a partir dos treze e atinge o seu pico de crescimento aos catorze, voltando ao ritmo mais lento aos dezesseis anos.

Então, o desenvolvimento moral chega ao segundo estágio, o *convencional*, e o adolescente passa a supervalorizar os modelos externos, aquilo que é aprovado pelo consenso grupal. A delicadeza do momento é a suscetibilidade às influências externas, por meio da forte identificação com figuras de projeção ou liderança.

A televisão e a internet são canais de estimulação de modismos e criação de ídolos. É comum que crianças, até então doces e tranquilas, repentinamente adotem pictóricos comportamentos agressivos, inspirados em algum ídolo televisivo ou virtual. O mesmo se dá com os líderes das turmas da escola ou outros grupos de amigos.

O pré-adolescente pode ser atingido, de modo marcante, por influências externas. Cabe aos pais, amigos e educadores o contraponto necessário, de modo a gerar equilíbrio e orientação. Pseudovalores racistas e consumistas são comuns nessa idade. Se não forem temporários, volúveis como os modismos, podem ser danosos à formação infantil.

Se no passado a criança teve uma educação voltada aos valores éticos e humanistas, o que lhe permitiu a autorregulação de suas emoções e o discernimento entre valores essenciais e pseudovalores, agora estará menos suscetível a ficar confusa. Sua boa estima pessoal lhe ajudará a lidar melhor com essa época de grande suscetibilidade ao que os outros pensam.

Quando seus integrantes chegam aos dez anos, os grupos infantis passam a ter maior estabilidade e consistência. Muitas vezes tornam-se a turma de amigos que se manterá unida na juventude e em parte da vida adulta. Esses grupos, na pré-adolescência, tendem a apresentar certa homogeneidade de valores, vestes, trejeitos e hábitos, e os diferentes podem ser facilmente excluídos.

Caberá aos pais e à escola o respeito às escolhas da criança e, ao mesmo tempo, a percepção da necessidade de estímulos para que ela conviva com outras crianças, a fim de equilibrar a tendência separatista desse momento e enriquecer seus relacionamentos.

Gang & Discriminação

A socialização é um dos pontos cruciais dessa etapa, e o conflito mais delicado está exatamente na integração da criança com seus pares. Os grupos unissexuados, que caracterizam o período entre seis e nove/dez anos de idade, tendem a ter maior receptividade aos colegas do mesmo sexo, independente das diferenças sociais.

Na pré-adolescência, entretanto, os aspectos que marcam as separações em turmas não são mais o sexo feminino ou masculino, mas as características comportamentais e as identidades de grupo. Além dos antigos clubes do Bolinha e da Luluzinha, agora aparecem variadas turmas: brigões, estudiosos, ecologistas, patricinhas e mauricinhos, rebeldes, artistas, entre muitas outras, orientadas por estilos de cada época e cultura.

Os grupos de pares apreciam ter regras próprias. Alguns têm princípios que secretamente subvertem as normas dos adultos e representam um progressivo afastamento da criança dos vínculos essencialmente familiares. Uma experiência difícil, embora comum, é a discriminação praticada pelos grupos.

Quando a cor da pele, o tipo físico, a religião ou o nível social dos pais vale mais do que a vontade e a capacidade da criança, confundem-se conceitos como ética, respeito, preconceito e pseudovalor. É danoso à formação moral e humanista, tanto dos que são discriminados quanto de quem aprendeu a discriminar.

A criança discriminada sente as dores inesquecíveis do separatismo, e sua autoestima pode sofrer forte abalo, reagindo com encolhimento ou revidando com agressão. Situações assim começam a ocorrer exatamente nesse estágio. Às vezes, são os colegas de aula, as *gang*s de escola, os professores insensíveis ou até mesmo os próprios pais que desqualificam a criança, gerando sentimentos de inferioridade.

Bullying

Durante os anos de ensino fundamental a imaturidade emocional da criança é uma porta aberta tanto para aprender a ser e a conviver, quanto para desenvolver a valoração da futilidade, da violência e do desrespeito entre as pessoas. Se nesse período de seu desenvolvimento os pequenos não assimilarem a importância do respeito nas relações com outros seres, poderão vir a apresentar comportamentos de desrespeito e de violência com seus pares e demais pessoas, tão logo entrem na puberdade e na adolescência.

Na atualidade, esse é um dos graves problemas que preocupam pais e professores: a crescente violência entre pares, o desrespeito dos alunos com a autoridade docente e a valoração do fútil e do violento no meio escolar. A crescente adesão dos púberes e adolescentes a uma antiga prática de agressão escolar, que na atualidade está sendo identificada pela palavra inglesa *bullying (bully* significa valentão, tirano; e, *bullying*, o ato de tiranizar o outro) é uma amostra da falência dos velhos modos de educar. Na última década, essa conduta infanto-juvenil de agressão aos pares tornou-se mais grave, sendo, na atualidade, um importante tema de pesquisa e de campanhas de conscientização.

A violência física, associada à humilhação psicológica – causada intencionalmente por colegas, dentro e fora do ambiente escolar – é um dos principais motivos relatados por crianças e jovens que tentaram o suicídio. O mesmo motivo foi revelado por adolescentes que cometeram crimes violentos, tais quais os assassinatos em massa de colegas e de professores em plena sala de aula, ou de diversos membros da própria família.

Dos 37 episódios trágicos ocorridos nos Estados Unidos entre 2006 e 2007, dois terços estavam relacionados à violência psicológica e física anteriormente sofrida pelos adolescentes homicidas. Segundo uma recente pesquisa sobre qualidade de vida de crianças e adolescentes, realizada pelo Fundo das Nações Unidas para a Infância (UNICEF) e aplicada em 21 países da OCDE (Organização para a Cooperação e o Desenvolvimento Econômico), a maior incidência de *bullying* se dá na Europa. Países como

Portugal, Suíça e Áustria encabeçam a lista, com ocorrências de cerca de 40 por cento dos casos registrados.

Na América do Sul, em países como o Brasil e a Argentina, por exemplo, ainda não foram publicadas levantamentos em âmbito nacional. No entanto, sabe-se que, nestes países, os casos de tirania infanto-juvenil, em todas as classes sociais, são altos, crescentes e marcados por grande violência biopsicólogica.

A Educação para Ser e para Conviver tornou-se, nos dias de hoje, um tema urgente, uma medida de prevenção à saúde emocional, física e psicossocial das novas gerações. O sofrimento psíquico causado pelo *bullying* precisa ser prevenido, protegendo tanto quem sofre tal abuso quanto os que se tornam tiranos.

FORMAÇÃO DO CARÁTER
INFLUÊNCIAS IMPORTANTES DURANTE A ETAPA DE ESTRUTURAÇÃO

Entre os seis e os doze anos – etapa de estruturação do caráter – começamos a nos preparar para o que seremos na fase adulta. Esse é um *período sensível* para o desenvolvimento da personalidade, exatamente pela caracterialidade imatura da criança e pelo impacto que a educação, a escola e a socialização têm na formação do caráter de uma pessoa.

É quando se organiza o autoconceito no que tange à capacidade operacional, engenhosidade, diligência, gosto pelo trabalho e, em especial, à nossa capacidade e o desejo de conhecer e aprender. Nessa etapa é comum que as crianças definam até mesmo suas escolhas profissionais, que poderão confirmar-se ou não na fase adulta.

Quando a fase de estruturação do caráter é marcada negativamente, poderemos ter os seguintes comprometimentos:

- cultivo de pseudovalores;
- autodesvalorização das capacidades cognitivas e operacionais;
- surgimento de padrões reativos e compensatórios, associando o excesso de trabalho como um traço da identidade pessoal;
- bloqueio do desejo e do prazer de conhecer e aprender. Patologia do Conhecimento.

Navarro (1996) observa que, devido à imaturidade do caráter em estruturação, o cultivo de pseudovalores dentro da família e da sociedade, tão comum na atualidade, é um dos fatores importantes que podem afetar o desenvolvimento infantil.

> *A característica determinante do padrão de educação atual é o estímulo à competição, à ambição, ao carreirismo. A transmissão de pseudovalores, que levam a criança a confundir o conceito de potência com o de poder, o de dignidade com o de orgulho, a exaltação consumista da vaidade*

> e a proposta do supérfluo como necessário, agrava as instâncias psi-
> copatológicas de sua caracterialidade imatura. (Navarro, 1996, p.27)

Erikson (1976) também observou que, se a criança não tem meios de experienciar estima operacional e engenhosidade, ela poderá desenvolver sentimentos de inferioridade e a crença de que não passará de um adulto rudimentar. Outro traço que se forma é a *compulsão pelo trabalho*, com seus excessos e danos à saúde física e emocional.

Bion (1970, p.68), em suas considerações sobre a *patologia do conhecimento*, fez observações brilhantes ao relacionar o modo como a sociedade se opôs à busca de conhecimento de alguns personagens históricos, portadores de novas ideias. Ele falava no *establishment*, que historicamente sempre reagiu, com violência, ao novo. Em seus estudos sobre Bion, Zimerman (2004) aponta alguns casos clássicos dessa patologia.

> *Para ilustrar isso com um único exemplo, vale lembrar as violentas perseguições, por parte do* establishment *científico da época, a que foram submetidos tanto Copérnico como, muito tempo depois, Giordano Bruno, pelo crime de terem desafiado a concepção ptolomaica de que a Terra era o centro do universo e tido a afrontosa ousadia de propor uma ideia totalmente contrária à vigente, pois, com isso, representavam uma terrível ameaça ao narcisismo humano.* (Zimerman, 2004, p. 164)

Wilhelm Reich foi veemente nesse sentido, embora nunca tenha relacionado a patologia do conhecimento a alguma etapa específica do desenvolvimento. Ele abordava a questão como uma doença social, que nomeou de *peste emocional*. Este tema foi amplamente descrito nos livros *Escuta Zé Ninguém* e *Análise do Caráter* (no capítulo XVI). Aliás, Reich foi um destes gênios perseguidos pelo *establisment* científico, assim como o foi Bion, em sua fase mística, e o próprio Freud, quando descobriu a sexualidade infantil e o inconsciente.

Problemas Escolares e Biopatias

Ao ingressar no ensino fundamental, a criança começa a perceber claramente suas defasagens evolutivas, que ganham peso quando se tornam motivo de *chacota* dentro da família ou da escola. Se as pendências no desenvolvimento anterior foram significativas, os danos já estarão manifestando-se por meio do bloqueio intelectual ou de dificuldades nos relacionamentos, tais como:

a) questões com a capacitação de aprendizagem escolar;

b) questões com o desenvolvimento de habilidades pessoais diversas no campo dos esportes e das artes;

c) imagem pessoal (física) e o modo como a criança é aceita entre os pares.

Em geral, as dificuldades no desenvolvimento cognitivo somente são identificadas quando a criança ingressa na escola fundamental. Muitas vezes suas origens não são orgânicas, mas nitidamente emocionais. Em alguns casos, os problemas podem ser temporários, associados a perdas, separações e situações de abandono. Outras vezes permanecem anos a fio e marcam profundamente a vida escolar e a socialização.

Uma criança dispráxica ou hiperativa, por exemplo, pode passar a recusar tarefas, desafiar professores e agredir colegas. Isso pode ser um meio de ela evitar ser vista como incapaz. Há muitos casos em que a criança prefere ser avaliada pelos colegas como mau-caráter a ser considerada *burra*, *banana* ou sem características pessoais relevantes. Para ela, é melhor ser um líder negativo do que não ser vista.

Atualmente, a própria escola alerta sobre possíveis casos de crianças com problemas de origem neurológica, cognitiva e emocional que, com frequência, são identificados tardiamente pelos pais. Até recentemente, pouco se falava desse tipo de diagnóstico. Pela reduzida informação sobre o assunto, muitas crianças ainda são punidas por comportamentos oriundos de dificuldades neurológicas, quando os mesmos poderiam ser tratados por um neurologista, fonoaudiólogo, psicólogo ou outro profissional indicado.

Exemplos de diagnóstico no campo da aprendizagem:

- dispraxia (dificuldades com a coordenação fina e grosseira);
- afasia (dificuldade de falar adequadamente e interpretar o que ouve, por não reconhecer o significado de algumas palavras);
- disgrafia (dificuldade motora e espacial no traçado das letras e dos números);
- discalculia (dificuldade de calcular, de realizar operações matemáticas);
- dislexia (dificuldade de aprendizagem na leitura, escrita e soletração);
- disortografia (dificuldades ortográficas por trocas de grafemas, sinalizações, gráficos, pontuação e acentuação).

Déficit de Atenção

O *Transtorno de Déficit de Atenção e Hiperatividade* é um diagnóstico bastante comum na atualidade. Geralmente é identificado somente na fase escolar, por problemas de aprendizagem ou de comportamento em sala de aula. Muitas vezes, entretanto, a criança não sofre transtorno algum. Apenas está agitada por passar os dias dentro de um apartamento, onde suas atividades centrais são assistir à televisão e ocupar-se com os jogos de computador.

Segundo neurologistas-pediatras, o TDAH não é uma doença, mas um distúrbio de diagnóstico difícil na Infância. Muitas vezes é confundido com o temperamento agitado da criança, que passa a ser tratada como alguém que *tem* um problema de saúde, ferindo a auto-estima e comprometendo a naturalidade de seu desenvolvimento.

Exames da Neurociência sobre desenvolvimento inicial do cérebro confirmam a tese de que uma gestante estressada gera uma atividade maior no bebê em gestação, podendo ser um elemento gerador de TDAH. Outra hipótese é a herança genética. Pesquisas revelam maior frequência desse transtorno em crianças com pais que também revelam déficit de atenção, associados ou não à hiperatividade. Em tais casos, também é possível que a causa do transtorno não seja genética, mas o efeito emocional da própria ansiedade e da dispersão de pais hiperativos sobre a criança em sua Infância Inicial.

ANTECIPAÇÃO DA ADOLESCÊNCIA
No último século, a idade da menarca se adiantou em três anos

A puberdade é progressiva, com transformações morfológicas e funcionais controladas pelas glândulas endócrinas, que lançam sua produção hormonal diretamente na corrente sanguínea. Certos sinais marcam a chegada da puberdade e indicam o final da Infância:
a) a maturação do eixo hipotalâmico-hipofisiário-adrenal-gonadal leva à excreção de líquidos sexuais. A atividade hormonal produz as manifestações da puberdade, gerando alterações nos genitais, desenvolvimento de seios e alargamento dos quadris nas meninas. Nos meninos, pelos faciais e mudanças de voz;
b) as meninas entram na puberdade, em média, aos onze anos, e os meninos, aos treze. Atingem o nível hormonal adulto em torno dos dezesseis anos. As meninas ingressam na puberdade doze/dezoito meses antes.

Pesquisas

Há cerca de 100 anos iniciou-se o processo de antecipação da Adolescência, especialmente nas nações industrializadas. Dados sobre essa alteração foram publicados pelo *Jornal da Universidade de Harvard*, em 1990, em que foi destacado, outra vez, o quanto a melhor nutrição acelera o alcance dos potenciais genéticos, e sua falta atrasa o processo significativamente.

O artigo *Foetus into Man: Physical growth from conception to Maturit*, (Jornal de Harward, 1990) apresentou números interessantes: em 1900 a idade média da menarca (primeira menstruação) era entre os catorze/quinze anos, passando para treze anos e meio/catorze anos em 1950. Em 1990, a média passou a ser ainda mais baixa: doze anos.

Anteriormente, segundo a pesquisa, essas acelerações físicas não eram significativas, e a idade média da menarca, por séculos, foi catorze/quinze anos. Alguns pesquisadores alegam que o uso de hormônios em alimentos também estaria gerando a aceleração. Porém essa hipótese ainda não foi comprovada ou talvez ainda não tenha merecido pesquisas comprobatórias.

No campo do desenvolvimento emocional e social, entretanto, não há indicadores de uma maturação precoce. Com certeza, as crianças estão mais perspicazes, informadas e informatizadas do que há duas ou três décadas, no entanto também estão emocionalmente mais solitárias e suscetíveis.

A precocidade da Adolescência ocasiona um alarmante crescimento de gestações em meninas de doze/treze anos. Se uma criança amadurece sexualmente antes do tempo e ainda não apresenta o mínimo de maturação emocional, há grandes riscos de isso ocorrer. A imaturidade em contato com a estimulação erótica precoce – na maioria das vezes deturpada e pornográfica – é, sem dúvida, uma preocupação atual.

Os meios de comunicação, em todos os âmbitos, têm contribuído para tanto, assim como as famílias, quando não delimitam ao que a criança pode assistir. Vale frisar que não se trata apenas de vermos a sexualidade como algo natural, mas de reconhecermos o quanto a repressão sexual se manifesta por meio da pornografia. O olhar reprimido das gerações passadas contamina a naturalidade do sexo nas gerações futuras.

Outro aspecto grave é o acesso às drogas que ocorre devido à suscetibilidade da criança às influências do grupo de amigos e ao distanciamento gradativo da família, rumo à vida adulta. A presença dos pais, a partir de uma orientação amorosa, contínua e firme, poderá ser o ponto determinante de equilíbrio. Nessa fase, a influência da família certamente ainda prevalece sobre as demais influências, seja de amiguinhos, de programas de televisão, seja de assédios externos.

Na etapa seguinte, a Adolescência, as orientações dos pais passarão por um *pente fino* e, em alguns casos, em qualquer hipótese, serão rechaçadas. Portanto, a pré-adolescência é um momento decisivo para que os pais estejam presentes, atentos e compreensivos. Há ainda a vantagem de ser um tempo apropriado, uma idade fértil e de relativa abertura, quando a criança reconhece que necessita de orientação e quer recebê-la.

Mesmo que possa estar apresentando ímpetos de rebeldia e independência em relação aos valores familiares, ela sabe que ainda necessita da presença dos pais na delimitação do que pode ou não fazer. Na Adolescência, a intolerância às orientações parentais pode crescer radicalmente.

QUESTÕES PARA ESTUDO E REVISÃO

1. Ao ingressar na escola fundamental, a criança necessita ter desenvolvido certo controle sobre suas emoções para centrar sua atenção na socialização e na aprendizagem. Descreva, com suas palavras, como as fases precursoras contribuem para que isso aconteça.
2. Qual a principal diferença entre a visão da Psicanálise e da Escola Reichiana na leitura do período entre os seis e os doze anos?
3. Em que momento surge o impulso epistemofílico e qual a sua relação com os problemas no desenvolvimento escolar?
4. Qual é o aspecto na formação da identidade da criança que está mais sensível no período de estruturação do caráter, segundo o olhar psicossocial de Erik Erikson?
5. Explique a polaridade da crise normativa dessa idade, mapeada por Erikson.
6. Qual a diferença central entre escolas humanistas e escolas tradicionais?
7. O que caracteriza a entrada na pré-adolescência?
8. Qual a consequência do cultivo de pseudovalores na formação da criança?
9. Qual o papel da inserção de uma educação contemplativa nesse estágio?
10. Em termos de desenvolvimento moral, o que costuma ocorrer na pré-adolescência?
11. A Adolescência está se antecipando. Relate as evidências e as consequências desse fato.

"O adolescente é como um passarinho que temos nas mãos. Se o apertarmos muito, ele morrerá. Se o soltarmos, ele fugirá. Não saberemos, então, se ele sobreviverá ao mundo."
José Carlos Feltes

IV

INGRESSO NA ADOLESCÊNCIA

A Infância passada a limpo e a crise de identidade

Embora o propósito deste trabalho seja focalizar somente as idades sensíveis do desenvolvimento emocional e psicossocial da Infância, é necessário avançarmos até a Adolescência, a fim de fecharmos o ciclo de estudos. O olhar adiante possibilita a compreensão de como o somatório de aquisições e perdas das fases anteriores se manifesta no momento.

Apesar das intensas transformações físicas dessa etapa, a Adolescência não chega a ser biologicamente uma *idade sensível*, assim como são os primeiros anos de vida, em que o cérebro se encontra em formação. Com a Adolescência, a maturação da libido chega à primazia da genitalidade, e os órgãos de reprodução alcançam o tamanho e a função da vida adulta.

Como observou Piaget, nessa fase ocorre uma alteração significativa na atividade cognitiva, quando aprendemos a *pensar sobre o pensamento*, a *racionar sobre o raciocínio*. Em termos de formação de identidade, é uma fase crucial, em que são tomadas decisões importantes para a vida futura. O que ocorreu no passado da criança afetará as decisões do adolescente e essas influenciarão a vida adulta. É a época em que a identidade em formação chega a uma resolução, assumindo sua tonalidade e seu modo de ser.

Nas últimas décadas, diferente do que ocorria antigamente, essa idade passou a ser vista como um momento de intensa crise, uma época preocupante, especialmente para pais e educadores. O estigma surgiu após a Revolução Industrial, nas classes média e alta, desde que os jovens passaram a ficar em casa, estudando e preparando-se, por um tempo cada vez mais longo.

A crise da Adolescência, em si mesma, não é mais complexa do que a menopausa, a velhice ou a idade escolar. Todas as idades do Homem, em termos de etapas de desenvolvimento, têm a característica de produzir crises de crescimento. E isso é natural ao processo de desenvolvimento emocional e psicossocial.

A crise representa um sentido positivo e normativo. Sem crise não há maturação psicológica, nem surgem os desafios e as oportunidades de evolução e transformação. Na Adolescência, por exemplo, a crise normativa é a própria identidade que necessita de uma resolução, uma definição. O aspecto sensível é exatamente a Infância estar chegando ao fim.

O ingresso na fase adulta traz consigo exigências de definições e posicionamentos. Ocorre uma espécie de luto pela perda do corpo e da condição infantil. O mundo adulto bate à porta do adolescente e pergunta: *quem será você e o que fará nos próximos anos?*

Assim como ocorre na velhice, agora emerge uma avaliação do tipo *quem sou eu e como me sinto para enfrentar o que vem pela frente?* A organização final das etapas da Infância se dá por meio de uma revisão profunda, quando o adolescente experimenta, ao mesmo tempo, um ímpeto regressivo que olha para trás – *para o que me tornei* – e um impulso para o futuro, que vislumbra *o que posso vir a ser.*

Os traços de caráter formados durante a Infância, somados ao temperamento inato, agora se tornam uma unidade: a identidade pessoal. Nesse processo de formação final da personalidade, as frustrações antigas e as pendências das fases anteriores retornam com vigor, em forma de queixas, depressões, euforias e rebeliões. Não que elas já não estivessem presentes nas fases anteriores, nos dilemas dos pequenos ou mesmo em suas queixas. Mas, agora, mostram-se potencializadas, expandidas.

Os temas doloridos do passado são revistos e podem assumir cores dramáticas, estimulados pela intensidade da carga libidinal e pela demanda psicossocial dessa idade. Em casos de doenças psíquicas, os conflitos regressivos podem ser reeditados com surtos e manifestações psicopatológicas, como é o caso da depressão, dos comportamentos obsessivos, dos surtos esquizofrênicos, entre outros, que costumam eclodir a partir das demandas da puberdade ou ainda no final da Adolescência.

Ímpeto Revisionista

A puberdade chega trazendo intensas mudanças hormonais e, também, sociais. Os valores familiares podem parecer insuficientes e inadequados ao adolescente. Ele olha o mundo de modo diferenciado, diante da sensação corpórea ampliada por sua libido, da expansão de suas capacidades cognitivas e da demanda social, influenciada pelos amigos e pelos modismos assumidos pelos grupos de convívio.

Movido por essa transformação, o adolescente busca novos valores e outras experiências, que agora assumem o sentido de não serem apenas a continuidade dos caminhos adotados por pais e familiares. Trata-se de uma escolha com forte teor pessoal. A mudança repentina de valores e critérios, os questionamentos impetuosos e agressivos ou ainda o abrupto afastamento afetivo – com adoção de traços de alienação e indiferença – são comuns.

O adolescente reedita crises e dificuldades do desenvolvimento anterior, sendo impulsionado a fazer uma revisão geral do passado, antes de ingressar na vida adulta. É um verdadeiro *pente fino,* que detecta e reflete as pendências, na tentativa de integrar esses conflitos, enquanto a identidade se estrutura.

É evidente que o ímpeto revisionista resgata um arquivo volumoso de experiências e memórias, que pareciam estar sedimentadas no passado como questões resolvidas ou sintomas de pouca importância. *Coisas de criança* como dizem os adultos, descuidadamente. Geralmente é com esses adultos que a Infância começa a ser passada a limpo.

Diante de tantas coisas a tratar ao mesmo tempo, a confusão interna se instala. Muitas vezes, a demanda é maior que os recursos que o adolescente tem para dar conta de todas as questões que se apresentam em sua interioridade, por meio de exigências íntimas e cobranças vindas de fora. Nesses casos, se a criança não desenvolveu uma base emocional suficientemente segura, a demanda excessiva poderá transformar a Adolescência em um momento patológico, de grande sofrimento psíquico.

No livro *La Adolescencia Normal* (citado por Fiori, 2002), o psicanalista argentino Maurício Knobel observa que muitos comportamentos dessa idade apenas aparentam ser patológicos. Ele ressalta que é difícil atingirmos a maturidade sem passarmos por tal tipo de conduta, considerada patológica no adulto, mas que durante a Adolescência é absolutamente normal.

Afinal, a crise dessa idade enfrenta nada menos que o cruzamento, em um mesmo momento, de relações e de conflitos da Infância com intensas transformações corporais e fortes desafios futuros. É comum que o adolescente oscile entre a euforia e os momentos de tédio e depressão.

Segundo Knobel (1976), as típicas microcrises maníaco-depressivas marcam o processo de flutuação entre o luto pela perda da Infância e as fantasias de realização futura, tomadas de sentimentos e emoções contraditórias: temores e nostalgia em alguns momentos, alegria e euforia em outros.

Erikson (1976) também observa que, na maioria das vezes, a fluidez das defesas dos adolescentes, que causa preocupação aos adultos, nada tem de patológica. "A adolescência é uma crise em que apenas uma defesa fluida pode superar um sentimento de defraudação causado por exigências internas e externas" observa ele (p.164). Nessa idade, somente a tentativa e o erro podem conduzir aos mais felizes rumos de ação e expressão pessoal.

> *Estamos mais cônscios da nossa identidade quando estamos prestes a adquiri-la e quando (com aquele estremecimento a que no cinema chamam de tomada dupla) ficamos surpreendidos por travar conhecimento direto com ela; ou ainda quando estamos prestes a entrar numa crise e sentimos a intromissão da confusão de identidade. (Erikson, 1976, p. 165)*

A reedição dos conflitos pendentes, aqueles que, por estarem mal resolvidos, poderão dificultar a vida adulta, é uma nova oportunidade entre filhos e pais na resolução de questões que marcaram o desenvolvimento infantil e o processo educacional. Porém, se falta aos pais disponibilidade e compreensão, os impasses regressivos acabam não sendo nem revistos nem resolvidos. Sendo assim, as feridas podem ficar abertas por um longo período, sangrando de tempos em tempos, repetidamente.

Pais na Mesa de Debates

A crise normativa dessa idade é tratada por muitos adultos como *bobagens de adolescente*, um tempo *aborrecente* ou dos *burros*, como popularmente se diz. Porém é tão delicada quanto é o climatério e suas *aborrecências* para uma mulher madura. Ou ainda a entrada na velhice, para um homem em idade avançada.

Mesmo assim, é comum ocorrer falta de respeito dos adultos com a crise de identidade dos adolescentes. É frequente o uso de ironia diante de seus sentimentos dramatizados e as desqualificações do tipo *isto é mania de adolescente*. Como consequência, o jovem se torna mais revoltado e agressivo, assim como ficaria o adulto, se fosse ridicularizado em suas fragilidades.

Talvez falte aos adultos colocarem-se no lugar dos filhos ou alunos, em vez de desqualificá-los por estarem em confusão de identidade ou por não terem conseguido ainda a autorregulação de suas emoções. A compreensão poderá gerar a dosagem ótima entre firmeza e afeto, limite e permissão, tão necessários nessa fase.

A crise da Adolescência não é menos sofrida do que qualquer outra época da vida adulta. Por que, então, os pais tendem a reduzir os dilemas dos filhos a uma época *aborrecente* (de aborrecimentos!)? Por que a Adolescência costuma levar os pais a exercerem controle intenso associado ao desrespeito com os sentimentos de seus filhos?

Na verdade, esse momento é delicado também para os pais, especialmente quando há muitas questões do passado a serem resolvidas, tanto da Infância dos filhos quanto da dos próprios pais. Segundo o psicólogo Wagner Rocha Fiori (2002), os conflitos normais da Adolescência são melhor conduzidos por pais e educadores, na medida em que eles resolveram seus conflitos passados e optaram por soluções satisfatórias.

> *Os pais seguros de suas opções profissional, sexual e ideológica sentir-se-ão menos ameaçados pelos caminhos que seus filhos tomarem. É a segurança do que somos e a coerência de nossas escolhas que nos permitem aceitar o que o outro é e a escolha que faz. (Fiori / Rappaport, 2002, p. 14)*

REEDIÇÃO DE CONFLITOS

O adolescente anseia promover mudanças profundas e, ao mesmo tempo, se sente confuso. Muitas vezes, ele mesmo não sabe como lidar com a ebulição física e emocional dessa etapa. A dimensão dos problemas adolescentes está diretamente associada à falta de contato afetivo na Infância e à repressão excessiva – familiar e social – das necessidades naturais básicas da criança em seu desenvolvimento libidinal anterior.

A Adolescência tende a intensificar as pendências das fases anteriores, e, geralmente, valores e dificuldades familiares são postos na *mesa de debates*, para revisão geral e passagem por crivos de validade ética, afetiva e social. Nesse período, o adolescente costuma aguçar a visão crítica da família, da escola e da sociedade.

Em culturas como a nossa e, especialmente, em algumas classes sociais, é comum que os jovens se tornem impetuosos e instáveis, protestem e denunciem as faltas de seus genitores, arrisquem-se a viver experiências radicais longe da família, partam para a vida com seus amigos e turmas, desprezando as normas familiares.

A dramaticidade presente em suas queixas revela o tom regressivo dos protestos e a necessidade vital de elaborá-las com os pais. Se os adultos tiverem a lucidez de facilitar o processo, evitarão o afastamento excessivo e precoce do adolescente, o que poderá cortar o vínculo com seus pais ou cuidadores.

A reedição de conflitos pendentes é uma oportunidade de crescimento também para os adultos, quando eles aproveitam o momento para processar suas dificuldades pessoais e assim integrá-las, por meio dos filhos. Muitas vezes, os pais radicalizam suas posições e perdem a chance de equacionar questões do passado.

Quando os adultos respeitam a crise de identidade que se apresenta, existem ótimas possibilidades de os dilemas adolescentes serem equacionados, o que normalmente traz um bom resultado. Nesse momento, os jovens dão importância à opinião de seu grupo de amigos, porém internamente estão confusos. Mesmo existindo conflitos, se os pais continuarem presentes, com afetividade, respeito e firmeza, a tendência é prevalecerem suas orientações. Entretanto, se os pais estiverem distantes, a opinião dos pares valerá mais.

O pediatra José Carlos Feltes observa a importância da *dosagem ótima* na relação pais-filhos:

> *O adolescente é um passarinho que temos nas mãos. Se o apertarmos muito, ele morrerá. Se o soltarmos, ele fugirá. Não saberemos, então, se ele sobreviverá ao mundo. (Feltes, em entrevista à autora)*

Em termos emocionais, a puberdade dos filhos necessita de grande atenção de pais, e também dos cuidadores, em dois pontos centrais:

a) reconhecimento dos sintomas regressivos às fases emocionais do passado, respeito a esse processo doloroso e disposição do adulto para a integração de tais aspectos, em um clima de afeto, segurança e presença;

b) cuidado no reconhecimento e na condução de casos mais graves, decorrentes do comprometimento da saúde psíquica. Psicopatologias como, por exemplo, as esquizofrenias – entre outras menos graves – ficam encobertas durante a Infância. Elas vão eclodir somente na Adolescência ou na entrada da vida adulta.

Muitas vezes, o uso de drogas e as demandas emocionais da fase desencadeiam o surto esquizofrênico, por exemplo. Também é frequente, em momentos de crise intensa, surgirem pensamentos e tentativas suicidas em adolescentes desestruturados.

Crise de Identidade e Ritos de Passagem

Resolver a identidade é a tarefa central da Adolescência. *Quem sou eu* é a pergunta característica dessa etapa. É a tentativa de ser um *eu* que possa ser aceito pelo grupo de convívio mais importante do momento: amigos, colegas, líderes. É quando o adolescente pode repelir características e valores próprios e adotar aquilo que o grupo de pares aprova. É um período de *confusão de identidade* e de experimentações contrastantes, em busca do núcleo de sua identidade.

O desafio adolescente é adquirir uma identidade psicossocial que preserve as singularidades pessoais e identifique o seu papel no mundo. Essa tarefa pode ser bastante complexa. Para alguns, torna-se um processo de integração gradual e tranquilo. Para outros, é uma crise avassaladora e perigosa, especialmente quando a família não compreende e nem respeita a delicadeza do momento.

A estruturação da identidade, quando ocorre de modo saudável e integrado, gera um sentimento ótimo de si mesmo. A crise normativa da Adolescência tenta superar as inevitáveis descontinuidades das etapas anteriores. Na medida em que a identidade se realiza, a crise passa e abre caminhos para a vida adulta.

Erikson (1976), estudioso da Adolescência, foi o criador da expressão *crise de identidade* e ressaltou que, na fase final de formação da identidade, o jovem tende a sofrer, mais profundamente do que nunca, com uma confusão de papéis. Esse aspecto o torna indefeso contra o súbito impacto de distúrbios malignos, previamente latentes.

> *É importante enfatizar que a personalidade difusa e vulnerável, distante e desligada, mas exigente e opiniática, de um adolescente, desde que não demasiado neurótico, contém elementos necessários de uma experimentação semideliberada de papéis, da variedade* Eu desafio você *e* Eu atrevo-me. *(Erikson, 1976, p.164)*

Para afirmar a identidade pessoal, o adolescente passará necessariamente pela *crise de identidade*. É uma espécie de rito de passagem para a vida adulta. Porém, diferente das sociedades antigas ou das tribais, que promoviam ritos para marcar o ingresso na vida adulta, a nossa sociedade vive o impasse de uma Adolescência cada vez mais prolongada e a postergação da resolução desse impasse.

Nas culturas tecnicamente menos desenvolvidas, no final da Infância, os jovens ingressam na estrutura social e no mundo do trabalho. As sociedades tribais promovem um período de recolhimento seguido de um rito de passagem. Com a puberdade, o jovem se torna capaz de gerar filhos e deve aprender como prover uma família e cuidar da prole e do lar.

Podemos dizer que essa é também a realidade dos adolescentes pobres de países como o nosso. Embora a cultura urbana não tenha instituído novos ritos de passagem, a criança pobre assume responsabilidades adultas, colocando-se no trabalho para *ajudar a trazer dinheiro para casa*. O sentido de identidade profissional é, na maioria das vezes, mais uma imposição financeira e de sobrevivência do que propriamente uma escolha.

As crianças e os adolescentes pobres, na maioria dos casos, não têm direito à Infância e nem às crises da Adolescência. O princípio de realidade invade precocemente seu psiquismo infantil, roubando-lhes o direito ao prazer, aos sonhos adolescentes e às expectativas do que poderiam vir a ser. A subjetividade tem pouco espaço para ser desenvolvida, e os dilemas adolescentes tendem a se dar no subterrâneo da luta pela sobrevivência. Ou, então, eclodem e se expressam por meio da delinquência.

As Etapas da Crise

A construção do sentido de identidade pessoal se define, geralmente, somente no final da Adolescência, com engajamentos sexuais, ocupacionais e ideológicos. Mas nem sempre isso se concretiza, e as questões de identidade seguem em conflito, buscando definições nas fases posteriores do ciclo vital. Porém, quando o processo de realização de identidade tem meios de ocorrer, ele se dá de modo progressivo, partindo de um período inicial de difusão e confusão para um momento acirrado de questionamento e dúvida, o que leva à realização da identidade.

James Márcia (1980), psicólogo social canadense e seguidor da Teoria Psicossocial de Erikson, realizou pesquisas com adolescentes e identificou os modos como os jovens enfrentam a crise de identidade e o estabelecimento dos compromissos que levam ao estágio adulto. Veja a síntese desses estados emocionais e psicossociais, diretamente associados às dificuldades ou às facilidades de cada pessoa em efetivar seus engajamentos e entrar na vida adulta.

a) Execução – é quando o jovem faz escolhas e assume compromissos sem ter passado pela crise, sem exercer uma escolha pessoal e sem saber exatamente o que deseja na vida. Suas atitudes e metas representam somente a escolha dos pais, sem questionamentos se esses compromissos são válidos ou não. No caso, a crise de identidade ainda não se deu.

b) Difusão de Identidade – é um estado em que o jovem pode ou não ter entrado na crise de identidade, mas ainda não chegou à resolução da mesma. A característica central desse estado é a falta de compromissos e a ausência de preocupação em relação à ocupação profissional, ao desenvolvimento de opinião própria sobre os valores sociais, relacionais e sexuais. Há confusão sobre os próprios desejos, acomodação e tendência à postergação das iniciativas pessoais.

c) Moratório – é quando o adolescente está nitidamente passando pela crise e busca resolver e realizar sua identidade. Seus compromissos são vagos, embora queira defini-los. O jovem quer assumir uma nova postura, mas ainda está envolvido com questões adolescentes. Joga e tenta negociar com os desejos parentais, pessoais e sociais. Ele está em plena experimentação, buscando chegar à realização da sua identidade e ao estágio adulto.

d) Identidade Realizada – é o estado do adolescente que passou pela crise, explorou várias possibilidades e, enfim, fez suas escolhas e estabeleceu compromissos ocupacionais, ideológicos e sexuais. A realização da identidade se concretizou, e a sensação de bem-estar pessoal é ótima. O ingresso na vida adulta é natural e promissor.

Segundo Márcia, na Adolescência inicial o jovem geralmente está dentro da crise, mas ainda não fez um real engajamento de suas escolhas. Ele é contraditório em suas posturas e propostas. Em determinado momento pretende fazer algo mas em seguida mostra sua indecisão. Está, portanto, exercitando um direito que lhe é socialmente dado: um tempo para experimentar, até que a confusão diminua, e as opções se definam e sejam sentidas como de fato suas.

Erikson ressalta o quanto esse tempo é significativo para que o adolescente consiga clarear suas escolhas e sentir a cor de suas novas identificações:

> O processo adolescente só estará inteiramente concluído quando o indivíduo subordinar suas identificações da Infância a uma nova

espécie de identificação, realizada com a absorção da sociabilidade e a aprendizagem competitiva com e entre os companheiros de sua idade. (Erikson, 1976, p.156)

Sintomas de Pendências das Fases

É no processo de confusão em busca de realização da identidade que emergem os sintomas de pendências das fases psicossociais precursoras no desenvolvimento. São os ecos da Infância que se fazem ouvir. Geralmente, conflitos que marcaram momentos do passado reaparecem nessa etapa.

- Originárias do início da vida (fases ocular e oral), manifestam-se a confusão temporal e a falta de reconhecimento mútuo;
- No estágio anal formam-se a inibição, a vergonha e as dificuldades de afirmação pessoal;
- Do período de identificação (genital infantil) surge a fixação em papéis, a identidade negativa e o bloqueio epistemofílico;
- Do período de estruturação do caráter (genital infantil) ressoam a paralisia funcional e o sentimento de futilidade.

Os sintomas referentes às primeiras etapas da Infância são normais na Adolescência. Eles somente se tornam problemáticos quando não conseguem ser equacionados e continuam presentes nos anos seguintes como uma característica pessoal conflitante.

Erikson (1976) identificou quatro crises regressivas às fases da Infância, que podem ser um norte de orientação para pais e educadores.

1º) Difusão da perspectiva de tempo e falta de reconhecimento mútuo

Entre os sintomas regressivos que caracterizam a primeira etapa psicossocial, que corresponde às fases ocular e oral, estão: confusão temporal, sentimentos de impotência, carência e falta de reconhecimento mútuo, relacionados ao início da vida, quando se formam os primeiros registros de tempo e de vínculo na criança.

A desestruturação temporal é uma característica normal da Adolescência, quando o jovem imobiliza o tempo na tentativa de preservar o que obteve no passado e de proteger-se das angústias do futuro. Para alguns, é difícil viver o luto de deixar os tempos de criança para trás e lançar-se na vida adulta.

A manifestação continuada de tal imobilidade é um indício de perturbação na experiência do tempo, transpondo essa etapa e instalando-se na fase adulta. Os casos extremos se revelam quando a Adolescência chega retardada ou quando se prolonga demais, paralisando o processo de realização da identidade pessoal.

Manifestação adolescente: as queixas se dão por meio de protestos sobre uma grandeza perdida e denúncias de perda prematura e fatal de seus potenciais úteis. Esse conflito se expressa com a diminuição geral do ritmo em que o adolescente se move dentro de sua rotina de atividades. Parece que ele se movimenta dentro de uma piscina de melado, tamanha a lentidão. Custa-lhe ir para a cama e enfrentar o sono e, igualmente, custa-lhe levantar e enfrentar o dia.

As falas típicas são: não sei, desisti, larguei.

Sintomas de fundo: a confusão interna é grande e há pouco contato com estímulos que sejam suficientemente motivadores. O adolescente não acredita na possibilidade de que o tempo possa trazer qualquer mudança e, paralelamente, teme que uma mudança ocorra. Não há segurança no contato com as pessoas, e a sensação é de não ser visto pelo outro, gerando um temor à rejeição, sempre presente.

Segundo Erikson, a perda dessa função do ego – que é fazer a manutenção vital de perspectivas e expectativas – se dá no início da vida, quando a noção de tempo ainda não existe. Tal perturbação se revela quando a pessoa tem dificuldades de confiar no tempo, confiar na conduta dos outros e estabelecer o reconhecimento mútuo com outras pessoas. Também, quando não acredita que possa desejar algo e sustentar esse desejo.

O tempo, em tais casos, parece ser mais eterno do que presente. A pessoa fica retida na *moratória* da Adolescência, em contínuo compasso de espera, buscando incorporar experiências múltiplas e desordenadas, ficando mais receptiva do que ativa, com a sensação de estar perdida.

Em algumas pessoas, a confusão temporal se manifesta como paralisia e falta de sentido para entrar em algum projeto pessoal ou trabalho que possa construir sua autonomia futura. Há certo desejo, mas não há persistência. A desistência parece melhor do que tentar e não conseguir, e ainda sentir-se culpado por isso. Portanto, o tempo teria que parar, numa imobilidade catatônica, para que a pessoa sentisse poder ingressar no dia a dia da vida.

Em outras pessoas, a desconfiança do tempo se manifesta de um modo mais virulento: toda demora parece ser uma fraude ou um estratagema, toda a espera é uma experiência por demais importante, toda a esperança é um perigo, todo o plano é, potencialmente, uma catástrofe, todo o provedor possível é um traidor potencial. É a crença de que o melhor é boicotar, frustrar.

A experiência original de sensação do tempo se dá a partir da adaptação do bebê aos ciclos iniciais de tensão da necessidade, demora na satisfação e saciedade. Se a satisfação se torna próxima, ocorre uma qualidade de esperança intensa. Quando a satisfação demora, acontecem momentos de cólera impotente, e a confiança pode ser comprometida.

No bebê, na medida em que a tensão aumenta, a satisfação é prevista de modo alucinatório. Se novos atrasos ocorrem, a cólera se torna redobrada. Se o atraso permanece, a criança chora até a exaustão e colapsa. Se isso for frequente, a desconfiança básica será maior do que a confiança.

Com a desconfiança virá a dificuldade de reconhecimento de si mesma e a despersonalização, além de confusão temporal, dificuldade nos vínculos afetivos (ansiedade, rejeição, insatisfação), frustração, impotência, medo de tomar iniciativas e tendências à depressão.

Foco de crescimento: o amadurecimento pode ser conduzido via estímulos para o desenvolvimento de persistência e sustentação dos desejos adolescentes dentro da realidade do tempo. Para isso, inicialmente, é necessário focalizar junto ao jovem – de modo amoroso e contínuo – a noção dos limites com relação aos seus desejos e averiguar se há correspondência entre o porte dos seus desejos, o tempo e os meios necessários para realizá-los.

Trata-se de um contínuo aprendizado sobre o uso do tempo e de sua compatibilidade com a realização possível do que é desejado. Quando o adolescente chega a reconhecer seu passado e a partir dele formula seus projetos para o futuro, podemos dizer que venceu parte importante da *crise de identidade*, segundo Erikson.

2º) Inibição e dúvida na afirmação pessoal

O segundo conflito retomado na Adolescência é a vontade de afirmação pessoal, o desejo de *ser eu mesmo,* de *fazer as coisas do meu jeito,* livre do supercontrole parental. Está relacionado à fase anal, quando a crise normativa é *autonomia versus vergonha e dúvida.* A autocerteza adolescente, quando abalada pelas fases anteriores e especialmente pela fase anal (período em que nascem a autonomia e a vontade própria) traz a inibição e a crítica acentuada de si mesmo e do outro. Essa inibição é um obstáculo à realização da identidade e ao ingresso na vida adulta.

Manifestação adolescente: a dúvida original sobre a idoneidade dos pais e de si mesmo aparece fortemente nessa etapa. É o momento em que a idoneidade de tudo é questionada dentro de casa. As contradições dos pais passam pelo *pente fino* e são amplificadas, para assim serem revistas e esclarecidas.

O adolescente busca agora a oportunidade de decidir, com liberdade, sobre os rumos que deseja tomar ou as inevitáveis situações de dever ou serviço. Mostra temor de ser forçado a atividades em que se sinta exposto ao ridículo ou à dúvida de si mesmo. Prefere agir com despudor aos olhos dos mais velhos, por sua livre escolha, do que ser obrigado a atividades que seriam vergonhosas aos próprios olhos ou de seus pares.

As falas típicas são: não me controlem, me deixem ser quem sou, vocês dizem uma coisa e fazem outra, vocês não são confiáveis.

Há um constrangimento consciente, que se relaciona com a idoneidade de tudo o que ocorreu no período da Infância – e que agora precisa ser deixado para trás. Por idoneidade podemos entender a aptidão, a competência moral de desempenhar determinados cargos ou certas funções. Segundo Erikson, o adolescente necessita questionar a idoneidade da família no passado e no presente.

> *A inibição é uma nova edição daquela dúvida original que diz respeito à confiança que os pais merecem, e somente na Adolescência tal dúvida autoconsciente se refere à validade de todo o período da Infância, que agora é deixado para trás e, ainda, à confiança depositada em todo o universo social, que agora é questionado. (Erikson, 1976, p.183)*

Sintoma de fundo: uma dolorosa vergonha global promove a sensação de ser totalmente visível aos olhos dos outros. Na Adolescência pode ocorrer uma tendência a esconder a incerteza pessoal e a vergonha dentro da certeza grupal. Para isso, as roupas características, as culturas específicas da turma ou da *tribo* e a própria ideologia grupal podem disfarçar a inibição e as dúvidas pessoais.

Quando esse conflito não consegue ser resolvido na Adolescência, ele invade a vida adulta com sintomas muito conflitantes. A autocerteza é abalada, assim como ficam comprometidos os sentimentos de independência da família, a liberdade e a certeza antecipatória de que se pode fazer o que se deseja. O medo regressivo de sofrer novamente o impedimento da autoafirmação (estágio anal) gera um alto nível de ansiedade, projeção e reatividade.

Na vida adulta, tal característica se mantém como uma tendência da pessoa a manter-se uniforme com um grupo e assim não se sentir humilhada. Porém faz isso sob conflito interno. Dentro dela, convivem opostos como boa vontade amorosa e autoinsistência odiosa, cooperação e teimosia refratária, expressão pessoal e comedimento ou dócil complacência.

A excessiva vergonha leva o jovem a tentar viver seus desejos às escondidas. A vergonha é encoberta por orgulho defensivo e teimosia, que disfarçam a dúvida de si mesmo. O dilema é entre a vontade de afirmação pessoal e a vergonha dessa afirmação. O sofrimento e a dor ficam retidos dentro dessa impossibilidade.

Foco de crescimento: o amadurecimento desse processo pode se dar com a vivência de maior liberdade e responsabilidade, com o abrandamento do controle familiar excessivo sobre o dia a dia do adolescente. É o momento de orientá-lo e responsabilizá-lo por seus atos, além de reconhecer suas capacidades e iniciativas. O adolescente avançará se puder vir a expressar sentimentos e posições, sem o temor da humilhação. Ele precisará trabalhar a sua teimosia, e o seu apego à queixa e ao sofrimento, recursos que postergam suas iniciativas.

3º) Fixação de papéis e Identidade Negativa

O terceiro conflito, que ressurge na Adolescência, é *a fixação de papéis* em detrimento da livre experimentação de papéis, uma conexão óbvia com os conflitos mais antigos da fase genital infantil (período de identificação ou fálico): *livre iniciativa versus culpa.*

Uma das principais conquistas desse período é a identidade sexual, por meio de intenso imaginário e jogos de faz de conta. A curiosidade e o desejo de conhecer e saber estão associados a essa conquista.

A curiosidade original sobre as diferenças anatômicas, que aparece entre os três e cinco/seis anos, abre caminho para todas as demais curiosidades, nas demais áreas. Isso leva à experimentação do mundo, ao gosto pelo conhecimento e por novas experiências.

Quando na fase genital infantil (período de identificação) ocorreu forte cerceamento da iniciativa e da curiosidade, o jovem se vê confuso e limitado em suas poucas opções e pode-se afastar de seu sentimento próprio de identidade. Passa a executar um papel, sem abrir espaço para avaliar se este corresponde efetivamente ao que deseja.

Em alguns casos, a pessoa se torna rigidamente correta e usa sua força para impor a iniciativa pessoal, de modo autoritário, controlador e pouco afetivo. Em outros, o bloqueio epistemofílico cerceia, em demasia, as possibilidades pessoais de desenvolvimento.

Há também os casos em que o caminho é inverso. A *fixação de papéis* leva o jovem a fazer uma identificação exagerada e total com aquilo que ninguém esperaria que ele fosse. É quando ocorre a vinculação com uma *identidade negativa*, em que a escolha de um papel frustrador é a única forma de iniciativa, desprovida de qualquer ambição de ser outro alguém e, portanto, livre da culpa de fracassar em ser esse outro alguém.

A identidade negativa pode levar à delinquência. O adolescente sente que pode ser alguém reconhecido pelo grupo marginalizado, já que não se sente capaz de atingir e experimentar os papéis aceitáveis e esperados pelos pais e pela sociedade. A identificação com o avesso, com o lado negro da vida, é um meio de fixar-se em uma faceta pessoal e negar qualquer outra experimentação.

Os conflitos de fixação de papéis e as fobias, que nascem na fase genital infantil (período de identificação ou fálico), quando associados à confusão de identidade da Adolescência, podem gerar situações de risco e o ingresso no mundo das drogas e da delinquência, na qual a identidade negativa é valorizada (ver *Gang* e *Bullying* na página 280).

Nesses casos, o jovem burla a realização de sua identidade pessoal com a fixação em um único papel, a *identidade negativa*, em alguém que acredita ser, negando-se precocemente a outras experimentações, ainda antes da escolha final. Tanto jovens de classe social média ou alta, quanto os adolescentes das classes de baixa renda, na atualidade, correm riscos similares de identificação com a delinquência, como um caminho de realização da identidade.

No entanto, na maioria dos casos, essa escolha dramática não prevalece, e o jovem acaba saindo da Adolescência com outras opções, embora possa transitar por climas delinquentes de modo passageiro e experimental. Especialmente quando houve afetividade e uma boa relação familiar, a crise adolescente tende a vencer a confusão com maior facilidade.

Manifestação adolescente: se uma imaginação ilimitada ao que se pode vir a ser foi cerceada, o tema retornará de modo muito acentuado na Adolescência, por meio de uma ambição excessiva, rigidez e inflexibilidade. Em vez de experimentar o que deseja ser, o adolescente pode fixar-se em algo e assim derivar do seu senso de identidade pessoal.

Nesses casos, a tendência é objetar violentamente às limitações que considerar atos pedantes de pais, professores e cuidadores, frente às imagens que formou de si mesmo. Tenderá a agarrar-se a algo, que não necessariamente seria a sua escolha natural, se pudesse experimentar outras possibilidades.

Falas típicas: eu sei o que é melhor, vocês não sabem das coisas, estão ultrapassados.

São críticas sonoras e acusações à autoridade dos adultos, considerados arrogantes. Assim, o adolescente consegue apaziguar sua culpa pelo excesso de ambição. Ocorrem, também, reações tempestuosas de invalidação dos pais, quando estes limitam sua expressão e iniciativa. Ou então podem não expressar seus protestos, mas desconsideram as orientações parentais, mantendo comportamentos independentes.

Sintoma de fundo: a fixação no período de identificação sexual (fálico-genital) forma caracteres fortes e rígidos. A pessoa com conflitos nessa fase tende a fixar-se em papéis e insensibilizar-se. A rigidez oblitera, ou cega, a percepção do mundo. O que dificulta o avanço é a própria rigidez. É a pessoa acreditar que é a dona da verdade.

Na Adolescência, o conflito reaparece por meio da necessidade de afirmação da imagem sexual, de provar-se *supermacho* ou *superfêmea*. Ou, então, associar a imagem de força e domínio à sua identidade. Como há muita fantasia e uma imaginação largamente ampliada, é comum surgirem profundos sentimentos de culpa, mesclados à assertividade e à frieza afetiva.

A *inibição de papéis* se dá nos casos em que a criança desenvolveu uma obediência mais literal do que mesmo os pais desejavam impor, exigindo de si mesma mais correção e desempenho do que lhe solicitaram. Ou quando passa a ter duradouros ressentimentos, porque os próprios pais parecem não estar à altura do que inicialmente fomentaram na criança, ou do que ela esperava deles.

Esse ressentimento leva à substituição da bondade e da afetividade pelo poder arbitrário, carregado de impulsos e raiva, com a qualidade de *tudo ou nada*, o que se torna um perigo para a própria pessoa e para os que com ela convivem, devido à insensibilização. As mulheres podem se tornar insensíveis e competitivas. Os homens tendem a se tornar agressivos, assertivos e pouco delicados.

Se o conflito não puder ser integrado na Adolescência, ele vai-se manifestar na fase adulta como *autorrestrição*, o que impedirá a pessoa de se mostrar à altura de suas capacidades internas, dos poderes de sua imaginação, criação e sentimentos, quando não em uma relativa impotência ou frigidez sexual. Ou, então, com uma restrição marcante em seu desenvolvimento intelectual, pela restrição do prazer em criar e experimentar.

Muitos adultos com esse conflito acreditam que seu valor pessoal consiste, inteiramente, no que pretendem alcançar no futuro e não no que são no presente. Seus corpos geralmente têm muita tensão, e as dificuldades em relaxar são grandes.

Foco de crescimento: o amadurecimento desses aspectos poderá ser estimulado por meio de sensibilização e de contato interno do adolescente com os próprios sentimentos e desejos. E também quando eles passam a dar atenção aos sentimentos e necessidades do outro e abrem sua percepção narcisista para outros modos de viver, trabalhar e pensar, que podem ser diferentes e nem por isso estão equivocados. O desenvolvimento de humildade auxilia em tal contato e equilibra o forte orgulho que caracteriza essa fixação.

4º) Paralisia Funcional, Futilidade, Incapacidade

O quarto conflito, que reaparece nessa etapa, está relacionado à fase escolar, ou seja, ao período de estruturação do caráter. Os ecos da crise *produtividade versus inferioridade* (crise psicossocial dos seis aos doze anos) ressoam na Adolescência com uma forte *confusão na identidade funcional e profissional*, refletida como paralisia operacional e sensação de inadequação no que se refere aos potenciais pessoais.

Realizar a identidade profissional e fazer os engajamentos necessários para o futuro é uma das maiores preocupações do adolescente. Se na Infância, entre os seis e doze anos, a criança não teve meios de desenvolver sua capacitação operacional, o conflito se tornará dominante e acentuado na Adolescência, gerando inferioridade e paralisia em iniciativas e realizações pessoais.

A escolha de uma profissão excede o significado de remuneração e status. Para o adolescente, a satisfação necessita estar aliada a uma carreira promissora e de autorrealização. Nessa fase, ninguém deseja ser um adulto rudimentar, e o anseio é de total desenvolvimento. Trata-se de um espelhamento das aptidões próprias, de um senso de identidade pessoal que necessita se definir e se expressar.

É fundamental, segundo Erikson, que os jovens tenham assimilado, na Infância, o sabor da aprendizagem para que não precisem recorrer às excitações da destruição. É positivo que o adolescente tenha meios de ser bem treinado em diversas áreas de seu interesse, para que possa-se identificar com determinadas tarefas e assim sinta ser alguém competente e realizado. Dessa forma, a Adolescência será menos tempestuosa.

Manifestação adolescente: quando ocorreram experiências marcantes de inferioridade por incapacidade no período entre os seis e os doze anos, é comum aparecer a paralisia funcional na Adolescência. Os sentimentos presentes são de inadequação e autoexigência.

Essa situação pode ter muitas representações. "É claro que isto não reflete uma verdadeira falta de potencial. Pode significar exigências irrealistas feitas por um ego ideal, disposto a não aceitar compromisso algum aquém da onipotência ou da onisciência", destaca Erikson (p.185).

Outro motivador de paralisia funcional é o fato de o meio social imediato não ter um nicho para os verdadeiros talentos do indivíduo. Ocorre ainda que a pessoa, no começo da vida escolar, foi levada a uma precocidade especializada que compromete o desenvolvimento pleno de sua identidade.

> *Por todas estas razões, o indivíduo pode ser excluído, portanto, daquela competição experimental, no jogo e no trabalho, através do qual ele aprende a descobrir e insistir em seu próprio tipo de realização e em sua identidade funcional. (Erikson, 1976, p. 185)*

Nos casos extremos, de delinquência, o adolescente poderá vir a fazer, junto a grupos marginalizados, o trabalho que não consegue realizar individualmente. Tanto que existem as expressões *fazer um trabalho, fazer um trabalho limpo, fazer um trabalho sujo*, que significa o fazer e a competência no sentido destrutivo.

As falas típicas são: não sei o que quero, nunca senti qual seria minha vocação, não consigo me ver fazendo algo para o resto da vida.

Sintoma de fundo: a desconfiança de si próprio, a descrença na possibilidade de que possa completar alguma coisa de valor, a descrença de que tenha capacidades ou talentos, a dificuldade de valorar o que faz. O desafio dessa crise é a *identificação com a tarefa e* a capacidade operacional de realizá-la.

Para o adolescente, importa sentir-se capaz de iniciar algo e persistir até o final. Por mais criativa que seja uma pessoa, sendo criança, adolescente ou adulto, se ela não conseguir materializar o que cria, ficará descontente e frustrada.

A autoestima operacional está fortemente apoiada na capacidade de fazer coisas e de fazê-las bem. Mesmo criança, a pessoa já sente que será um progenitor restrito se não começar a aprender a ser um trabalhador e um provedor potencial, antes mesmo de tornar-se um genitor biológico.

Quando esse dilema não é bem equacionado na Adolescência, surgem sentimentos de inferioridade e de futilidade. A sensação de incompetência, inabilidade, de não valorar e nem desfrutar a realização do próprio trabalho, de avançar pouco profissionalmente são alguns dos sintomas da crise.

Outros aspectos dessa fase que reaparecem na vida adulta são os modos desorganizados de lidar com as tarefas do cotidiano, com a administração da vida pessoal, da casa, dos bens, dos planos para o futuro. Na Adolescência, o caos tende a se manifestar na bagunça do quarto, no descuido com compromissos, e isso, em tal fase, ainda é tolerável. Porém, quando o padrão permanece na vida adulta, aparecem sérias dificuldades de crescimento pessoal, além de conflitos inevitáveis nas relações afetivas e profissionais.

Foco de crescimento: as dificuldades de realização satisfatória de tarefas e o sentimento de inferioridade por incapacidade poderão ser transpostos a partir de um trabalho de forte incentivo e valorização do adolescente em suas realizações. A permanência da atenção sobre essa questão, com um sentido de orientação e finalização das tarefas planejadas, traz um sentimento positivo de valor, capacidade e autoestima.

O Papel da Moratória

A *crise de identidade* na Adolescência é decisiva às etapas posteriores do desenvolvimento. No futuro, ao se tornar um adulto jovem, a pessoa enfrentará o desafio dos relacionamentos íntimos de maior consistência. Segundo Erikson, o dilema então será desenvolver intimidade psicológica com alguém sem perder a identidade pessoal, o que se tornará complexo se a identidade não estiver basicamente estabelecida.

No adulto jovem, a crise marcante é de *intimidade versus isolamento,* quando a identidade sexual e a preservação da individualidade na relação a dois serão reforçadas, ou não. Posteriormente, na meia-idade, a crise será *generatividade versus estagnação,* quando o exercício de liderança, o sentido de cidadania e o compromisso com as gerações futuras darão sentido existencial à pessoa. O engajamento ideológico e o sentido de liderança, equacionados na Adolescência, irão influir no processo.

O mesmo se dará na velhice, quando a crise é de *integridade-sabedoria versus desgosto-desespero.* No final da vida, a aceitação de que o passado foi como poderia ter sido e o contato com os valores éticos reforçam a integridade do idoso e revelam a lucidez do sábio, aquele que conseguiu tirar da vida os aprendizados que ela lhe ofereceu.

Quando a identidade não consegue-se realizar, o processo de formação da personalidade fica mal resolvido. Então, o efeito dominó de todas as fases do desenvolvimento alcançará a velhice com um volume tão grande de pendências, que a crise normativa do final da vida poderá ser desesperadora e de grande sofrimento psíquico.

A identidade de uma pessoa pode estar ancorada em outras pessoas ou em seus grupos de referência, e não em si mesma. A estima ao conquistar uma forte identidade pessoal pode significar uma emancipação interior frente a um grupo dominante. E isso definirá grande parte do que acontecerá depois.

Para que a identidade se realize, o jovem precisará passar por experimentações que lhe façam sentir-se capaz de fazer escolhas e assumir compromissos ocupacionais, ideológicos e sexuais. Erikson chamou de *moratória da sociedade* o tempo de tolerância com o adolescente, para que ele possa fazer suas experimentações:

> *Os adolescentes precisam, sobretudo, de uma moratória dos pais e da sociedade, um tempo de espera e experimentações, para que possam fazer a integração dos elementos de identidade atribuídos nas páginas precedentes, nas fases da Infância. (Erikson, 1976, p. 129)*

Adolescência Prolongada

O conceito atual de Adolescência – associado às complexidades e crises – é uma construção cultural do nosso tempo. Surgiu após a Revolução Industrial e é também uma realidade urbana, das classes sociais que têm recursos para manter os adolescentes em casa, em ritmo de espera e de preparação. Não é uma característica natural da fase, como ficou popularizado, mas uma condição cultural pertinente ao universo das classes sociais média e alta.

A automação industrial criou a demanda de profissionais de operação mais qualificados e, ao mesmo tempo, provocou a redução do número de trabalhadores. Com isso, o adolescente passou a ficar mais tempo em casa, estudando e se preparando, um tempo de espera que se torna cada vez mais complexo, exigindo novas formações e qualificações, enquanto o mercado oferece menos oportunidades profissionais, o que reduz sobremaneira os meios de integração social.

Diversos autores que abordam o desenvolvimento humano com um olhar social e antropológico ratificam: a crise da Adolescência não é mais difícil, nem mais determinante, que as demais crises que marcam as idades de todo o ciclo vital. Eles alegam que essa diferenciação se tornou um estigma. E que se trata de uma construção cultural e política, feita pelo homem branco-burguês-ocidental.

Os pesquisadores alegam que a maioria das pesquisas psicológicas sobre adolescentes investiga apenas as classes média e alta, urbanas, do Ocidente, negligenciando outras classes sociais, etnias e outros contextos como, por exemplo, o rural.

A psicóloga Cecília Pescatore Alves, em sua tese de doutorado *Eu nunca vou parar de buscar nada: emancipação frente à colonização e políticas de identidade e Adolescência* (Psicologia Social, PUC/SP, 1997) apresenta dados significativos, pesquisados junto a profissionais de diversas áreas, que trabalham com a questão adolescente.

Segundo Alves, os profissionais relatam que os jovens em geral reproduzem os papéis sociais dos adultos, apesar de considerarem o mundo adulto distante e de não o usarem como modelo. Alguns pontos são comuns aos adolescentes de todas as classes sociais, tais como:

- os jovens atuais tendem a estar alienados das questões sociais e a ser pouco politizados;
- eles valorizam pouco o estudo como meio de ascenderem profissionalmente e não gostam de estudar;
- são consumistas, inclusive os que não têm recursos;
- têm problemas com os vínculos amorosos e tendência à solidão.

Na pesquisa aparecem diferenças importantes entre adolescentes de classes sociais diferentes. Os jovens da classe trabalhadora, por exemplo, associam escola com trabalho e como um meio de adquirir autonomia. Já os jovens de classe média/alta relacionam a importância da escola com aspectos de socialização e lazer.

Quando falam de futuro, os jovens das classes privilegiadas revelam menor preocupação, embora alguns tenham metas claras sobre aonde querem chegar. Já os da classe trabalhadora encaram o futuro como algo desafiante, que exigirá empenho e sacrifícios e dependerá de seus esforços nos estudos. Os jovens da classe trabalhadora não se sentem tão solitários quanto os das classes abastadas e nem destacam dilemas especiais na Adolescência.

O Fim do Emprego

O acesso ao mundo do trabalho não é mais tão fácil como era no passado, nem mesmo para quem dispõe de recursos e de formação. A atualidade tem nivelado por baixo esses direitos, quando reduz aos jovens de qualquer classe as possibilidades de emprego. Hoje, não basta ser trabalhador, graduado ou doutor para ter emprego assegurado. Outras aptidões também são necessárias, especialmente o aspecto empreendedor.

Estamos vivendo o tempo do fim do emprego e o apogeu do trabalho liberal, quando o adolescente necessita habilitar-se para desenvolver competência, espírito empreendedor e autonomia. Os tempos confortáveis do emprego, com carteira assinada e estabilidade, parecem estar chegando ao fim, segundo especialistas na área.

Na atualidade, o desafio de ingressar na vida adulta não é fácil. E isso aparece na falta de desejo dos jovens de saírem de casa e conquistarem sua autonomia. Diferente das gerações passadas, que já na Adolescência deixavam a casa dos pais para trabalhar em outra cidade, estudar ou viver com grupos de amigos, hoje é comum, pelo menos no Brasil, que até mesmo adultos maduros ainda vivam junto a seus pais.

É frequente, também, que os jovens saiam da casa dos pais temporariamente e retornem tão logo ocorra uma separação conjugal ou a perda do emprego. Há inclusive casos curiosos de pais que, por fim, resolvem sair – eles mesmos – de suas próprias casas, já que os filhos não saem.

Sem dúvida, é um quadro novo na história das gerações da sociedade industrial e urbana. Trata-se de uma realidade preocupante, pelo espaço de suscetibilidade que se cria para quem permanece adolescendo além do tempo. Será que esse sintoma é apenas um indicador de que o mundo está hostil demais, com um mercado de trabalho tão competitivo, a ponto de os jovens – com todo o seu vigor – se retraírem? Ou os motivos são estruturais, pessoais, emocionais?

QUESTÕES PARA ESTUDO E REVISÃO

1. Descreva livremente o que caracteriza a crise normativa da Adolescência, segundo Erikson.

2. Cite os estados indicativos dos estágios da crise de identidade levantados por James Márcia.

3. Descreva os sintomas regressivos às fases ocular e oral, anal, genital infantil (período de identificação e de estruturação do caráter), que aparecem na Adolescência. Relate como eles se manifestam nessa etapa e por quê. Faça a relação entre o sintoma de fundo, a fase de desenvolvimento fixada na Infância e sua crise psicossocial.

4. Por que a Adolescência tem sido cada vez mais longa?

5. Qual a diferença observada nas pesquisas entre adolescentes de classe social de baixa renda e os de alta renda?

6. Dê sua opinião sobre o fato de os adultos apresentarem uma tendência ao menosprezo dos dilemas sentimentais dos adolescentes.

7. Escreva qual a sua opinião sobre como pais e educadores podem lidar com a Adolescência, de modo a apoiarem a integração dos conflitos dessa fase.

"Amor, trabalho e conhecimento
são as fontes de nossa vida.
Deveriam também governá-la".
Wilhelm Reich

V

A PESSOA DE BEM COM A VIDA

O desenvolvimento emocional sem bloqueios
forma um caráter autorregulado, fluido e vital

Se uma pessoa teve a especial oportunidade de passar por todas as etapas da Infância sem fixações ou bloqueios importantes, tem condições de ser alguém autorregulado, física e emocionalmente. A saúde emocional e física é perceptível por meio de fluidez, autoequilíbrio, centramento, vivacidade e boa índole.

A estrutura autorregulada é chamada de *caráter genital*, dentro do olhar reichiano. Como descreve Baker (1967), "é a pessoa bem integrada o bastante e emocionalmente livre o suficiente, para poder se manifestar de modo suficiente e saber satisfazer-se em termos de sua vida" (p.125). Na cultura atual, segundo Navarro, o percentual de estruturas genitais ainda é muito baixo (1%).

Para José Henrique e Sandra Volpi (2002), durante a etapa de formação do caráter, aos poucos a criança vai encontrando a sua própria identidade, cuja estrutura se completa até a puberdade.

> *Se a criança passar por todas as etapas da sua Infância sem bloqueios ou fixações, poderá estruturar o caráter genital, que segundo Reich (1933) é autorregulado, equilibrado e maduro. (Volpi & Volpi, 2002, p.137)*

Não vamos agora falar em saúde, que é um conceito idealizado, mas em *funcionamento autorregulado*. Em termos de estrutura caracterial, a doença biopsicológica está associada à fixação a modos regressivos e repetitivos de perceber e reagir às demandas do mundo, enquanto o funcionamento autorregulado significa fluidez. Igualmente, se falarmos em saúde física, saudável é não ter sintomas, ser flexível e dispor de ampla vitalidade.

No estudo dos períodos preciosos e sensíveis que fizemos neste livro, identificamos traços e tipos de caráter formados devido à fixação nas fases. A intensidade dessa fixação definirá se o funcionamento biopsicológico será mais ou menos sadio. Como vimos anteriormente, os traços caracteriais podem variar em tonalidades que vão do branco ao preto, ou seja, de um funcionamento autorregulado à psicopatologia.

O funcionamento autorregulado se traduz pela fluidez da pessoa por meio de uma vasta gama de estados emocionais e manifestações, de acordo com as situações vivenciadas em sua vida. Trata-se da sua capacidade de não permanecer fixada em certos estados emocionais e nem interromper seus processos de vida. "Sendo um organismo de rápida recuperação, o caráter genital pode percorrer toda a amplitude de variação emocional que vai desde a alegria intensa até a dor profunda, do amor ao ódio, do prazer ao desprazer" observa Baker (p.126).

O superego do *caráter genital* tem como moral o respeito à vida e, se as pulsões do id são pulsões vitais, nada está em contrariedade à sua satisfação, observa Navarro (1995).

> *A estrutura do superego genital é, antes de tudo, do tipo sexual--afirmativo; não havendo nenhuma situação edípica, não é necessário neutralizar a culpabilização inconsciente, que viria de uma instância edípica. A libido é satisfeita diretamente, sem necessidade de dissimulação. (Navarro, 1995, p. 29)*

Na pessoa autorregulada, não há sentimentos crônicos de culpa ou inferioridade, nem de arrogância e superioridade. Ela pode passar por eles, mas não permanece neles. A couraça é flexível, moldando-se de acordo com as situações vivenciadas. A defesa caracterial pode ser acionada sempre que se fizer necessária, mas depois voltará a se flexibilizar já que não é mais necessário defender-se.

Uma estrutura genital, quando tem ao seu dispor meios de satisfação, não acumula tensões, nem desenvolve couraças crônicas. E ao mesmo tempo dispõe de recursos emocionais e físicos para interferir nos bloqueios e nas tensões que se desenvolvem diante das demandas da vida.

O ego e o superego estão harmônicos. Nesse caso, o superego não é uma instância severa e punitiva, como ocorre com a pessoa fortemente neurótica. O sexo, por exemplo, é encarado positivamente, assim como as oportunidades de prazer e satisfação. Com isso, as demandas instintivas se regulam, conferindo mais autonomia em sentimentos, sensações e atos, diante do mundo exterior.

O ego *genital,* segundo Navarro (1995), está em contínua expansão, visto que as instâncias do id e do superego têm limites existenciais aceitáveis e válidos no que diz respeito à relação com os outros e à possibilidade de socialização e convivência.

A maior parte da energia do *caráter genital* encontra sua expressão por meio do orgasmo genital, dado que este é a liberação mais completa, gratificante e bioeconômica. Dessa forma, a pessoa não precisa provar--se como *homem* ou *mulher* aos olhos dos outros. "A agressão está a serviço do ego para fins racionais, mas não para um fim, em si mesma" (p.125), segundo Baker.

As pessoas autorreguladas assumem a responsabilidade total por seus atos e sabem quais as diferenças entre liberdade e licenciosidade. Para elas, tanto o promíscuo quanto o ascético soam como doenças emocionais. "Envolvem-se nas relações genitais por amor ao parceiro, entregando-se total e honestamente, sem medo nem restrições. Não brincam maldosamente, nem usam a pornografia no ato sexual", cita Baker (p.126).

A monogamia é algo espontâneo e natural ao *caráter genital.* Porém isso não ocorre devido à regras ou aos costumes sociais, mas somente porque sua prática sexual está ajustada aos seus sentimentos mais profundos. No entanto, se for preciso, a pessoa poderá trocar o seu objeto de satisfação sexual, sob circunstâncias especiais, aceitando a poligamia. Sua autorregulação lhe permite reter a energia e não satisfazer um desejo que não pode ser satisfeito, desviando sua atenção para outros objetivos ou outros parceiros.

O afeto encontra-se naturalmente presente no caráter genital. A pessoa reage com profundo sofrimento à perda de algo ou alguém, mas não permite que isso a desestruture. Não sente vergonha em expressar sentimentos e sensações e pode-se afastar do mundo ou se aproximar completamente, quando deseja. Uma vez que suas pulsões primárias foram satisfeitas, é naturalmente um ser decente.

Como não tem medo da vida, não se compromete com aquilo de que discorda. Seu raciocínio é funcional e objetivo, e suas motivações são nítidas, dirigidas ao aprimoramento pessoal e social. Trabalha com prazer e liberdade e não aceita nem consegue trabalhar mecanicamente. Assume as responsabilidades profissionais e relacionais, sem ser dogmática nem ditatorial.

O *caráter genital* deseja viver plenamente a vida e se alegra com a alegria e as conquistas dos demais. Como não é sexualmente afetado por crianças e adolescentes, reconhece a sexualidade infantil e adolescente de modo natural e saudável. As perversões e a pornografia lhe repugnam.

O seu corpo, segundo Baker, normalmente é forte, com pele quente e olhos brilhantes. Seus lábios são cheios e sensuais, seus membros e seu tronco são bem formados. Os olhos são profundos e fazem contato direto com o outro. Está normalmente descontraído e calmo, como também pode ficar incomodado, resmungar, gritar, franzir a testa, sempre que sentir um incômodo maior.

A pélvis de uma estrutura com funcionamento sadio é solta; e os genitais e os seios se desenvolvem bem, porém não demais. Não há gordura em excesso em seu corpo, que tende a estar saudável, vital e vibrante.

CONCLUSÃO

O POSSÍVEL DENTRO DO IMPOSSÍVEL

"Toda criança traz consigo a mensagem de que Deus não desanima."
Tagore

Freud dizia ser *impossível prevenir a neurose*. Reich, entretanto, falava que a neurose não era apenas uma estrutura caracterial, mas uma doença social que comprometia a vida psicoafetiva das novas gerações e agravava os sintomas patológicos dos adultos. Devido a isso, ele dedicou sua vida à proteção da Infância e à difusão de condutas preventivas na educação.

Reich acreditava que *educando o educador* uma grande transformação poderia acontecer. Diante da frase de Freud, ele enfatizava: *faremos o possível dentro do impossível*. Segundo a abordagem reichiana, a neurose além de ser tratada deve ser prevenida, tanto quanto possível.

Um modelo educacional que contemple aspectos da saúde física e emocional em suas condutas é o cerne dessa proposta. A prevenção da doença emocional, como vimos neste livro, inicia com a conscientização dos adultos sobre a importância de sua atuação no processo educacional das crianças.

Pequenas mudanças na qualidade dos vínculos afetivos, no cultivo de autorregulação e de respeito biopsicológico com os pequenos criam condições para a formação de personalidades equilibradas e humanizadas. Como diz Maturana (2006), o primeiro registro de respeito e afeto se dá no início da vida, na relação do bebê com seus pais e cuidadores, o que tonalizará suas relações afetivas futuras.

Vivemos um tempo de crescente sofrimento psíquico. Na atualidade, em todas as classes sociais, os índices de depressão, drogadição, suicídios, alienação social, delinquência, comportamentos violentos, desrespeitosos e antiéticos estão alcançando crianças e adolescentes, assim como adultos de todas as faixas etárias.

Hoje, a subjetividade humana ocupa um lugar concreto e palpável dentro da crise de valores que marca o nosso tempo. Sabe-se que a Infância é o grande útero onde se gesta tanto as mais bonitas cenas humanas, quanto as mais chocantes, que revelam a degradação e o desespero da Humanidade dos nossos tempos.

A realidade econômica e social é, sem dúvida, uma das responsáveis pela situação vergonhosa de nossas crianças pobres e pelas dificuldades de nossos adolescentes em se emanciparem. Porém essa figura concreta e, ao mesmo tempo, difusa e impalpável não se configura mais como a única e grande vilã dos dilemas e das dificuldades da Infância, como se pensava antigamente.

Nas classes média e alta – que têm recursos financeiros para atender às necessidades de seus filhos – é assustador o índice atual de problemas emocionais, que levam ao uso contínuo de medicamentos antidepressivos por crianças e adolescentes com graves crises comportamentais, o que preocupa pais e professores.

Nos Estados Unidos – uma das nações mais ricas do mundo – foi lançado, na metade dos anos 90, o movimento baseado no relatório *Crise Silenciosa* (capítulo I), com denúncias sobre o comprometimento cerebral das crianças americanas na faixa de zero a três anos. A causa, como vimos no capítulo I, é a falta de afetividade e de bons vínculos na idade mais sensível do desenvolvimento cerebral e psíquico do ser humano.

Nas nações pobres, a falta de nutrição alimentar atinge seriamente o desenvolvimento cerebral. Nas ricas, a falta é de nutrição afetiva. O cérebro igualmente fica comprometido. Hoje, a questão parece ser mais grave do que se imaginava em décadas passadas, já que transcende às contingências social e econômica, antiga justificativa para o descuido com a Infância.

A condição social tempestuosa é real, mas talvez não seja a mais complexa, apesar do volume de problemas sociais que temos. Afinal, inúmeras famílias pobres cuidam bem de seus filhos, e muitas famílias ricas não cuidam do desenvolvimento emocional de suas crianças. Existe hoje um sentimento de temor do futuro, diante da competitividade do mercado de trabalho, o que estimula o esquecimento da subjetividade e compromete a humanização das relações.

Sob o pano de fundo social e emocional, pichado de sofrimento e ignorância, está a cena primordial de nossas vidas. Bela, lírica e tão antiga quanto a humanidade: uma mulher, um homem e um bebê. Essa imagem poética é um arquétipo fortemente presente em nosso psiquismo, reforçado pelo inconsciente cristão por meio de Jesus, Maria e José.

Entretanto, a fonte de nossos problemas mais delicados também é a nossa saída: o início da vida, berço das potencialidades afetivas, cognitivas, físicas, sociais e espirituais da Humanidade. Se pudermos prevenir a doença emocional desde a gestação, como defendia Reich, teremos melhores condições de formarmos pessoas autorreguladas, dotadas de respeito e humanidade, desde o princípio de suas vidas.

Como já vimos no início deste estudo, a Neurociência vem ratificando o que a Psicologia afirma há mais de 100 anos: o sistema nervoso, no nascimento, está incrivelmente inacabado. A maioria dos seus 100 bilhões de neurônios ainda não está ligada em rede. As ligações neurais precisam ser formadas e reforçadas nos primeiros anos de vida, senão são podadas.

O recém-nascido – observa o neurocientista Pasko Rakic (2006, citado por Shore), da Universidade de Yale – tem apenas 25% do seu cérebro formado, ou seja, três quartos se desenvolverão fora do útero. Isso significa que 75% das capacidades humanas irão formar-se durante os primeiros anos de vida.

Apenas esses dados já são suficientes para um alarme geral da sociedade. As crianças bem criadas – aquelas que recebem os cuidados necessários e estabelecem vínculos afetivos seguros com seus pais e cuidadores – melhor desenvolvem suas potencialidades, o que não acontece com as negligenciadas.

Se os pequenos são suficientemente acolhidos e estimulados por seus pais e pela sociedade, milhares de novas sinapses acontecem em seus cérebros, criando um amplo leque de desenvolvimentos. Entretanto, se eles são massacrados e desrespeitados, se não há estimulação afetiva e física, um processo de poda elimina diversas conexões neurais em formação, abortando talentos, afetos, capacidades cognitivas e a potencialidade criativa e humana das novas gerações.

O que fazer diante das novas revelações, que confirmam as antigas descobertas de Freud, Reich e seguidores? Elas apenas ressaltam o que qualquer cidadão consciente sente ao ver uma criança abandonada ou mal tratada, seja ela pobre ou rica. Nesses momentos, as pessoas dizem ser urgente que a sociedade – esta entidade abstrata – faça alguma coisa para mudar a realidade. No entanto, os anos passam, e a cada dia mais crianças estão sendo abandonadas, sejam elas pobres ou ricas.

Parece que a subjetividade, o Ser, ainda não é um aspecto prioritário, apesar de a problemática infantil, adolescente e adulta ter alcançado níveis assustadores de delinquência, desamor e falta de valores éticos. Há um ponto cego, uma negação de saber e conhecer, um evitar reconhecer que a realidade atual nada mais é do que o espelhamento da falta de desenvolvimento humano voltado ao *Ser*.

Dentro das famílias e escolas ainda há pouco investimento em uma *Educação para Ser*, que priorize a subjetividade humana e na qual educação e saúde sejam vistas como uma unidade funcional. Uma prática educativa que contempla a saúde biopsicológica dos pequenos em suas condutas seguirá, certamente, outros percursos pedagógicos.

Além de aprender a saber, fazer e a empreender, a criança também será estimulada a ser e a conviver. A educação patriarcal, que agoniza sua queda, sempre deu pouca atenção à subjetividade humana, direcionando seus investimentos educativos apenas ao ensino profissional e ao desenvolvimento de agressividade e competitividade no mercado de trabalho. O resultado desse processo foi tão degradante que – como disse o célebre geógrafo e pensador Milton Santos – "o maior valor da humanidade deixou de ser o Homem e passou a ser o dinheiro".

A educação para um novo tempo precisará integrar o *saber* e o *fazer ao ser* e ao *conviver*, sob pena de não prosseguirmos nossa vida sobre a Terra. A educação humanizada tem como princípio o desenvolvimento de dignidade, respeito, afetividade, autoestima e integridade pessoal, aspectos essenciais à saúde emocional e psicossocial das novas gerações.

A proposta educacional reichiana enfatiza que a saúde seja contemplada na educação. De fato, uma educação que forma pessoas tensas, que são altamente eficientes no mercado de trabalho mas não sabem nem *ser* nem *conviver*, terá cada vez menos eficácia. Esse tipo de formação gera a doença biopsicológica, a somatização de doenças físicas e o desequilíbrio emocional. Vale lembrar que, na atualidade, a depressão já é a doença mais incapacitante, na maioria dos países.

Ao construirmos uma educação também voltada ao Ser, teremos meios de trilhar caminhos que nos levem à saúde da educação, resgatando também o sentido vocacional e profissional dos educadores. Ao cultivar *autorregulação, respeito e vínculos suficientemente bons*, inevitavelmente o adulto precisará autorregular suas tendências hegemônicas, em prol de modos de relação mais democráticos e heterárquicos.

Todavia, o desenvolvimento emocional ainda é um tema-tabu, até mesmo entre educadores e cuidadores de crianças. Porém a cada dia torna-se mais evidente que a problemática urbana e social é o retrato acabado da insensibilização e da falta de contato interior, além do culto à competição, à aparência, à violência, ao mercado, ao Ter. A mais grave doença da sociedade atual é o analfabetismo emocional, capaz de cegar as pessoas a tal ponto que as mesmas não percebem mais seus semelhantes como seres humanos, dotados de sensibilidade e subjetividade.

Entretanto, nas últimas décadas, os problemas psicossociais cresceram de tal forma que suas causas se tornaram cada vez mais evidentes.

Hoje, não precisamos mais citar apenas países como a Etiópia, com suas crianças desnutridas. Basta olharmos para os Estados Unidos, com suas crianças obesas e ver o que elas são capazes de sentir e de fazer. Ou, então, olhar para dentro das nossas próprias casas, nossas escolas, nosso país. O analfabetismo emocional é similar, com seus crimes, suas insanidades, sua rudeza, sua violência.

O termômetro que pode avaliar nossa saúde educativa é o modo como os adultos tratam suas crianças e garantem o seu direito à Infância. A subjetividade é considerada? Há respeito aos sentimentos e às emoções dos pequenos e dos adolescentes? A prática educativa considera o efeito das condutas adotadas por pais, professores e cuidadores sobre a saúde emocional e física dos pequenos? A autorregulação é respeitada?

A proteção da Infância começa no ventre da mãe. Depende dela, do pai, dos pais substitutos, mas também de seus cuidadores, professores, médicos, amigos, enfim, de qualquer cidadão. A tarefa de sustentar o compromisso ancestral de preservar a espécie e proteger, com afeto e respeito, as próximas gerações – sejam elas nossos filhos ou não – é um compromisso intrínseco da fase adulta.

Parece não existirem saídas, se não começarmos uma cultura educativa voltada ao Ser. Felizmente, hoje temos recursos para isso. Afinal, nunca soubemos tanto sobre desenvolvimento emocional quanto hoje. Nunca conhecemos tanto sobre a Infância quanto agora. Nunca, na História da Humanidade, ficou tão evidente que a problemática social não é apenas de ordem econômica e política.

Entretanto, não basta nos conscientizarmos apenas a partir de conhecimentos, informações e estudos. O *emocionar*, como diz Humberto Maturana, é o que poderá nos lembrar de como um ser humano realmente é. Enquanto nos sensibilizarmos com a poesia humana e respeitarmos a inocência de uma criança, há esperanças de que "talvez, quem sabe, um dia" a Infância se torne a Idade Sagrada. Afinal, como já dizia Maiakóvski, "ela é tão bonita, tão bonita, que na certa eles a ressuscitarão".

O grito de amor à Infância, registrado há cerca de um século no poema *Amor*, do poeta russo Vladimir Maiakóvski, empresta sua beleza e inspiração ao presente projeto. Os nossos estudos sobre a Infância, assim como o programa educativo *Vínculos Vitais*, nasceram desse poema, em uma tarde de outono, nos campos doces e calmos do Vale do Ser. Lá, onde a vida ainda é criança.

O AMOR
Vladimir Maiakóvski (versão de Caetano Veloso)

Talvez
Quem sabe um dia
Por uma alameda do zoológico ela também chegará
Ela que também amava os animais
Entrará sorridente assim como está
Na foto sobre a mesa
Ela é tão bonita
Ela é tão bonita que na certa eles a ressuscitarão
O século trinta vencerá
O coração destroçado já
Pelas mesquinharias
Agora vamos alcançar
Tudo o que não pudemos amar na vida
Com o estelar das noites inumeráveis

Ressuscita-me
Ainda que mais não seja
Porque sou poeta
E ansiava o futuro
Ressuscita-me
Lutando contra as misérias

Do cotidiano
Ressuscita-me por isso

Ressuscita-me
Quero acabar de viver
O que me cabe, minha vida
Para que não mais existam
Amores servis

Ressuscita-me
Para que ninguém mais tenha
Que sacrificar-se
Por uma casa, um buraco
Ressuscita-me
Para que a partir de hoje
A partir de hoje
A família se transforme

E o pai
Seja pelo menos o Universo
E a mãe,
Seja no mínimo a Terra.

GLOSSÁRIO

■ **Análise do caráter** – Expressão de Reich para a modificação feita na técnica psicanalítica da análise dos sintomas, a partir da inclusão da análise do caráter e da resistência de caráter no processo terapêutico. Todavia a descoberta posterior da couraça muscular promoveu o desenvolvimento de novas técnicas, dando origem à psicoterapia corporal.

■ **Biopatia** – Doença biopsicológica e psicossomática, causada pelo bloqueio do fluxo de energia vital no organismo.

■ **Caráter** – Estrutura típica, maneira estereotipada de agir e de reagir de uma pessoa. O conceito orgonômico de caráter é biológico e funcional, não se tratando de um conceito estático, psicológico ou moralista. Porém essa expressão também remete à parte da personalidade que é adquirida, formada durante a Infância, a partir das fases do desenvolvimento infantil. O temperamento é inato, e o caráter consiste nos traços adquiridos, formados durante a Infância e a Adolescência.

■ **Complexo de Castração** – Segundo a Psicanálise, esse complexo surge entre os três e os cinco anos de idade, quando o menino percebe que parte das pessoas não têm pênis e começa a temer a perda do seu próprio. Entende isso como uma ameaça paterna às suas atividades sexuais e a seus supostos desejos incestuosos. A menina sentiria a ausência de pênis como uma perda já consumada e procuraria de alguma forma compensá-la. A ansiedade de castração, na abordagem freudiana, ocupa um lugar fundamental na evolução da sexualidade infantil dos dois sexos e aparece constantemente na experiência analítica.

■ **Complexo de Édipo** – De acordo com Freud, a criança entre os dois e os cinco anos desenvolve intenso sentimento de amor pelo genitor do sexo oposto e grande hostilidade pelo do próprio sexo, a quem deseja eliminar como a um rival. Esses sentimentos geralmente são vividos com intensidade e ambivalência, pois, embora a criança odeie o genitor do mesmo sexo (que a impede de realizar seus desejos), também o ama por tudo de bom que ele representa. Surge então a culpa e o medo à retaliação (medo da castração). Tal conflito geralmente declina após a idade de cinco anos e reaparece com o advento da puberdade, sendo um dos fatores que promovem a crise da Adolescência. Para a Psicanálise, uma resolução satisfatória desse conflito é fundamental à boa estruturação da personalidade. No capítulo IV, encontramos outros olhares e aportes sobre essa questão.

- **Couraça do caráter** – Expressão reichiana que significa a soma das atitudes caracteriais típicas que o indivíduo desenvolve como um bloqueio contra seus impulsos, resultando em rigidez corporal e perda de contato emocional. Em termos estruturais, a couraça está ancorada no corpo, por meio de contrações musculares crônicas, formando uma espécie de blindagem que impede a irrupção de emoções e sensações vitais e instintivas.

- **Estase** – É o represamento da energia Orgone no organismo, o bloqueio energético que vai gerar as doenças biopsicológicas (biopatias).

- **Energia orgone** – Energia cósmica, que no organismo vivo é também chamada de bioenergia ou energia vital, descoberta por Wilhelm Reich. Quando fica bloqueada dentro do organismo, por meio de couraças do caráter, a energia vital se transforma em DOR (Deadly Orgone), uma energia mortal, que dá origem às doenças e pode levar à morte.

- **Impulso epistemofílico** – Impulso por conhecimento. O desejo de saber, conhecer e aprender.

- **Incesto** – Envolvimento sexual entre pessoas da mesma família, união ilícita entre parentes consanguíneos, afins ou adotivos. O incesto ocorre por conjunção carnal (intercurso sexual) ou por atos libidinosos diversos (relações homossexuais, carícias, relação oral e afagos).

- **Fantasia** – refere-se à atividade imaginativa subjacente a todo pensamento e sensação. As fantasias podem-se apresentar sob forma consciente, como acontece nos sonhos diurnos, ou, de modo inconsciente, a partir de conteúdos manifestos em sonhos ou sintomas neuróticos. Está sempre ligada intimamente aos desejos instintivos.

■ **Fixação** – Processo em que a pessoa permanece vinculada a modos de satisfação ou padrões de comportamento característicos a alguma fase anterior de seu desenvolvimento psicossexual. Chamamos de pontos de fixação aqueles momentos do desenvolvimento biopsicológico que foram perturbados, e nos quais a pessoa permanece fixada, ou aos quais regride em estado de tensão. Exemplos: fixação ocular, fixação oral, etc.

■ **Histeria** – Tipos de neurose que se caracterizam principalmente pelos distúrbios funcionais de aparência orgânica, como paralisias, perturbações sensoriais, crises nervosas, sem evidência de patologia física, e que se manifestam de modo a sugerir que servem a alguma função psicológica.

■ **Idealização** – Processo no qual o indivíduo supervaloriza o objeto (relação objetal), negando-se a ver todos os aspectos que possam desvalorizá-lo.

■ **Identificação** – Processo pelo qual a pessoa se torna idêntica à outra, por meio da assimilação de traços ou atributos daquele que lhe serve de modelo É através das identificações que, desde o princípio, a personalidade se forma e se diferencia.

■ **Insight** – É quando a pessoa experimenta novas percepções, antes inconscientes, sobre seus comportamentos e pensamentos. O *insight* pode ser intelectual, em que a compreensão do significado ocorre sem a vivência afetiva correspondente, ou emocional, em que a compreensão é acompanhada de descarga emocional.

■ **Latência** – Fase do desenvolvimento psicossexual identificada pela Psicanálise, que corresponde à faixa etária dos seis aos doze anos. Dentro da abordagem psicanalítica, essa fase iniciaria com a resolução parcial do Complexo de Édipo, quando a criança sublimaria suas pulsões sexuais, voltando sua atenção aos novos relacionamentos e aos estudos. Na abordagem reichiana, a latência é uma formação neurótica, resultado da repressão da sexualidade saudável e natural da criança. Para os reichianos, a fase genital infantil avança dos três aos doze anos, até alcançar a Adolescência e a fase genital adulta.

■ **Neurose** – O termo designa os distúrbios de comportamentos, sentimentos ou ideias que surgem quando uma tendência instintiva é reprimida, formando os sintomas neuróticos. Podem consistir em alterações das funções corporais em que não há nenhuma explicação fisiológica para o distúrbio; ou de emoções e ansiedades injustificadas, como ocorre nos casos de neurose obsessiva, por exemplo. Na abordagem reichiana, a neurose também é uma doença de massas, gerada pelo contexto social, que além de ser tratada deve ser prevenida. Para Reich, a neurose social agrava os sintomas neuróticos dos adultos e compromete a formação do caráter das novas gerações.

- **Orgasmo** – É a unitária e involuntária convulsão de todo o organismo no ápice da entrega sexual. A capacidade orgástica é um caminho de cura da neurose, pois resulta na descarga plena de excitação e tensão do organismo, seguida de plena satisfação e relaxamento, aumentando o bem-estar e o desejo de viver. Orgasmo é mais do que clímax ou ejaculação, já que esses se caracterizam por descargas sexuais da região genital. Ele ocorre de modo involuntário, no organismo como um todo. O reflexo do orgasmo – devido à sua natureza involuntária e à prevalência da angústia orgástica – está bloqueado na maioria dos humanos de civilizações que suprimiram a manifestação da natural sexualidade nas crianças.

- **Peste emocional** – É uma doença social, que ocorre quando o caráter neurótico atua destrutivamente na cena social. A impotência orgástica, a incapacidade de entregar-se ao ato de viver, a acentuada estase sexual e a frustração genital formam a base da peste emocional. Ela irá influenciar as relações interpessoais e sociais. A regra básica da peste emocional é estar contra a vida e impedir seu pleno desenvolvimento.

- **Potência orgástica** – É a capacidade humana de prazer, a condição de desfrutar plenamente da vida, em todos os seus aspectos. Não se trata apenas de potência sexual, mas da potência para viver com prazer. As conhecidas potências eretiva ou ejaculatória estão entre os itens da potência orgástica. Esta se traduz melhor como a condição de entrega biopsicológica à convulsão involuntária do organismo e à completa descarga da excitação em uma relação amorosa. Ela pressupõe a presença ou o estabelecimento de um caráter autorregulado ou genital, que seja capaz de viver, de modo satisfatório, as diversas áreas de sua vida. Trata-se da capacidade de entregar-se, sem inibição, ao fluxo da energia no organismo.

- **Regressão** – Processo defensivo no qual o indivíduo, a fim de evitar a angústia, retorna a uma fase anterior do desenvolvimento, apresentando os padrões de comportamento daquela fase.

■ **Sinapse** – conexão entre os neurônios, o que possibilita a formação das redes neurais e o desenvolvimento cerebral.

■ **Sublimação** – Processo pelo qual a energia dos instintos sexuais é deslocada para atividades ou realizações de valor social ou cultural, como as atividades artísticas ou intelectuais, por exemplo. A sublimação pode-se dar por repressão e recalcamento, segundo a Psicanálise, ou por satisfação e autorregulação, segundo a proposta reichiana. Para Reich, a satisfação estimula a sublimação e a evolução.

■ **Superego** – Uma das três instâncias da personalidade, que Freud concebeu em um de seus modelos do aparelho psíquico (id, ego e superego). É formado a partir das identificações da criança com seus genitores, quando ela assimila as ordens e as proibições. O superego leva a pessoa a assumir o papel de juiz e vigilante, formando uma espécie de autoconsciência moral. Com relação às outras instâncias, ele é o controlador dos impulsos instintivos e de busca do prazer do id. O ego cumpre a função de intermediador entre o id e o superego. Quando o superego se torna extremamente severo, torna--se hegemônico e restringe a capacidade de livre escolha do ego, assim como a espontaneidade do id.

BIBLIOGRAFIA

ALBERTINI, Paulo. *Reich, história e formulações para a educação.* São Paulo: Ágora, 1994. 1ª edição.

ARRIÈS, Phlilippe. *A história social da criança e da família.* Rio de Janeiro: Editora Guanabara, 1981. 2ª edição.

BAKER, Elsworth F. *O labirinto humano, causas do bloqueio da energia sexual.* São Paulo: Summus, 1980. 1ª edição

BENJAMIN, Walter. *Reflexões: a Criança, o brinquedo, a educação.* São Paulo: Summus, 1984. 3ª edição.

BETTELHEIM, Bruno. *O coração informado.* Rio de Janeiro: Paz e Terra, 1985. 2ª edição.

BIAGGIO, Ângela Brasil. *Psicologia do desenvolvimento.* Rio de Janeiro: Vozes, 1991. 10ª edição.

BION, Wilfred. *O aprender com a experiência.* Rio de Janeiro: Imago, 1991.

_____ *Uma psicanálise do pensamento.* Campinas: Papirus, 1995.

BOADELLA, David. *Tensão e estrutura do caráter.* Londres: 1974.

_____ *Correntes da vida.* São Paulo: Summus, 1992.

_____ *Energia e caráter.* São Paulo: Summus, 1997. v. 2.

BOWLBY, John. *Separação, angústia e raiva.* São Paulo: Martins Fontes, 1984. v.2. 1ª edição.

_____ *Perda, tristeza e depressão.* São Paulo: Martins Fontes, 1985. v.3. 1ª edição.

CAPRA, Fritjof. *O Ponto de Mutação: a ciência, a sociedade e a cultura emergente.* São Paulo: Cultrix, 1986. 1ª edição.

CLONINGER, Susan. *Teorias da personalidade.* São Paulo: Martins Fontes, 1999. 1ª edição.

DELEUZE, Giles e Guatarri, Félix. *O Antiédipo.* Rio de janeiro: Imago, 1976.

DELEUZE, Giles. *O que é filosofia?* Rio de Janeiro: Editora 34, 1992.

DOLTO, Françoise. *As etapas da infância.* São Paulo: Martins Fontes, 2007. 2ª edição.

ERIKSON, Erik H. *Identidade: juventude e crise.* Rio de Janeiro: Zahar Editores, 1976. 2ª edição.

_____ *Infância e sociedade.* Rio de Janeiro: Zahar Editores, 1976. 2ª edição.

_____ *O ciclo de vida completo.* Porto Alegre: Artmed, 1998.

FENICHEL, Otto. *Teoria psicanalítica das neuroses: fundamentos e bases da doutrina psicanalítica.* São Paulo: Editora Atheneu, 2005.

FREIRE, Paulo. *Educação e mudança.* Rio de Janeiro: Paz e Terra, 1981. 4ª edição.

_____ *Ação cultural para a liberdade.* Rio de Janeiro: Paz e Terra, 1981. 5ª edição.

FROMM, Erich. *Origens individuais e sociais da neurose.* Belo Horizonte: Itatiaia, 1965.

_____ *Psicanálise da sociedade contemporânea.* Rio de Janeiro: Zahar Editores, 1976. 8ª edição.

_____ *O Coração do homem: seu gênio para o bem e para o mal.* Rio de Janeiro: Zahar Editores, 1977. 6ª edição.

_____ *A descoberta do inconsciente social.* São Paulo: Manole, 1992. (Obras Póstumas, v.3)

GREESPAN, Stanley. *A evolução da mente.* Rio de Janeiro: Record, 1999.

GROSSKURTH, Phyllis. *O mundo e a obra de Melanie Klein.* Rio de Janeiro: Imago, 1992.

HEMLEBEN, Johannes. *Rudof Steiner: monografia ilustrada.* São Paulo: Editora

Antroposófica, 1984.

HIGGINS, Mary. *Reich fala de Freud*. Lisboa: Moraes Editores, 1977. 1ª edição.

HORNEY, Karen. *A personalidade neurótica de nosso tempo*. São Paulo: Bertrand Brasil, 11ª edição (não datada).

_____*Últimas conferências sobre técnicas psicanalíticas*. São Paulo: Bertrand Brasil, 1992.

_____*Conheça-se a si mesmo*. Rio de Janeiro: Civilização Brasileira, 1976. 8ª edição.

HORTELANO, Xavier S. *Contato, vínculo, separação: sexualidade e autonomia egoica*. São Paulo: Summus, 1994. 1ª edição.

JONES, Ricardo Herbert. *Memórias do homem de vidro: reminiscências de um obstetra humanista*. Porto Alegre: Ideias Granel, 2004. 1ª edição.

LACAN, Jacques. *Os complexos familiares*. Rio de Janeiro: Jorge Zahar, 2002.

LEBOYER, Frédérick. *Nascer sorrindo*. São Paulo: Brasiliense, 1974.

LISS, Jerome e STUPIGGIA, Maurício. *A Terapia biossistêmica*. São Paulo: Summus, 1997. 1ª edição.

LOWEN, Alexander. *O Corpo em depressão*. São Paulo: Summus, 1983.

_____*O Corpo em terapia*. São Paulo: Summus, 1977.

_____*O Corpo Traído*. São Paulo: Summus, 1979.

_____*Bioenergética*. São Paulo: Summus, 1982.

_____*Medo da vida: caminhos da realização pessoal pela vitória sobre o medo*. São Paulo: Summus, 1986.

_____*Prazer: uma abordagem criativa da vida*. São Paulo: Círculo do Livro, 1986.

MALINOWSKI, Bronislaw. *A vida sexual dos selvagens*. Rio de Janeiro: Francisco Alves, 1983.

_____ *Sexo e repressão na sociedade selvagem*. Rio de Janeiro: Vozes, 1973.

MANN, Edward W. *Orgônio, Reich & Eros: a teoria da energia vital de Wilhelm Reich*. São Paulo: Summus, 1989.

MANNING, Sidney A. *O desenvolvimento da criança e do adolescente*. São Paulo: Cultrix, 1993.

MATUI, Jiron. *Construtivismo: teoria construtivista sócio-histórica aplicada ao ensino*. São Paulo: Editora Moderna, 1996.

MATURANA, Humberto. *Emoções e linguagem na educação e na política*. Belo Horizonte: Editora UFMG, 2002. 3ª edição.

_____ e ZOLLER, G. Verden. *Amar e brincar, fundamentos esquecidos do humano*. São Paulo: Palas Athena, 2006. 1ª edição.

_____ *Revista Humanitates*. Brasília: Centro de Ciências de Educação e Humanidades da Universidade Católica de Brasília, 2004. v. 1-2.

_____e Varela, Francisco. *A Árvore do conhecimento: as bases biológicas da compreensão humana*. São Paulo: Palas Athena, 2001.

MÁRCIA, James. *Identity in adolescence*. Ottawa: Handbook, 1980.

MEAD, Margaret. *Adolescencia y cultura en Samoa*. Buenos Aires: Paidos, 1974.

MERLEAU-PONTY, Maurice. *Merleau-Ponty na Sorbonne; resumo de cursos Psicossociologia e Filosofia*. Campinas: Editora Papirus, 1990.

MIRZA, Fernando. *Uma escola do novo milênio*. São Paulo: Editora Peirópolis, 1999.

MULLAHY, Patrick. *Édipo, mito e complexo*. Rio de Janeiro: Zahar Editores, 1965. 3ª edição.
MUSSEN, Conger, Kagan e Huston. *Desenvolvimento e personalidade da criança*. São Paulo: Harbra, 2001.
NAGERA, Humberto. *Teoria da libido*. São Paulo: Cultrix, 1989. 2ª edição.
NAVARRO, Federico. *Terapia reichiana I*. São Paulo: Summus, 1987. 2ª edição.
_____ *Somatopsicopatologia*. São Paulo: Summus, 1996.
_____ *Somatopsicodinâmica*. São Paulo: Summus, 1995.
_____ *Caracterologia pós-reichiana*. São Paulo: Summus, 1995.
_____ *Metodologia da vegetoterapia caractero-analítica*. São Paulo: Summus, 1996. 1ª edição.
NARANJO, Cláudio. *Mudar a educação para mudar o mundo*. São Paulo: Esfera, 2005. 1ª edição.
_____*Agonia do patriarcado, ensaios holísticos trinitários*. São Paulo: Instituto Thame, 1992.
_____ *O eneagrama da sociedade, males do Mundo, males da Alma*. São Paulo: Esfera, 2004. 1ª edição.
_____ *Cosas que vengo diciendo*. Buenos Aires: Kier, 2005. 1ª edição.
_____*Os nove tipos de personalidade: um estudo do caráter humano através do Eneagrama*. Rio de Janeiro: Objetiva, 1997. 1ª edição.
NEILL, Alexander. *Liberdade, escola, amor e juventude*. São Paulo: Ibrasa, 1970.
_____*Liberdade no lar: problemas da família*. São Paulo: Ibrasa, 1970.
NEWBERG, Andrew. *entrevista revista Galileu (ed. 177)*. São Paulo: Globo, 2006.
OCDE – Organização de Cooperação e Desenvolvimento econômicos. *Compreendendo o cérebro*. Tradução de Eliana Rocha. São Paulo: Senac, 2003.
ODENT, Michel. *Gênese do homem ecológico: mudar a vida, mudar o nascimento*. Brasília: Horizonte Editora, 1982.
PIERRAKOS, John – *Energética da essência: desenvolvendo a capacidade de amar e de curar*. São Paulo: Pensamento, 1993.
PIAGET, Jean. *Seis estudos de psicologia*. Rio de Janeiro: Forense Universitária, 2006. 24ª edição.
KAPLAN, Harold I.; SADOCK, Benjamin J.; GREBB, Jack A. *Compêndio de Psiquiatria*. Porto Alegre: Artmed, 1997. 7ª edição.
KELEMAN, Stanley. *Amor e vínculos*. São Paulo: Summus, 1996.
_____ *Realidade somática*. São Paulo: Summus, 1994.
_____ *Anatomia emocional*. São Paulo: Summus, 1985.
_____ *O corpo diz sua mente*. São Paulo: Summus, 1996.
KIGNEL, Rubens (organização). *Energia e caráter*. São Paulo: Summus, 1990.
KERNBERG, Otto F. *Psicopatologia das relações amorosas*. Porto Alegre: Artes Médicas, 1995.
KLEIN, Melanie. *Psicanálise da criança*. São Paulo: Editora Mestre Jou, 1981. 3ª edição.
KNOBEL, Maurício. *La adolescência normal*. Buenos Aires: Paidos, 1976.
TALLAFERO, Alberto. *Curso básico de Psicanálise*. São Paulo: Martins Fontes, 2001. 2ª edição.
RAKNES, Ola. *Wilhelm Reich e a Orgonomia*. São Paulo: Summus, 1988.
RAPPAPORT, Clara; FIORI, Wagner R.; DAVIS, Cláudia. *A idade escolar e a adolescência*. São Paulo: Editora Pedagógica e Universitária, 2002. 12ª edição.

REICH, Annie. *Se teu filho te pergunta*. Rio de Janeiro: Espaço Psi, 1980.
REICH, Eva. *Energia vital pela bioenergética suave*. São Paulo: Summus, 1998.
REICH, Wilhelm. *Análise do caráter*. São Paulo: Martins Fontes, 1998. 3ª edição.
_____ *A revolução sexual*. Rio de Janeiro: Zahar Editores, 1981.
_____ *La biopatia del cáncer*. Buenos Aires: Nueva Visión, 1985. 1ª edição.
_____ *A função do orgasmo*. São Paulo: Brasiliense, 1990. 16ª edição.
_____ *Paixão de juventude: uma autobiografia*. São Paulo: Brasiliense, 1996.
_____ *Psicologia de massas do fascismo*. São Paulo: Martins Fontes, 1988.
VYGOTSKY, Lev Semynovitch. *Desenvolvimento psicológico na infância*. São Paulo: Martins Fontes, 1998.
_____*A Formação social da mente*. São Paulo: Martins Fontes, 1998.
VOLPI, José Henrique. *Psicoterapia corporal: um trajeto histórico de Wilhelm Reich*. Curitiba: Centro Reichiano, 2000. 1ª edição.
VOLPI, José H. e Sandra M. *Reich: a análise bioenergética*. Curitiba: Centro Reichiano, 2003. 1ª edição.
_____*Crescer é uma aventura*. Curitiba: Centro Reichiano, 2002. 1ª edição.
WILBER, KEN. *Transformações da consciência: o espectro do desenvolvimento humano*. São Paulo: Cultrix, 1999. 1ª edição.
WAGNER, Cláudio M. *Freud e Reich, continuidade ou ruptura?* São Paulo: Summus, 1996.
WILHEIM, Joanna. *O que é psicologia pré-natal?* São Paulo: Casa do Psicólogo, 1997.
WINNICOTT, Donald. *Os bebês e suas mães*. São Paulo: Martins Fontes, 2006. 3ª edição.
_____ *El processo de maduración em el nino: estúdios para una teoria del desarrollo emocional*. Barcelona: Editora Laia, 1975.
_____*O Gesto espontâneo*. São Paulo: Martins Fontes, 2005. 2ª edição.
_____*A família e o desenvolvimento individual*. São Paulo: Martins Fontes, 2005. 3ª edição.
PIONTELLI, Alessandra. *De feto a criança: um estudo observacional e psicanalítico*. Rio de Janeiro: Imago, 1992.
SALAMONDE, Clarisse. *O eu e o não eu: uma transição saudável*. São Paulo: edição do autor, 1986.
SEBARROJA, Jaume C. (organizador). *Pedagogias do século XX*. Porto Alegre: Artmed, 2003.
SCHULY, Günther Franz (organizado por Ângela Brasil Biaggio e Graciema Beccon Nerva). *Motivação & desenvolvimento*. São Paulo: Edições Loyola, 1995.
SHORE, Rima. *Repensando o cérebro, novas visões sobre o desenvolvimento inicial do cérebro*. Porto Alegre: Mercado Aberto, 2000. 1ª edição.
SOIFER, Rachel. *Psicologia da gravidez, do parto e do puerpério*. Porto Alegre: Artmed, 1987.
SPITZ, René. *O primeiro ano de vida*. São Paulo: Martins Fontes, 1988.
_____ *A formação do ego: uma teoria genética e de campo*. São Paulo: Martins Fontes, 1979.
STERN, Daniel. *O mundo interpessoal do bebê*. Porto Alegre: Artes Médicas, 1992.
_____*Diário de um bebê*. Porto Alegre: Artes Médicas, 1991.
SULLIVAN, H.S. *La teoria interpersonal de la Psiquiatria*. Buenos Aires: Psique, 1964.
ZIMERMAN, David E. *Bion, da teoria à prática*. Porto Alegre: Artmed, 2004. 2ª edição.

CURSOS E SEMINÁRIOS SOBRE INFÂNCIA
EDUCAÇÃO E PREVENÇÃO DAS NEUROSES

O Núcleo de Educação e Infância Vale do Ser promove trabalhos de pesquisa, estudos, cursos e seminários sobre a prevenção das neuroses na Infância, sob a coordenação de Evânia Reichert. O curso Vínculos Vitais e os seminários para educadores contemplam o conteúdo deste livro, sendo aplicados nas modalidades extensiva e intensiva, utilizando filmes, material audiovisual e pequenas vivências como recursos adicionais de estudo e experiência. Na sequência, um módulo avançado contempla vivências reichianas relacionadas ao tema, focalizando o corpo, o caráter e seus processos energéticos, coordenados por Evânia e Sérgio Veleda.

Contato: Evânia Reichert – evaniareichert@valedoser.com.br / www.valedoser.com.br

Salão Nando d'Ávila, centro de vivências e de cursos no Vale do Ser

VALE DO SER
DESENVOLVIMENTO HUMANO, ARTE E CULTURA

O Vale do Ser é uma reserva ecológica, banhada por riachos e cachoeiras, localizada na região serrana do Rio Grande do Sul, a 70 km de Porto Alegre. Neste local está a Escola Aberta Vale do Ser, criada em 1991, um centro de cursos e vivências voltados ao autoconhecimento, à educação e à prevenção das neuroses na Infância, à meditação, à arte, ao teatro, à fotografia e à ecologia. Com núcleos de extensão nas cidades de Porto Alegre e Novo Hamburgo (RS), a Escola Aberta realiza atividades de imersão (retiros da cidade) na sede-sítio, além de cursos regulares nos centros urbanos.

www.valedoser.com.br

Formato: 16x23cm
Tipologia: Minion e Helvetica Neue
Papel: Polen Natural LD 80g/m²
Impressão: Gráfica Edelbra
2023